2,-

Mirian Goldenberg
Untreu

Mirian Goldenberg

Untreu

Beobachtungen einer Anthropologin

Herausgegeben von Thomas Leithäuser, Florian Stoll
Aus dem Portugiesischen von Mechthild Blumberg

UVK Verlagsgesellschaft Konstanz · München

Bibliografische Information Der Deutschen Bibliothek
Die Deutsche Bibliothek verzeichnet diese Publikation in der Deutschen Nationalbibliografie; detaillierte bibliografische Daten sind im Internet über <http://dnb.ddb.de> abrufbar.

ISBN 978-3-86764-478-5

Einband: Susanne Fuellhaas, Konstanz
Einbandfoto: Istockphoto Inc., © Tarek El Sombati
Druck und Bindung: CPI – Ebner & Spiegel, Ulm

UVK Verlagsgesellschaft mbH
Schützenstr. 24 · D-78462 Konstanz
Tel. 07531-9053-0 · Fax 07531-9053-98
www.uvk.de

In schwierigen Perioden meines Lebens Sätze niederzuschreiben – auch wenn niemand sie je lesen wird – gewährt mir die gleiche tröstende Kraft wie dem Gläubigen das Gebet: durch das Mittel der Sprache überschreite ich die Grenzen meines persönlichen Falles, ich kommuniziere mit der gesamten Menschheit … Jeder Schmerz zerreißt das Innere; was ihn aber unerträglich macht, ist, dass derjenige, der ihn erleidet, sich von der übrigen Welt völlig abgeschieden fühlt; sobald man ihn mit jemandem teilt, ist man nicht mehr so isoliert. Nicht aus dem Gefallen am Morosen[1] heraus, nicht aus Exhibitionismus oder in provozierender Absicht berichten die Schriftsteller von schrecklichen, trostlosen Geschehnissen: Durch das Medium der Worte verallgemeinern sie sie vielmehr und ermöglichen es den Lesern, in der Tiefe ihres eigenen Unglücks die Tröstungen der Brüderlichkeit zu erleben. Das ist meiner Meinung nach eine der wesentlichen Aufgaben der Literatur, das Unersetzliche an ihr: jene Einsamkeit zu überwinden, in der wir alle leben und die uns zugleich einander fremd macht.

Simone de Beauvoir[2]

Auf der Suche nach einem Anfang

Als ich zwischen zwanzig und dreißig war, las ich sämtliche Bücher von Simone de Beauvoir: ihre Romane, ihre Memoiren, ihre Essays. Insbesondere *Das andere Geschlecht* hat mich nicht nur zu der Frau gemacht, die ich bin, sondern auch die Weichen dafür gestellt, dass ich heute in der Genderforschung arbeite.

Das andere Geschlecht[3] erschien 1949 in Frankreich und wurde zur Bibel der Feministinnen auf der ganzen Welt. Es enthält den inzwischen klassischen Satz »Man wird nicht als Frau geboren, sondern dazu gemacht« und eine radikale Verteidigung der Freiheit der Frau vor dem Gefängnis der Ehe. In der Beziehung zwischen einem Mann und einer Frau seien unzählige Schattierungen möglich, schrieb Simone de Beauvoir. In Kameradschaft, Erotik, Vertrauen, Zärtlichkeit könnten Mann und Frau füreinander die reichhaltigste Quelle der Freude, Bereicherung und Kraft sein, die ein Mensch sich überhaupt ersehne. Nicht die Einzelnen seien für das Scheitern der Ehe verantwortlich, sondern die Institution selbst, die an sich pervers sei. Zu fordern, dass ein Mann und eine Frau sich ein Leben lang in jeder Hinsicht vollständig gegenseitig erfüllen sollen, ist für Beauvoir ungeheuerlich und führe notwendigerweise zu Heuchelei, Lüge, Feindschaft und Unglück.

Für Simone de Beauvoir ist eines der Hauptprobleme der Ehe ihre Asymmetrie sowie die sexuelle Doppelmoral, die es dem Mann erlaube, mit Sklavinnen, Konkubinen, Geliebten und Prostituierten das Bett zu teilen, während die Ehefrau ihm Jungfräulichkeit und uneingeschränkte Treue schulde. Und trotzdem glaubt Beauvoir an die Liebe. Ihre Beziehung zu Jean-Paul Sartre war dem Ideal schrankenloser Freiheit und absoluter Transparenz verschrieben und machte die beiden zum mythischen Paar des 20. Jahrhunderts. Sie wollten sich gegenseitig alles erzählen, sogar von ihren kontingenten Liebschaften. Ihre Beziehung, die zu einem begehrten und häufig nachgeahmten Modell wurde, passte auf keines der bis dahin existierenden Arrangements. In ihren Memoiren[4] berichtet Beauvoir über diesen legendären Pakt, der über fünfzig Jahre gehalten hat, von 1929 bis zum Tod Sartres im Jahr 1980.

Sartre war nicht zur Monogamie berufen … »Bei uns beiden«, erklärte er mir unter Anwendung seines Lieblingsvokabulars, »handelt es sich um eine notwendige Liebe: es ist unerlässlich, dass wir auch die Zufallsliebe kennenlernen.« Wir waren von gleicher Art, und unser Bund würde so lange dauern wie wir selbst; er bot jedoch keinen Ersatz für den flüchtigen Reichtum der Begegnungen mit anderen Wesen. Warum sollten wir freiwillig auf die Skala der Überraschungen, der Enttäuschungen, der Sehnsüchte, der Freuden verzichten, die sich uns anboten?

Kürzlich entdeckte ich bei der Lektüre von *Eine transatlantische Liebe: Briefe an Nelson Algren*[5] eine Simone de Beauvoir, die mir bis dahin unbekannt gewesen war: nämlich eine Frau, die, um den Geliebten nicht zu verlieren, zu allem bereit war, außer, sich von Sartre zu trennen. Simone de Beauvoir lernte Algren 1947 auf einer Reise in die Vereinigten Staaten kennen, sie war 39 Jahre alt. Nach einer gemeinsam verbrachten Woche kehrte sie nach Frankreich zurück und begann, ihm Liebesbriefe zu schreiben.

Wenn Sie zu unserem kleinen Zuhause zurückkommen, werde ich dort sein, unter dem Bett versteckt und überall. Ich werde jetzt immer bei Ihnen sein … wie eine liebende Frau bei ihrem geliebten Mann … Ich liebe Sie. Mehr ist nicht zu sagen … es ist Liebe, und mein Herz schmerzt. Ich bin glücklich, dass ich so tief unglücklich bin, weil ich weiß, dass auch Sie unglücklich sind, und es ist süß, die Traurigkeit zu teilen … Ich bin Ihre Frau für immer … mein geliebter Freund und Liebhaber, mein Mann einer Woche und mein Mann für immer … Oh! Ich werde Sie nicht gehen lassen, solang ich es verhindern kann; ich werde die Falle ganz eng geschlossen halten, ohne Mitleid. Sie gehören mir jetzt so, wie ich Ihnen gehöre … Was mich angeht, weiß ich, dass ich jetzt mit keinem Mann schlafen könnte. Ich könnte es nicht ertragen, eines anderen Mannes Hände oder Lippen zu fühlen, wo ich doch so bitterlich nach Ihren geliebten Händen und Lippen verlange. Ich werde treu sein wie eine pflichtbewusste und konventionelle Ehefrau ... mein Glück (liegt) jetzt in Ihren Händen (...); ich muss, ich will diese Abhängigkeit akzeptieren, da ich Sie liebe ... Deshalb macht mir die Liebe etwas Angst, sie macht mich eher dumm ... (S. 22, 23, 26, 29, 129, 100, 102, 104)

In einem weiteren Brief an Algren rechtfertigt Simone de Beauvoir ihre Beziehung zu Sartre durch die Unterscheidung zwischen den Gefühlen, die ihre notwendige Liebe prägen – wahre Freundschaft, uneingeschränkte Solidarität, Verständnis, Ruhe, Ausgewogenheit – und denen ihrer kontingenten Liebe – wahre Liebe, sexuelles Verlangen, Sehnsucht, Angst.

Wissen Sie, um Ihretwillen könnte ich viel mehr als einen netten jungen Mann aufgeben, ich könnte die meisten Dinge aufgeben; aber ich wäre nicht die Simone, die Sie mögen, wenn ich mein Leben mit Sartre aufgeben könnte. Ich wäre ein übles Geschöpf, eine Verräterin und Egoistin. Was Sie auch immer in Zukunft beschließen, ich möchte, dass Sie dies wissen: nicht aus Mangel an Liebe bleibe ich nicht bei Ihnen. Ich bin sogar sicher, dass unsere Trennungen für mich härter sind als für Sie, dass ich Sie auf schmerzlichere Weise vermisse als Sie mich; ich könnte Sie nicht stärker lieben, begehren und vermissen, als ich es tue. Vielleicht wissen Sie das. Aber Sie müssen auch wissen, obwohl es vielleicht arrogant klingt, in welchem Maße Sartre mich braucht. In Wirklichkeit ist er sehr einsam, sehr ruhelos, innerlich sehr aufgewühlt, und ich bin seine einzige wirkliche Freundin, der einzige Mensch, der ihn wirklich versteht, ihm wirklich hilft, mit ihm arbeitet, ihm etwas Frieden und Gelassenheit gibt ... Ich könnte ihn nicht im Stich lassen. Ich könnte ihn für mehr oder weniger lange Perioden verlassen, aber mich nicht mein ganzes Leben an jemand anderen binden. Es ist mir zuwider, wieder davon anzufangen; ich weiß, dass ich Gefahr laufe, Sie zu verlieren, ich weiß, was es für mich bedeuten würde, Sie zu verlieren. Aber Sie müssen verstehen, wie die Lage ist ... (S. 291/2)

Simone die Beauvoir zeigt, dass ihr Verhältnis mit Sartre die Sexualität ausschließt. Es sei eine Seelenfreundschaft, während die Beziehung zu Algren aus Körper und Seele bestehe. Anschließend zieht sie einen Vergleich zu der Beziehung, die sie zuvor zu dem jungen, gutaussehenden Bost unterhalten hatte, die nur aus Körperlichkeit bestand. Auf diese Weise unterscheidet sie drei Arten von Liebesbeziehungen: die auf Freundschaft beruhende, die auf Sexualität beschränkte und schließlich die wahre, totale Liebe, welche Freundschaft und sexuelles Verlangen vereint. In diesem Sinne ist ihre Beziehung zu Algren die vollständigste von den dreien. Trotzdem will sie Algren nicht heiraten und sich auch nicht von Sartre trennen, wie sie in einem anderen Brief an ihren Geliebten schreibt.

Ich war zweiundzwanzig und er fünfundzwanzig, und ich gab ihm voller Begeisterung mein Leben und mich selbst. Er war mein erster Liebhaber, vorher hatte niemand mich auch nur geküsst. Wir haben eine lange Zeit zusammen verbracht, und ich erzählte Ihnen schon, wie sehr mir an ihm liegt, aber es war eher tiefe Freundschaft als Liebe; in der Liebe war unsere Beziehung nicht sehr erfolgreich. Hauptsächlich, weil er sich aus der Sexualität nicht viel macht. Er ist in allem ein warmherziger, lebhafter Mann – nur nicht im Bett. Ich spürte das bald, obwohl ich keine Erfahrung hatte, und allmählich wurde es sinnlos, ja, sogar unangebracht, weiterhin wie Geliebte zusammenzuleben. Wir gaben es nach acht oder zehn Jahren, die in dieser Hinsicht eher erfolglos waren, auf. Da – vor zehn Jahren also – erschien der nette junge Mann – Bost. Er war viel jünger als ich, ein früherer Schüler von Sartre, der ihn sehr mochte ... Als Bost und ich während einer Bergwanderung im selben Zelt übernachteten und zusammen schlafen wollten, war das für uns (...) kein Problem ... Außer mit Sartre und Bost habe ich dreimal in meinem Leben mit Männern eine Nacht verbracht – mit Männern, die ich bereits kannte und schätzte, obwohl ein wirkliches Liebesverhältnis nicht möglich war. Als ich zu Ihnen nach Chicago zurückkam, glaubte ich, es würde etwas Derartiges werden: ich mochte Sie; wir konnten ein paar Tage lang zusammen glücklich sein ... Und all dies, Nelson, ist eine andere Art, Ihnen zu sagen, dass ich in Ihren Armen wirkliche, vollständige Liebe erfahren habe, Liebe, bei der Herz, Seele und Fleisch eins sind. Letztes Jahr gab es keinen netten jungen Mann, dieses Jahr wird es keinen geben, vermutlich wird es nie mehr einen anderen Mann geben. (S. 302/3)[6]

Die Untreue wird den Liebenden zum Problem, wie den unzähligen Briefen zu entnehmen ist, in denen Algren sich fragt, ob er mit anderen Frauen schlafen darf oder nicht. Simone de Beauvoir antwortet jedes Mal darauf, dass er mit anderen Frauen schlafen könne, solange er nicht aufhöre, sie zu lieben. Für sie beruht Treue auf Freiwilligkeit und kann nicht erzwungen werden. Sie ist ihrem Geliebten treu, weil sie frei ist, da er der einzige Mann ist, den sie begehrt. In den Briefen betont sie unablässig, dass sie füreinander Mann und Frau seien und sie treu sei »wie eine pflichtbewusste und konventionelle Ehefrau«.

Es ist immer das alte Problem: es macht mir nichts aus, wenn Sie mit einer Frau schlafen (in gewisser Weise macht es mir natürlich etwas aus, doch das spielt keine Rolle), aber dass so etwas – und zwar der Frau wegen – nicht leicht zu realisieren ist, wenn Sie nicht frei sind, verstehe ich. Und ich nehme Ihnen Ihre Freiheit, jedenfalls zum Teil, ohne Ihnen Glück zu schenken, ohne bei Ihnen zu sein, das ist unfair, obwohl ich weiß, dass ich nicht schuldig bin … In meinem letzten Brief schrieb ich Ihnen, dass es auch mir schwerfällt, nie mit einem Mann zu schlafen, doch für eine Frau ist es irgendwie anders; es scheint jedenfalls leichter auszuhalten zu sein als für einen Mann; und außerdem kenne ich in Paris keinen Mann, mit dem ich gern schlafen würde. Ich kann Ihr Bedürfnis sehr gut verstehen. Nur erzählen Sie mir immer die Wahrheit, Honey, lassen Sie uns ebenso Freunde wie Mann und Frau sein, lassen Sie uns Freunde bleiben, selbst wenn Sie eines Tages dieser fernen Liebe überdrüssig werden, die Sie so einsam lässt. (S. 345/6)

An einer anderen Stelle ihrer Memoiren[7] kehrt Simone de Beauvoir zu ihrer Beziehung zu Algren zurück, »um ein Problem näher zu beleuchten, das ich in *La Force de L'âge* allzu leichtfertig als gelöst betrachtete: Ist es möglich, Treue und Freiheit miteinander auszusöhnen? Um welchen Preis?« (S. 126)

Oft gepredigt, selten gewahrt, ist die totale Treue gewöhnlich ein Attribut derjenigen, welche sie sich wie eine Selbstverstümmelung auferlegen: Sie trösten sich dann mit Sublimierungen oder mit Wein. Die traditionelle Ehe gibt dem männlichen Partner das Recht zu einigen ›Seitensprüngen‹, aber ohne der Frau das Gleiche zu gestatten. Heute sind sich viele Frauen ihrer Rechte und der Grund-

bedingungen ihres Glücks bewusst geworden: denn wenn nichts sie in ihrem eigenen Leben für die männliche Unbeständigkeit entschädigt, werden sie von Eifersucht und Langeweile geplagt. Die Paare sind zahlreich, die ungefähr das gleiche Abkommen getroffen haben wie es zwischen Sartre und mir besteht: trotz aller Seitensprünge ›eine gewisse Treue‹ zu wahren … Das Unterfangen ist riskant. Es kann passieren, dass der eine Partner die neue Bindung der alten vorzieht. Dann fühlte sich der andere Teil ungerecht behandelt und verraten. Statt zwei freie Menschen stehen sich dann Opfer und Henker gegenüber … Sartre und ich waren ambitiöser. Wir wollten ›bedingte[8] Liebesbeziehungen‹ erleben. Da aber erhebt sich die Frage, der wir leichtsinnig ausgewichen sind: Wie wird sich der dritte Partner in unsere Vereinbarung fügen? Manchmal ging es glatt. Unserer Verbindung ließ genügend Spielraum für zärtliche Freundschaft oder verliebte Kameraderie, für flüchtige Schwärmereien. Wenn aber der Protagonist mehr forderte, entstanden Konflikte. (S. 126/7)

In ihren Memoiren, ihren Briefen an den Geliebten und in ihren Romanen und Essays konstruiert Simone de Beauvoir gleichzeitig unterschiedliche Versionen ihrer Beziehung zu ihrer notwendigen Liebe Jean-Paul Sartre und ihrer kontingenten Liebe Nelson Algren. Aus den verschiedenen Texten spricht eine zutiefst widersprüchliche Frau, die die weibliche Freiheit verteidigt, aber sowohl gegenüber ihrer notwendigen als auch gegenüber ihrer kontingenten Liebe völlig unterwürfig ist, einerseits radikale Feministin und andererseits typisches, von ihren Männern abhängiges Weibchen. Ich war darüber so erschüttert, dass ich inzwischen alle Bücher Simone de Beauvoirs noch einmal lese, nachdem ich sie bereits vor 20 Jahren gelesen habe, denn ich möchte das Werk der Frau besser verstehen, die mein Leben und mein Interesse an Genderstudien so entscheidend beeinflusst hat. Ob die Liebe und das Problem der Treue sogar eine Frau wie Simone de Beauvoir blind machen konnten?

Diese Wiederbegegnung mit Simone de Beauvoir hat mich dazu gebracht, über ein Thema nachzudenken, das mich bei meinen Feldforschungen immer wieder verwundert, nämlich die Diskrepanz zwischen Diskurs und Verhalten, genauer, die Tatsache, dass ein und dasselbe Verhalten verschiedene und sogar widersprüchliche Diskurse hervorrufen kann. In diesem Buch gebe ich verschiedene Diskurse über dasselbe Verhalten, nämlich die eheliche Untreue, wieder. Es ist eine Vielzahl von Stimmen, die von verschiedenen Standpunkten aus über männliche und weibliche Untreue nachdenken: meine eigene Stimme als Forscherin, die Stimme Mônicas, einer Frau, die mich in einer existentiellen Krise aufsuchte, um mir ihre Geschichte zu erzählen, aber auch die Stimmen meiner Interviewpartner und die Stimmen der Medien, die sich meine Forschungen zu eigen machen. Ein polyphoner Chor hegemonialer, subalterner, marginalisierter, alternativer, konformistischer, progressiver, revolutionärer, normabweichender, polemischer, widersprüchlicher, zum Schweigen gebrachter, leiser Stimmen. Ich wünsche mir, dass diese anthropologischen Beobachtungen zum Verständnis eines Themas beitragen, das – obwohl es schon so uralt ist – immer noch »Körper und Seele« beunruhigt.

Inzwischen beschäftige ich mich schon fast 20 Forschungsjahre lang mit dem Geschlechterverhältnis in der brasilianischen Gesellschaft. Dabei kristallisierte sich Untreue als zentrales Thema heraus, das ich in meinen Büchern, Artikeln, Vorträgen, Vorlesungen und Interviews behandele. Ich habe auf viele verschiedene Weisen gefragt: Wer ist häufiger untreu, der Mann oder die Frau? Welches sind die Hauptprobleme einer Ehe? Welches ist das ideale Modell eines Paares? Was tun Männer und Frauen, die entdecken, dass sie betrogen werden? Was ist Untreue?

Ich habe qualitative Interviews durchgeführt, Tausende von Fragebögen ausgewertet, Artikel aus Zeitungen und Zeitschriften, Filme, Romane, Telenovelas und unzählige Bücher zum Thema analysiert. Ich habe verschiedenste Diskurse untersucht und frage mich nach so vielen Forschungsjahren, warum die Untreue weiterhin eines der Hauptprobleme, wenn nicht *das* Hauptproblem einer Ehe ist. Wenn man den prozentualen Anteil derer betrachtet, die zugeben, ihre Partner betrogen zu haben, könnte man denken, dass es sehr viel mehr untreue Männer und Frauen gibt als treue. Trotzdem wird in der Bevölkerungsschicht, die ich untersuche (die städtischen Mittelschichten), ein so häufiges Verhalten weiterhin als Deviation[9] betrachtet, als ein schwerwiegendes und inakzeptables Problem, und das sogar von denen, die selbst untreu sind. In einer Zeit, in der Paare nicht mehr an die ewige Liebe glauben, ist es interessant zu sehen, wie sehr Treue immer noch idealisiert wird, nämlich sogar in Bezug auf nebeneheliche Beziehungen. Die Geliebte eines verheirateten Mannes, so zeige ich in diesem Buch, glaubt, dass ihr Partner mit seiner Ehefrau keine sexuellen Beziehungen mehr hat. Der verheiratete Mann glaubt, dass seine Geliebte ihm sexuell treu ist. Nicht nur in der Ehe, sondern auch im Ehebruch ist Treue ein Wert. Ich habe nur vereinzelt Paare getroffen, die die offene Ehe verteidigten, in welcher Mann und Frau, ohne ihre Ehe zu gefährden, außereheliche Beziehungen haben dürfen, wenn sie dem anderen davon erzählen.

Die Treue ist trotz großer Veränderungen in den affektiv-sexuellen Beziehungen weiterhin ein Wert. Männer und Frauen betrügen. Männer und Frauen werden betrogen. Das Verhältnis zwischen Werten, Diskursen und Verhalten istextrem komplex und widersprüchlich, wenn es um die Frage der Untreue geht.

1

Es war eine intensive und angespannte Woche gewesen. Am Mittwoch hatte ich zusammen mit meinem Freund Peter Fry vor Dutzenden intelligenter und anspruchsvoller Studenten eine Vorlesung über Foucaults *Geschichte der Sexualität* gehalten. Am Donnerstag zerbrach ich mir den ganzen Vormittag darüber den Kopf, was ich am Nachmittag zur Ehrung anziehen sollte, die mir vom Nationalrat der brasilianischen Frau als eine der Frauen des Jahres 2005 in den Räumen der Akademie für Sprache und Literatur zuteil werden sollte. Am Freitagvormittag hielt ich auf einem Ärztekongress im Hotel Glória einen Vortrag über den Körperkult in der brasilianischen Gesellschaft. Abends dann schon wieder die Kleiderfrage: Was sollte ich zur Eröffnung der Buchbiennale im Historischen Museum anziehen? Wieder einmal löste das kleine Schwarze mein Problem. Die Anwesenheit von Celeste und Roberto DaMatta machte den Abend ziemlich angenehm. Am Samstag gemeinsames Mittagessen der Autoren des Record-Verlags und anschließend um 20 Uhr ein Vortrag auf der Buchbiennale 2005 im *Riocentro*. Wie immer war ich vor der Rede leicht angespannt, aber die Reaktion des Publikums beruhigte mich schnell. Der Saal war voll und das Publikum lachte und klatschte zu allem, was ich an der weiblichen Panik vor dem Alt- und Dickwerden infrage stellte. Moacyr Scliar[10] war auch eingeladen worden und wir ergänzten uns vorzüglich. Nach der Diskussion war ich von Frauen umringt. Eine von ihnen schob mir einen Zettel zu.

Ich heiße Mônica.
Hier meine Telefonnummer.
Ruf mich an.
Meine Geschichte wird Dich interessieren.

Ich hatte so etwas nach Vorträgen oder Buchpremieren schon so häufig gehört, dass ich den Zettel achtlos in die Tasche steckte. Ich wollte nichts sehnlicher als nach Hause und ins Bett. Ich war völlig erschöpft.

Worum ich viele Kollegen am meisten beneide, ist ihre Fähigkeit, vor und nach einem Vortrag mindestens sechs Stunden zu schlafen. Diejenigen, die acht Stunden schlafen, sind in Bezug auf geistige Gesundheit meine großen Vorbilder. Und bis heute, nach fast 15 Jahren als Hochschullehrerin, bewundere ich immer noch diejenigen, die vor einer Vorlesung eine geruhsame Nacht verbringen. Das Schlimme ist, dass ich nicht nur vor einer Veranstaltung oder Vorlesung nicht schlafen kann. Auch danach stehen meine Gedanken nicht still, sondern kreisen um das, was ich gesagt und nicht gesagt habe, was nicht so gut war, was andere kommentiert haben. Die interessantesten Ideen habe ich erst nach der Diskussion, meistens dann, wenn ich schon im Bett liege und schlafen müsste. Ich denke darüber nach, wie ich an der und der Stelle das und das hätte antworten müssen, frage mich, warum mir das so Offensichtliche nicht eingefallen ist. Und ich führe die Diskussion im Kopf weiter, nur eben ohne Gesprächspartner und Publikum. Wenn man das Davor und das Danach zusammenrechnet, wird deutlich, dass ich selten Nächte habe, in denen ich ruhig schlafe.

Nach der Diskussion auf der Biennale war mein Kopf noch Stunden später »auf 180«. Also beschloss ich, E-Mails zu beantworten, Klamotten wegzuräumen, den Inhalt meiner Tasche zu sortieren. Da fand ich das Zettelchen mit dem Namen und der Telefonnummer von Mônica.

2

1987 kam mir zum ersten Mal der Gedanke, die männliche Untreue zu untersuchen. Ich schrieb gerade *Nicarágua, Nicaragüita: Ein Volk unter Waffen errichtet die Demokratie*[11]. Auf meiner zweiten Reise durch Nicaragua hatte mich am meisten darüber gewundert, dass sich die dortigen Frauen sehr viel mehr Sorgen um die Treue bzw. Untreue ihrer Ehemänner machten als um die Konsequenzen des konterrevolutionären Krieges. Zwei Jahre später führte ich im Rahmen meiner Doktorarbeit eine Untersuchung durch, für die ich acht Frauen interviewte, die mit verheirateten Männern zusammen waren. In dieser Zeit verstarb meine Mutter. Ich schrieb meine Arbeit *Die Andere* also in einem Moment großer Trauer. Meinem Doktorvater Gilberto Velho gefiel der Text sehr. Er machte ein paar Vorschläge und legte mir nahe, ihn als Buch zu veröffentlichen. Ich wandte mich an denselben Verleger, der *Nicarágua, Nicaragüita* veröffentlicht hatte und wenige Monate später erschien das Buch und hatte großen Erfolg.[12] In einer Phase großen Schmerzes darüber, den Menschen verloren zu haben, den ich am meisten geliebt hatte, musste ich mich der Öffentlichkeit stellen und in unzähligen Fernsehsendungen auftreten, Zeitungen und Zeitschriften Interviews geben und in verschiedenen Städten Vorträge halten. Immer war die erste Frage, die ich beantworten musste: »Sind **Sie** die *Andere*?« Und anschließend: »**Waren** Sie schon einmal die *Andere*?« Oder: »Hatte **Ihr Mann** eine *Andere*?« Alle verbanden mein Interesse für das Thema mit einem gegenwärtigen oder vergangenen Vorfall in meinem Leben. Um nicht stigmatisiert zu werden, begann ich, einen dicken goldenen Ehering zu tragen als Beweis dafür, dass meine Motivation rein akademischer Natur war.

Trotz der Stigmatisierung, der dieser Untersuchungsgegenstand innerhalb und außerhalb der akademischen Welt ausgesetzt ist, schrieb ich in all den Jahren weiter über Untreue. Ich sammelte Hunderte von Artikeln aus Zeitschriften, Zeitungen und dem Internet, kaufte unzählige Bücher zum Thema, machte Interviews, wertete Fragebögen aus, las viel Material aus verschiedenen Wissensgebieten. Außerdem werde ich häufig auf wissenschaftliche und nicht-wissenschaftliche Veranstaltungen eingeladen, um dort über Untreue, Ehe, Sexualität, Genderfragen und, seit kurzem, über den Körperkult zu sprechen. Mein Vater, der 1996 verstarb, sagte stolz: »Meine Tochter hat eine besondere Sensibilität für die menschliche Seele.« Ich habe in zwei Jahrzehnten Forschung versucht, herauszuarbeiten, wie groß die Unterschiede in der Konstruktion des Männlichen und des Weiblichen in der brasilianischen Kultur sind und in welcher Weise wir dazu beitragen, diese Genderstereotypen zu verstärken oder zu zerstören. Das vorliegende Buch zeigt auf verschiedene Weise eine Obsession, die mich in den letzten zwanzig Jahren begleitet hat: Warum ist Untreue trotz der sichtbaren Veränderungen im Sexualverhalten weiterhin ein Problem?

3

Nach tagelanger Anspannung und Nervosität hatte ich endlich den ganzen Sonntag zum Ausruhen und um das zu tun, was ich sonntags gerne tue: alle Zeitungen und Zeitschriften lesen, spazieren gehen, Freundinnen treffen. Die beste aller Welten: ein ganzer Tag ohne Verpflichtungen. Auf dem Spaziergang fiel mir Mônica wieder ein. Sie hatte wie eine ganz normale Frau auf mich gewirkt: weder alt noch jung, weder dünn noch dick, weder hübsch noch hässlich. Ich wurde neugierig. Was wollte sie mir sagen? Warum hatte sie mir ihre Telefonnummer gegeben? Ich dachte daran, sie anzurufen. Was hatte ich schon zu verlieren?

Viele hundert Mal hatte ich es schon erlebt, dass nach einem Vortrag, einer Vorlesung oder einer Buchpremiere Frauen zu mir kamen und sagten: Ich bin die *Andere*, ich würde Ihnen gern meine Geschichte erzählen, sie ist sehr interessant. In unzähligen Briefen und E-Mails haben mir Menschen von ihrem Leben erzählt. Alle meinen, sie hätten etwas ganz Besonderes und Wichtiges zu berichten und seien daher das ideale Studienobjekt. Während eines Seminars, das ich in Rio de Janeiro gab, bat mich eine der Studentinnen, etwas über sie, ihren Mann und ihren Freundeskreis zu schreiben, die dem Partnertausch frönten. In einem anderen Fall gab ich einem Fernsehsender ein Interview und die Produzentin erzählte mir die Geschichte ihrer Schwester, die ich schließlich, wie ihre ganze Familie, auch befragte. Ich schrieb darüber eine Arbeit, die unter dem Titel »Die *Andere* in der Familie« veröffentlicht wurde. Eine weitere ungewöhnliche Situation habe ich nach einer Buchpremiere in Porto Alegre erlebt, als ein Mann mir sagte, er sei in eine verheiratete Frau verliebt und ich solle auch einmal über **den** *Anderen* schreiben. Ich erklärte ihm, dass in einem solchen Fall der betrogene, »gehörnte« Mann der Stigmatisierte sei, und nicht er in seiner Rolle des berühmten Don Juan, die in unserer Kultur ziemlich hoch geschätzt werde. Ich scherzte, dass eine über 40-jährige verheiratete Frau mit einem für sie entbrannten Geliebten das große Los gezogen habe in einem Land, in dem es an verfügbaren Männern mangele. Er antwortete, dass die Liebe nicht logisch oder mathematisch sei und niemand rational nur die auf dem Markt verfügbaren Frauen auswähle. Bei einer anderen Buchpremiere erzählte mir ein gutaussehender junger Mann, dass er der Geliebte eines verheirateten Mannes sei, eines vorbildlichen Vaters von vier Söhnen und erfolgreichen Unternehmers. Und jetzt wollte auch Mônica, dass ich sie befragte. Ich wunderte mich über mein Interesse, da ich keine Ahnung hatte, worüber sie sprechen wollte. Warum Mônica? Warum jetzt? Vielleicht weil Mônica ein Beispiel sein könnte, das die charakteristischen Konflikte einer Frau meiner Generation besser verständlich machen würde. Vielleicht war es aber auch einfach Neugier.

Als ich mit der Arbeit über *die Andere* begann, fand ich ein Interview mit der Demografin Elza Berquó[13], das für meine Analyse der männlichen Untreue grundlegend wurde. Auf der Basis von Zensus-Daten konstatiert Berquó eine gestiegene Anzahl an Scheidungen, unehelichen Lebensgemeinschaften, ledigen Müttern und Singles. Was mir dabei am meisten auffiel, war der gesellschaftliche Determinismus, der dem brasilianischen Mann aufgrund einer wachsenden Zahl alleinstehender Frauen größere Chancen gibt, auch im reifen Alter noch neue Partnerinnen zu finden. Die Demografin zeigt, dass die brasilianische Bevölkerung immer älter wird und dass der älteste Bevölkerungsteil mehrheitlich aus Frauen besteht. Im Jahr 1980 lag gemäß der von ihr untersuchten Zensusdaten das Verhältnis zwischen Männern und Frauen über 65 Jahren bei 100 zu 115. In der Altersgruppe von über 85 Jahren gab es 211 Frauen auf 100 Männer. Berquó sagt, dass in der Bevölkerung von über 65 Jahren 76% der befragten Männer, aber nur 32% der Frauen verheiratet waren; 55% der Frauen waren verwitwet, 9,5% ledig und 3,5% geschieden. Die höhere Männersterblichkeit produziert einen Frauenüberschuss. Eine Grafik, von Berquó als Pyramide der Unverheirateten bezeichnet, zeigt, dass bei zunehmendem Alter die Anzahl der unverheirateten Männer praktisch gleich bleibt – durchschnittlich 12,5% in der Altersgruppe zwischen 35 und 59 Jahren –, während unter den Frauen dieser Altersgruppe die Zahl der Unverheirateten stark anwächst, nämlich von 20% auf 37%. In der Altersgruppe zwischen 60 und 64 Jahren sind 47% der Frauen, aber nur 16% der Männer alleinstehend. Zwischen dem 65sten und dem 69sten Lebensjahr leben 19% der Männer, aber 57% der Frauen allein. Berquó weist darauf hin, dass dieses Phänomen unsere Aufmerksamkeit verlangt: Unsere gesellschaftliche Pyramide verwandelt sich in eine Pyramide der Einsamkeit, insbesondere für die Frauen.

Zum ersten Mal begriff ich, dass der so häufig von den Brasilianerinnen wiederholte Satz: »Es sind keine Männer im Angebot« eine ziemlich grausame demografische Realität ist, insbesondere für die älteren Frauen. In diesem Sinne könnte es für die Frauen, die übrig bleiben, eine Lösung sein und nicht ein persönliches Scheitern oder – wie viele behaupten – eine psychologische Prädisposition, die Geliebte eines verheirateten Mannes zu sein. Wenn man die von Berquó vorgestellten Daten betrachtet, wird deutlich, dass die affektiv-sexuellen Optionen der brasilianischen Frauen auf dem Heiratsmarkt sehr viel schlechter sind als die der Männer, deren (zumindest numerische) Chancen wachsen, je älter sie werden.

Elza Berquó zeigt, dass die gesellschaftliche Norm, nach welcher der Mann eine jüngere Frau heiraten soll, einiges zu dieser Pyramide der Einsamkeit beiträgt. Sie sagt, dass die Männer zwischen 25 und 30 Jahren große Auswahl haben, da sie sowohl Frauen ihrer Altersgruppe als auch jüngere Frauen heiraten können. Die Frauen derselben Altersgruppe heiraten entweder Männer ihres Alters oder ältere. Dadurch verringern sich die Heiratschancen der Frauen je älter sie werden. Bei den 22 Millionen Ehepaaren im Jahr 1980 war in nur neun Prozent aller Fälle die Frau älter als der Mann. In allen anderen Fällen war sie gleich alt oder jünger. Unter diesen Umständen haben die Frauen bis maximal zu ihrem 30sten Lebensjahr gleiche Chancen wie die Männer. Ab dann greift das, was Berquó als demografischen Determinismus bezeichnet. Das weibliche Zölibat – unumgänglich, wenn die Frau mit 50 immer noch nicht verheiratet ist – ist in Brasilien sehr viel signifikanter als das männliche. Auch die geschiedenen Männer haben größere Chancen auf eine neue Ehe als die Frauen in derselben Situation. Außerdem heiraten geschiedene Männer tendenziell Frauen, die jünger sind als ihre erste Ehefrau. Berquó vermutet, dass es in Brasilien eine versteckte Polygynie geben könnte. Die große Zahl an Frauen, die keine Möglichkeit zur Heirat haben, würde es erlauben, dass sie sich mit Männern zusammentun, die mit anderen Frauen verheiratet sind.

Für einige Frauen ist die Einsamkeit mit Schamgefühlen verbunden, da es in Brasilien ein Zeichen des Scheiterns ist, eine

Frau ohne männlichen Partner zu sein. Für andere bedeutet das Alleinsein Schutzlosigkeit und Unsicherheit, vor allem in wirtschaftlicher Hinsicht. Berquó zeigt, dass die Zahl der wirtschaftlich selbstständigen Brasilianerinnen sehr klein ist. Trotzdem gibt es auch jene, die aussagen, dass sie sich nicht einsam fühlen und das Leben ohne Partner genießen. Aber die Demografin gibt zu, dass dies nur für einen sehr kleinen Teil der alleinstehenden Frauen zutrifft. In Brasilien ist die weibliche Selbstverwirklichung damit verbunden, einen Mann als den eigenen bezeichnen zu können. Dagegen reicht es, einen Blick auf die Entwicklung in Europa zu werfen, um zu erkennen, dass dort die Zahl der Frauen, die freiwillig allein leben, immer größer wird.

Berquó riskiert eine Vermutung, die einige schockieren könnte. Sie meint, dass die affektiven Arrangements zwischen Personen desselben Geschlechts für allein alternde Frauen eine Alternative bieten werden. Sie glaubt, dass die Tatsache, dass viele Frauen dieselbe Lebensphase durchleben, den Lesbianismus als sexuelle Option begünstigt. In einer Gesellschaft, die von Körper- und Jugendkult bestimmt wird, ist es sehr unwahrscheinlich, dass eine relevante Zahl von Frauen sich mit Männern verbindet, die sehr viel jünger sind als sie. Nicht nur, weil diese jüngeren Männer sich nicht für sie interessieren, sondern auch, weil die älteren Frauen verunsichert sind und sich von den Zeichen der Alterung bedroht fühlen, insbesondere, weil sie mit jüngeren Frauen um dieselben Männer konkurrieren. Das erklärt vielleicht auch die Tatsache, dass Brasilien im weltweiten Ranking der Schönheitsoperationen an zweiter Stelle steht, gleich nach den USA. Die Jagd danach, jung zu erscheinen, könnte zum Teil mit dem extremen Wettbewerb auf dem Heiratsmarkt erklärt werden. Daher bleiben den alternden Frauen nur die Möglichkeiten, entweder allein zu leben oder mit einem Mann verheiratet zu sein, der statistisch gesehen wahrscheinlich eine Geliebte hat, oder aber selbst die Geliebte zu sein oder lesbisch zu werden. In Brasilien verkehrt sich das Alleinleben, das für die Frauen aus den Ländern der Ersten Welt eine recht begehrte Alternative ist, in eine weibliche Niederlage, vielleicht in die schlimmste von allen.

Berquó[14] schreibt, dass im Jahr 1994 die Männer durchschnittlich mit 27,6 Jahren heirateten und die Frauen mit 24,1 (1974 noch mit 23,7 Jahren). Das kulturelle Spezifikum, dass der Mann bei der Heirat älter ist als die Frau, hat sich in den letzten zwanzig Jahren also erhalten, und auch der Altersunterschied zwischen den Ehepartnern ist mit rd. 3,6 Jahren praktisch konstant geblieben. Die Demografin glaubt, dass die Tatsache, dass Männer jüngere Frauen heiraten, eine universelle Konstante sei und auf die Machtverhältnisse zwischen den Geschlechtern zurückgeführt werden muss. Auch wenn die Genderbeziehungen in einigen Kontexten inzwischen weniger asymmetrisch geworden sind, hat sich dies noch nicht sichtbar auf den Altersunterschied zwischen Ehepartnern ausgewirkt. Studien über eine auf dem Heiratsmarkt von den Frauen angebotene und von den Männern akzeptierte Tauschwährung jenseits der Jugendlichkeit sind selten. So führt das Fortdauern dieses Altersunterschieds im Falle Brasiliens, wo ein Überschuss an Frauen aller Altersgruppen ab dem 15ten Lebensjahr vorhanden ist, zu einer Zunahme des weiblichen Zölibats und der großen Gruppe getrennter oder verwitweter Frauen mit wenig Chancen auf eine erneute Heirat.

Dieses Männerdefizit in denjenigen Altersgruppen, in denen normalerweise geheiratet wird, könnte uneheliche Partnerschaften begünstigen als ein Mechanismus, der es den Männern erlaubt, sich zwischen mehreren instabilen Partnerschaften zu bewegen und sich im Laufe der Jahre zwischen verschiedenen Frauen aufzuteilen. Die Benachteiligung der Brasilianerinnen auf dem Heiratsmarkt ist himmelschreiend. In der Altersgruppe zwischen 30 und 34 Jahren kommen laut Berquó auf einen unverheirateten Mann 11,3 unverheiratete Frauen. Im Alter zwischen 50 und 54 Jahren hat ein unverheirateter Mann eine um 30mal größere Chance, eine Partnerin zu finden, als eine Frau derselben Altersgruppe. Je älter Männer und Frauen werden, desto asymmetrischer wird das Verhältnis. Die Chancen auf dem Heiratsmarkt verringern sich mit zunehmendem Alter für die Frauen und wachsen für die Männer.

Diese Wirklichkeit brachte mich dazu, die männliche Untreue mit anderen Augen zu sehen. Weit entfernt davon, ein individuelles Problem zu sein, zeigen die Daten, dass es einen demografischen Druck gibt, der dazu führt, dass sich die wenigen verfügbaren Männer zwischen der übermäßigen Zahl an Frauen, die einen affektiv-sexuellen Partner suchen, aufteilen.

5

– Hallo, ich würde gern mit Mônica sprechen.
– Das bin ich.
– Mônica, hier ist Mirian Goldenberg.
– Oh, hallo! Es freut mich sehr, dass Sie anrufen!
– Durch das Durcheinander auf der Biennale habe ich nicht richtig verstanden, worüber Sie mit mir sprechen möchten.
– Ich habe Ihre Bücher gelesen, und sie gefallen mir sehr gut. Nicht nur wegen der Themen, sondern auch aufgrund der Art, wie Sie diese behandeln. Ich finde, Sie sind sehr einfühlsam auf diesem so empfindlichen Gebiet!
– Vielen Dank!
– Ich würde gern mit meiner Stellungnahme zum Thema Untreue beitragen.
– Wir sollten ein Treffen vereinbaren. Können Sie Donnerstagnachmittag?
– Ja. Wo?
– Was halten Sie von dem neuen Café am äußeren Ende von Leblon, an der Ecke Ataulfo de Paiva / Rita Ludolf?
– Wunderbar. Um wieviel Uhr?
– Um fünf?
– Einverstanden.
– Wir sehen uns also am Donnerstag um fünf.
– Ja, bis Donnerstag!
– Bis Donnerstag!

6

Bei ihrer Betrachtung der Ehesituation der über 65-jährigen Bevölkerung im Jahr 1991 entdeckten Beltrão und Camarano[15], dass 75% der Männer verheiratet, aber über 50% der Frauen verwitwet waren. Die Autorinnen führen dies auf die höhere Lebenserwartung der Frauen zurück sowie auf die Tatsache, dass die Männer jüngere Frauen heiraten. Auf diese Weise ist die Wiederverheiratung älterer Witwer häufiger als die der Witwen. Auch gibt es unter der weiblichen Bevölkerung mehr Geschiedene als unter der männlichen. Oliveira ist in ihrer Analyse der Geschlechterverteilung auf die verschiedenen Altersstufen noch deutlicher. Sie zeigt, dass die Zunahme der außerehelichen Partnerschaften in Brasilien auf den hohen Druck auf dem Heiratsmarkt zurückzuführen ist, der durch den Männermangel erzeugt wird. Da die Männer in der Unterzahl sind, würden sie dazu tendieren, ihre Partnerin von Zeit zu Zeit gegen eine Jüngere einzutauschen. Die männliche Instabilität in der Partnerschaft führe damit zu einer Zunahme an Gelegenheiten für die Frauen, trotz des Männermangels Partner zu finden. Trennungen und Scheidungen seien daher immer häufiger eine Form der Anpassung an das Ungleichgewicht im Geschlechterverhältnis.

Das Problem läge also weder in der Unbeständigkeit der Männer begründet noch in der Tatsache, dass Frauen abgewiesen werden, sondern es sei schlicht und ergreifend ein demografischer Determinismus am Werk.

Der Altersdurchschnitt der theoretisch auf dem Heiratsmarkt verfügbaren Männer und Frauen spiegelt die relativen Chancen auf Heirat und Wiederverheiratung beider Geschlechter. Im Jahr 1980 waren etwas über 70% der Männer ohne Partnerin über 15 und unter 25 Jahre alt, aber nur 54% der Frauen. Andererseits waren 32% der Frauen ohne Partner 40 Jahre alt oder älter, gegenüber 23% der Männer. Es ist offensichtlich, dass die Konsequenzen eines kulturellen Musters, demzufolge die Frau jünger sein muss als ihr Mann, mit zunehmendem Alter aufgrund der früheren Sterblichkeit der Männer schwerwiegender werden.

Diese Faktoren können dazu führen, dass es Frauen nicht gelingt, den Partner zu halten angesichts der Konkurrenz jüngerer, also für den männlichen Blick interessanterer Frauen. Oliveira fragt: Sind die in Brasilien herrschenden Verhältnisse weiblicher Unterordnung verantwortlich für die Tatsache, dass die Männer in ihrem Leben tendenziell mehrere Partnerschaften haben, bei denen sie ihre Partnerinnen gegen jüngere austauschen, stimuliert durch die Verfügbarkeit junger Frauen? Man kann sagen, dass das demografische Ungleichgewicht zwischen den Geschlechtern zusammen mit den kulturell sanktionierten Formen der Anpassung an dieses Ungleichgewicht von den Brasilianerinnen die Entwicklung der Fähigkeit fordert, ohne einen Partner durchs Leben zu gehen. Diese Tatsache kann eine Erklärung sein für die in Brasilien weiterhin vorherrschende Doppelmoral, für die Untreue der Männer und die sich daraus ergebenden polygynen Arrangements.

Ich kam als gute *Paulista*[16] einige Minuten vor der Verabredung im Café an. Ich bin es gewohnt, Stunden auf *Cariocas*[17] zu warten, was mich aber nicht stört, da ich für solche Momente immer ein Buch dabei habe. Ich war nicht auf den Gedanken gekommen, für dieses erste Treffen das Aufnahmegerät mitzunehmen und hatte auch keine Fragen vorbereitet. Ich war einfach neugierig, außerdem ziemlich nervös; da ich ja nicht wusste, was mich erwartete. Ich bestellte einen Kaffee und ein Glas Wasser. Nur zwei Tische waren besetzt. Wir würden in Ruhe miteinander sprechen können. Der Beginn eines Forschungsprojekts gefällt mir immer sehr, wenn es darum geht, herauszufinden, wer der Mensch ist, der mir gegenübersitzt, was für eine Geschichte er hat, wo seine Widersprüche, Ängste, Wünsche liegen. Aus dem Nichts fiel mir das erste Interview wieder ein, das ich für meine Doktorarbeit durchgeführt hatte. Ich war eine halbe Stunde zu früh an der Wohnung meiner Interviewpartnerin angekommen. Es war abends und ich ging auf dem Bürgersteig auf und ab, um Zeit zu schinden. Dabei trat ich in einen Hundehaufen. Obwohl ich alles tat, um meinen Schuh wieder sauber zu bekommen, hörte es nicht auf, schrecklich zu stinken. Der Gedanke, mit diesem Gestank die Wohnung zu betreten, machte mich furchtbar nervös. Ich hatte keine Zeit, um nach Hause zurückzukehren und andere Schuhe anzuziehen. Also klingelte ich und bat beschämt darum, das Bad benutzen zu dürfen, wo ich die Schuhsohle abspülte. Anschließend funktionierte das Aufnahmegerät nicht. An diesem Abend ging alles schief. Zum Glück hatte ich mehrere weitere Gelegenheiten, um diese Interviewpartnerin zu befragen. Ich musste bei der Erinnerung an diese tragikomische Situation lächeln, da hörte ich die Stimme von Mônica.

Entschuldigen Sie, ich habe mich verspätet.

8

Auch in anderen Kulturen gibt es demografische Ungleichgewichte zwischen Männern und Frauen. Pierre Clastres[18] berichtet, dass die ersten Missionare seit Beginn des 17. Jahrhunderts vergeblich versuchten, mit den Guayaki-Indianern Kontakt aufzunehmen. Sie sammelten viele Informationen über den Stamm und erfuhren zu ihrer Überraschung, dass es dort im Gegensatz zu den anderen Stämmen einen Männerüberschuss geben sollte. Diese Information wird durch die Tatsache bestätigt, dass fast vierhundert Jahre danach dasselbe Ungleichgewicht beobachtet werden konnte: In einer der südlichen Gruppen kamen genau zwei Männer auf eine Frau.

Clastres meint, dass es zwar nicht nötig sei, die Ursachen dieses Ungleichgewichts zu untersuchen, aber doch seine Konsequenzen. Um nicht künstlich die Anzahl möglicher Ehemänner zu reduzieren, blieb nichts anderes übrig, als für jede Frau die Anzahl der Ehemänner zu erhöhen, d. h. ein polyandrisches Ehesystem zu installieren. Tatsächlich wurde der gesamte Männerüberschuss durch die Frauen absorbiert, und zwar in Form von Zweitmännern, die an der Seite der Ehefrau einen Platz einnahmen, welcher fast so begehrt war wie der des Hauptehemannes. Die Guayaki-Gesellschaft konnte sich vor der Gefahr des Aussterbens retten, indem sie die Familie an diese ungleichgewichtige Demografie anpasste.

Und welche Konsequenzen hat so ein System für die Männer?, fragt Clastres. Praktisch keiner von ihnen kann von »meiner Frau« sprechen, da er nicht ihr einziger Ehemann ist, sondern die Frau mit einem und manchmal mit zwei weiteren Männern teilt. Man könnte meinen, dass die Männer diese Situation nicht als störend empfinden und sie nicht weiter infrage stellen, da sie in ihrer Kultur die Norm ist. Doch die Guayaki-Ehemänner sind nicht unbedingt damit zufrieden, auch wenn sie

sie als die einzig mögliche Lösung akzeptieren müssen. In den polyandrischen Haushalten herrscht zwar in der Regel Frieden und die drei Seiten des Ehedreiecks leben einvernehmlich zusammen, doch das bedeutet nicht, dass die Männer nicht insgeheim – denn sie sprechen nie darüber – gegenüber dem anderen Ehemann ihrer Frau Ärger und Aggressivität verspürten.

Clastres erzählt von einer verheirateten Frau, die mit einem jungen, ledigen Mann ein Verhältnis hatte. Wütend verprügelte ihr Mann den Rivalen, um später angesichts der Hartnäckigkeit und den Erpressungsmanövern seiner Frau einer Legalisierung der Situation zuzustimmen und es zuzulassen, dass der geheime Liebhaber zum Zweitmann seiner Frau wurde. Laut Clastres blieb ihm gar nichts anderes übrig: Hätte er dieses Arrangement abgelehnt, hätte ihn seine Frau vielleicht verlassen und so zum Zölibat verurteilt, da es im Stamm keine weitere unverheiratete Frau gab. Der Druck der Gruppe, aufmerksam darauf bedacht, jede Unordnung zu eliminieren, hätte ihn früher oder später dazu gezwungen, sich mit der Vereinbarung abzufinden, die genau dazu da war, diese Art von Problem zu lösen. Er ergab sich, wenn auch widerwillig, dem Schicksal, seine Frau mit einem anderen zu teilen. Im gleichen Zeitraum verstarb der Zweitmann einer anderen Frau. Die Beziehung zwischen dem Hauptehemann und dem Zweitehemann war immer gut und freundschaftlich gewesen, aber der Überlebende verhehlte seine Zufriedenheit nicht, nach dem Motto: »Ich freue mich, denn jetzt bin ich der einzige Ehemann meiner Frau.«

Das Verhältnis zwischen dieser Version der Vielehe zum Schutz der Gruppenintegrität und den von ihr betroffenen Individuen ist nicht harmonisch. Die Männer sind zwar mit der Polyandrie einverstanden, weil sie notwendig ist aufgrund des Frauenmangels, aber sie ertragen sie nur als eine sehr unangenehme Pflicht. Auch diejenigen, die ihre ehelichen Rechte allein ausüben, riskieren es, in jedem Augenblick dieses seltene und zerbrechliche Monopol durch die Konkurrenz eines Alleinlebenden oder Witwers zu verlieren. Also verzichtet jeder Guayaki-Ehemann auf die exklusive Inanspruchnahme seiner Ehefrau zugunsten eines Ledigen, damit der Stamm als soziale Einheit überleben kann.

Indem sie auf die Hälfte ihrer ehelichen Rechte verzichten, ermöglichen die Ehemänner das gemeinsame Leben und das

Überleben der Gesellschaft. Aber das verhindert nicht latente Gefühle der Frustration und Unzufriedenheit: Das Teilen der Ehefrau mit einem anderen wird zwar akzeptiert, weil es nicht anders geht, aber offensichtlich nur widerwillig. Dies bedeutet, dass unter den Guayaki ein Mann nur dann ein Ehemann ist, wenn er akzeptiert, es nur zur Hälfte zu sein. Auch die Überlegenheit des Hauptehemannes gegenüber dem Zweitehemann wird nicht durch die Tatsache gemindert, dass der Erste die Rechte des Zweiten zu respektieren hat.

9

Alles erlaubt![19]

Die Anthropologin Mirian Goldenberg sorgte am Dritten diesen Monats auf dem Trendseminar des Senac[20] in Rio für Aufregung unter ihren weiblichen Zuhörerinnen. Sie sagte, dass auf jeden fünfzigjährigen Mann 53 auf dem Heiratsmarkt verfügbare Frauen kämen. Daher sollten die jungen Damen die männliche Untreue »mit anderen Augen sehen, nämlich als eine Art von Demokratie«. Tja, mag sein.

10

Morgens um acht klingelt das Telefon. Meine beste Freundin ist dran. Ihre Stimme klingt komisch.

– Hast du die Kolumne von Ancelmo Gois im *Globo* gelesen?
– Noch nicht.
– Es kam eine Notiz darüber, was du über männliche Untreue gesagt hättest. Ich les es Dir vor.
– Ach du meine Güte, das war ein Scherz von mir nach dem Vortrag, als das Publikum mir Fragen stellte. Es ist ein bisschen aus dem Zusammenhang gerissen. Es war ein Seminar über Mode und ich habe über den Körperkult in Brasilien gesprochen. In der anschließenden Diskussion habe ich den Jugend- und Schlankheitswahn der brasilianischen Frauen kritisiert und erwähnt, dass die Frauen in Brasilien auf dem Heiratsmarkt extrem benachteiligt sind, was diesen Wahn vielleicht erklärt. Ich sagte, dass, wenn die Frauen sich schon so sehr über Männermangel beklagen – und der ist ja real –, sie die Untreue der Männer als Chance einer demokratischen Zirkulation ein und desselben Mannes zwischen mehreren Frauen betrachten sollten. Auf diese Weise würden viele Frauen nicht allein bleiben. Es war ironisch gemeint.
– Mein Mann hat das Ganze aber ziemlich ernst genommen. Er fand, dass du den Männern mit deinen Daten Argumente für Untreue lieferst, gute Gründe dafür, ihre Frauen zu betrügen. Und da er genau in diese Altersgruppe der Männer über 50 fällt, meinte er, dass er gegenüber den männerlosen Frauen großzügiger sein könnte. Du weißt, wie mich das verunsichert.
– Aber war denn nicht deutlich, dass es ironisch gemeint war?
– Nein, er wirkte sehr zufrieden mit deinen Argumenten. Erst recht bei der Überschrift »Alles erlaubt!«.

Meine Freundin legte ziemlich sauer auf. Später beruhigten mich die E-Mails und Anrufe von denen, die über meine Bemerkung schallend gelacht hatten. Aber ich gebe zu, dass die Schelte meiner Freundin – die sehr gut weiß, dass jeder Scherz einen wahren Kern hat – mir einen Schrecken einjagte.

11

In den ersten Minuten konnte ich mich nicht auf das konzentrieren, was Mônica mir erzählte, weil ihre sanfte Stimme, ihre Sicherheit und ihr fester Blick mich so faszinierten. Reife Frauen überraschen mich immer wieder. Ein großer Teil der Brasilianerinnen weigert sich, älter zu werden und glaubt, dass Kindlichkeit ihnen ewige Jugend bescheren würde. Enge Kleidung, langes, geglättetes Haar, Schönheitsoperationen, Accessoires und insbesondere die Stimme verraten eine Generation von Frauen, die die 40 überschritten haben, sich aber so verhalten, als seien sie 20. Als Forscherin beobachte ich diese Frauen, ohne mich jedoch mit ihnen zu identifizieren. Mônica spricht, kleidet und verhält sich wie eine Frau. Sie will nicht jünger scheinen als sie ist. Sie scheint das zu sein, was die Männer, glaubt man ihren Worten, für eine dauerhafte Beziehung suchen: eine interessante Frau. Ihr Blick, ihre Stimme, ihre Sicherheit und insbesondere ihre Reife machen sie zu einer interessanten Frau. Sie begann, ihre Geschichte zu erzählen, ohne dass ich fragen musste.

Ich bin Journalistin. Ich war als Berichterstatterin auf der Biennale und Ihr Vortrag hat mich begeistert. Sie sagen sehr ernste Dinge auf eine einfache und witzige Art. Ich mag das sehr, wenn Leute Tiefgang haben und Humor. In der akademischen Welt ist das eher selten. Ich habe bereits einige Ihrer Bücher gelesen und mag auch die Art, wie Sie schreiben. Ich weiß nicht, ob es ein Vorurteil ist, aber die meisten Bücher brasilianischer Akademiker kann ich nicht lesen. Einige sind sehr schlecht geschrieben, andere so pedantisch, dass ich mir wie ein Vollidiot vorkomme beim Versuch zu verstehen, worum es geht. Ihr Buch über *Leila Diniz*[21] habe ich sogar rezensiert; ich hatte keine Ahnung vom Familienleben dieser Frau! Auch *A Outra* hat mir sehr gut gefallen. Aber am besten finde ich Ihr letztes Buch, *De perto ninguém é normal*[22]. Ich habe Lust bekommen, mit Ihnen zu reden, vielleicht, um mich normaler und weniger abseitig zu fühlen, wie Sie es im Buch ausdrücken.

Mein ganzes Leben lang habe ich mich anders als der Rest der Welt gefühlt, wie ein Fisch auf dem Trockenen. Ihre Bücher zeigen mir, dass jeder sich so fühlt. Also ist »abseitig sein« »normal sein«, was? Naja, aber ich habe Sie nicht angesprochen, damit Sie mich in eine Schublade stecken. Haben Sie Zeit? Also werde ich anfangen, von meiner Familie zu erzählen. Ich bin in einer Stadt im Landesinneren des Staates Rio de Janeiro geboren. Mein Vater ist dort ein erfolgreicher Unternehmer. Meine Mutter war Grundschullehrerin, hat aber den Beruf aufgegeben, als sie schwanger wurde. Mein Vater wollte, dass sie abtreibt, aber sie wollte das Kind um jeden Preis bekommen. Das hat er ihr nie verziehen. Sie war 24 Jahre alt und verzweifelt darauf aus zu heiraten. Damals war es ein großes Drama, in diesem Alter noch ledig zu sein.

Mein einziges Bild von meinem Vater ist das eines extrem gewalttätigen, unangenehmen Mannes. Er trank häufig schon zum Frühstück einen halben Liter Whiskey. Beim Mittag- und Abendessen gab es ständig Riesengezeter. Ich hatte fürchterliche Angst vor ihm und versuchte, meine Mutter vor seiner Gewalttätigkeit zu schützen. Aber ich war nur ein kleines Mädchen und heute weiß ich, dass ich hätte beschützt werden müssen. Mein Bruder wurde von klein auf genau wie er. Mit 13 trank und rauchte er schon und schlug mich aus nichtigen Gründen. Ich war völlig verängstigt und wusste nicht, was ich machen sollte. Ich versteckte mich ständig, um nicht verprügelt zu werden, die Streitigkeiten nicht anhören zu müssen und meine Mutter nicht weinen zu sehen. Ich habe keine andere Frau kennengelernt, die so unglücklich gewesen ist wie sie. Als ich zehn war, bekam ich mit, dass mein Vater Geliebte hatte. Ich verstand schon früh, dass es viel besser war, Geliebte zu sein als Ehefrau. Ich habe viele Geliebte meines Vaters erlebt; sie gingen zu Hause ein und aus, nahmen mich mit spazieren und zum Einkaufen. Sie waren jung, hübsch und viel glücklicher als meine Mutter. Ich kann mich erinnern, dass ich, als ich noch sehr klein war, einmal zu meiner Mutter sagte, dass ich mit ihr gehen würde, wenn sie von zu Hause wegliefe, und dass wir arbeiten und ein besseres Leben führen würden, weit weg von meinem Vater und seiner Freundin. Aber sie reagierte nicht.

Meine Mutter starb, als ich 13 war. Es hat eine Weile gedauert, bis mir klar wurde, dass sie sich umgebracht hat. Sie hat so viel Leiden nicht mehr ertragen. Zur damaligen Zeit war es nicht leicht für eine Frau, sich zu trennen. Ich habe meine Mutter nie lachen, singen, scherzen sehen. Sie war immer nur am Arbeiten, Kochen, Aufräumen, Einkaufen. Ich habe nie gesehen, dass meine Mutter ein Buch gelesen oder Musik gehört hätte. Sie weinte immer nur. Ich frage mich, wie ich es als so dünnes und zartes Mädchen geschafft habe, in dieser Familie zu überleben. Mir kommt meine verzweifelte Mutter in den Sinn, wie sie uns Kinder ansieht, als würde sie sich schon verabschieden. Wie hat sie es wohl geschafft, sich von einer Tochter zu trennen, von der sie doch so geliebt wurde?

Nach ihrem Tod wurde ich nach Rio geschickt zu einer Tante, einer Schwester meiner Mutter. Da wurde mir bewusst, dass es ein besseres Leben gab als das, was meine Mutter geführt hatte. Es war ihr Selbstmord, der mich aus dieser Hölle befreite. Meinen Vater und meinen Bruder habe ich seitdem nie wieder gesehen. Sie sind für mich zusammen mit meiner Mutter gestorben. Ich war also mit 13 Jahren bereits hier in Rio. Mit 16 lebte ich schon allein. Ich entdeckte, dass ich meine Geschichte neu erfinden und mir ein neues Leben errichten konnte. Es war meine Entscheidung, neu geboren zu werden, ohne Mutter, ohne Vater, ohne Bruder, ohne Familie, völlig allein in der Welt.

12

Viele Jahre lang schrieb ich die Existenz *der Anderen* einer Art »praktischen Vernunft« zu.[23] Die Argumente der Demografin Elza Berquó schienen mir immer nützlich, um zu verstehen, warum so viele Brasilianerinnen die Rolle als Geliebte verheirateter Männer akzeptieren. Diese Argumente halfen mir auch, die Gründe nachzuvollziehen, aus denen heraus einige Frauen größere Chancen auf dem Heiratsmarkt zu haben scheinen: Jugend, Schönheit und gesellschaftliche Stellung sind wichtiges Kapital im Kampf um einen Mann. Die demografische Analyse postuliert, dass eine exzessive Nachfrage seitens der Frauen und ein reduziertes Angebot an Männern das Phänomen der ehelichen Untreue größtenteils erklärt. Je älter die Frauen sind, desto größer ist ihre Anzahl im Konkurrenzkampf um wenige Männer. Je älter die Männer sind, desto größere Auswahl haben sie auf dem Heiratsmarkt. Als Optionen bleiben den älteren Frauen demnach entweder, die Geliebte eines verheirateten Mannes zu sein oder einsam zu bleiben, mit einer Frau eine Beziehung einzugehen oder in niedrigeren sozialen Schichten nach einem Partner zu suchen.

Das Bild des Heiratsmarktes verstärkt diese utilitaristische Logik. Aber sie erklärt nicht das Phänomen von über 40-jährigen, verheirateten Frauen, die einen Liebhaber haben! Sie erklärt auch nicht, warum viele Frauen die Rolle *der Anderen* gerade nicht akzeptieren. Sie hilft nicht beim Verständnis der Fälle, in denen der Mann treu ist. Und insbesondere erklärt sie nicht, aus welchen Motiven Männer und Frauen untreu oder treu sind. Es scheint notwendig, wenn auch schwierig, für einen breiteren Fokus auf die Untreue nach einer ihr inhärenten symbolischen oder kulturellen Logik zu suchen. Die unsichtbare Hand des Marktes kann eine Reihe von Fragen einfach nicht erklären.

Ich habe mit verschiedenen Studien versucht, die männliche und weibliche Untreue in der brasilianischen Kultur zu verstehen. *A Outra* war meine erste Studie, der viele andere folgten. Bereits damals interessierten mich Genderbeziehungen und abweichendes Verhalten. Zunächst dachte ich darüber nach, welches weibliche Verhalten in unserer Kultur als abweichend gesehen wird. Da es mir offensichtlich schien, dass die Rolle als Ehefrau und Mutter die wichtigste und am meisten geschätzte weibliche Rolle in der brasilianischen Kultur ist, konnte die Rolle der Geliebten nur normabweichend sein. Mir bot sich also die attraktive Möglichkeit, anthropologisch über dieses allen bekannte, aber dennoch befremdliche Phänomen nachzudenken und damit gleichzeitig über verschiedene Ehemodelle, Repräsentationen des Weiblichen und des Männlichen, Sexualität, Liebe und Freundschaft.

13

Die Theorien des Konkubinats[24]

Mirian Goldenberg enthüllt in ihrem neuen Buch die Identität *der Anderen*.

Als überaus bekannte Figur im Leben der Großstädte ist die »von der Welt diffamierte *Andere*«, die Geliebte des verheirateten Mannes, bereits in Prosa und Lyrik besungen worden. Anwälte haben aus familienrechtlicher Sicht dicke Wälzer über die Konkubine geschrieben. Aber bis zur Buchpremiere, heute um 20 Uhr im Kulturhaus Laura Alvim, von *Die Andere: eine anthropologische Studie über die Geliebte des verheirateten Mannes*, von Mirian Goldenberg, hat es keinen Sozialwissenschaftler gegeben, der diese Frage theoretisch untersucht hat.
»Die Sozialwissenschaften haben sich immer vorzugsweise mit politischen Parteien, sozialen Bewegungen und anderen großen Themen beschäftigt«, sagt Mirian, die *Die Andere* als Abschlussarbeit der Promotion am Lehrstuhl für urbane Anthropologie geschrieben hat. »Wie auch die Macumba[25] musste die *Andere*, eine marginalisierte Figur in der Gesellschaft, auf die Aufwertung der Minderheitenstudien warten.«
Mirians Antrieb für ihre Untersuchung war die Beobachtung, dass viele ihr bekannte Frauen aktuell oder früher einmal in der Situation waren, die *Andere* eines verheirateten Mannes zu sein.
»Ich habe die Geschichte einer Frau aus der Nähe miterlebt, die

Krebs bekam, als sie entdeckte, dass ihr Mann seit fünfundzwanzig Jahren eine *Andere* hatte«, erzählt Mirian. Sie beschloss daraufhin zu untersuchen, wer die Frauen sind, die eine solche Liebesbeziehung akzeptieren oder auch selbst wählen, welche, weil sie Geheimhaltung erfordert, eine Zerreißprobe sein kann.

Ihre Forschungsarbeit, in der sie auch die vorhandene Literatur über Ehe, Familie, Sexualität und Feminismus breit rezipiert, zeigt, dass es sehr unterschiedliche *Andere* gibt. Auch wenn Mirian Goldenberg nur ein begrenztes Universum untersucht hat (die acht befragten Frauen sind alle psychologisch vorgebildete und politisch im linken Spektrum angesiedelte Intellektuelle aus der Mittelschicht) fand die Anthropologin große Unterschiede in der Art und Weise, wie die Situation als *Andere* gesehen wurde. Und die Unterschiede haben etwas mit dem Alter der Befragten zu tun.
»In der traditionellen brasilianischen Gesellschaft hatte die *Andere* ein klar definiertes Profil«, bestätigt Prof. Gilberto Velho. »In den letzten Jahrzehnten ist dagegen eine *Andere* neuen Typs aufgetaucht, die aktiver und eigenwilliger ist. Früher war die *Andere* nur bei der Verführung aktiv.«
Für ihre Dissertation will Mirian Goldenberg das Thema weiter erforschen. Zurzeit führt sie eine Reihe von Interviews mit Ehemännern durch, die ihre Frauen betrügen. An Erstaunlichem hat sie schon entdeckt, dass das Bild, das die Männer von ihren Ehefrauen haben, nicht so schwarz ist, wie es die Geliebten glauben oder glauben machen wollen. Anschließend wird sie mit den betrogenen Frauen sprechen. »Es ist eine Arbeit, die dabei helfen kann, die Familienbeziehungen in Brasilien zu verstehen«, sagt Mirian mit der Ruhe einer Frau, die mit 33 Jahren niemandes *Andere* ist.

19

Mônica bestellte noch einen Kaffee. Ich bestellte noch ein Wasser. Wenn ich noch mehr Kaffee trinken würde, würde ich mit Sicherheit eine weitere schlaflose Nacht verbringen. Ich wusste, dass es schwierig sein wird zu schlafen, nachdem ich stundenlang Mônica zugehört hatte, wie sie von ihrer Familie, der Ehe ihrer Eltern, der Gewalttätigkeit und den Affären des Vaters, der Unterwürfigkeit und dem stillen Leiden der Mutter erzählte. Ihr Leben spiegelte einerseits das Leben vieler Brasilianerinnen wider, die vollständig von einem Mann abhingen, und andererseits auch das derer, die versuchten, ihren eigenen Weg zu gehen, und den Preis dafür zahlten, selbstständig zu sein. Und Mônica sprach eine Kultur an, in der ihr Vater sich so verhielt, wie man es von einem richtigen Mann erwartete.

Während sie schweigend ihren Kaffee trank, dachte ich an mehrere mir bekannter Fälle von Ehen, die durch den Machismo zerstört worden waren. Männer waren an Leberzyrrhose gestorben oder hatten Herzinfarkte erlitten, weil sie zuviel gearbeitet hatten, oder waren bei Autounfällen ums Leben gekommen. Frauen waren nach vielen Jahren stillen Leidens krank geworden oder hatten sich umgebracht. Machismo macht krank. Machismo tötet. Er tötet Frauen, aber auch die Männer, die sie beherrschen. Ich versuchte, mich nur auf das zu konzentrieren, was Mônica erzählte, aber alles, was ich bereits gelesen und geschrieben hatte, all die Frauen und die Männer, die ich befragt hatte, die Geschichten von Freunden und Verwandten tauchten in meiner Erinnerung auf, wie um zu zeigen, dass Mônica nicht allein war.

Draußen wurde es dunkel und ich merkte es gar nicht, weil ich von meinen Gedanken und Mônicas Geschichte so gefangen war. Das Café war bis auf den letzten Platz besetzt und die hartnäckigen Blicke derjenigen, die stehend auf einen Tisch warteten, wurden mir unangenehm. Ich hatte aber nicht den Mut,

Mônica zu unterbrechen. Also vergaß ich die Blicke und konzentrierte mich wieder auf ihre Geschichte.

Mein ganzes Leben lang bin ich auf meinen Bruder wütend gewesen, weil er genauso geworden ist wie mein Vater. Heute tut er mir leid. Er tut mir sehr leid, denn er hat von meinem Vater alles Schlechte geerbt: den Alkoholismus, die Gewalttätigkeit, die Geldgier, die Rücksichtslosigkeit und die Affären. Er hat zweimal geheiratet, hat einen Sohn aus erster Ehe, den er kaum sieht, und jetzt eine völlig unterwürfige, unglückliche Frau, wie meine Mutter es war. Seine Frau erträgt alles, sogar seine Geliebten, weil sie keine andere Möglichkeit im Leben hat. Es ist unglaublich, wie viele Frauen soviel Rücksichtslosigkeit und Gewalt ertragen. Warum trennen sie sich nicht? Es ist mir unerklärlich, aber ich will mich auch nicht in das Leben anderer Leute einmischen. Diese Frauen sind Komplizinnen solcher Männer. Ich glaube, dass ich so unabhängig geworden bin, weil ich gesehen habe, wozu diese Art Mann gegenüber Ehefrau und Kindern fähig ist. Lange Zeit fühlte ich mich schuldig, weil ich meine Mutter nicht aus dieser Hölle herausgeholt hatte, bis ich verstand, dass ich nur ein kleines Mädchen gewesen war, das zerbrechlicher war als sie selbst. Ich bin jahrelang beim Psychoanalytiker gewesen und habe versucht, dieses Schuldgefühl loszuwerden. Ich fühlte mich völlig verantwortlich für meine Mutter. Als Kind passte ich die ganze Zeit auf, dass sie nicht geschlagen würde, nicht leiden müsste, nicht erniedrigt würde. Meine Wachsamkeit half ihr überhaupt nicht, hat aber für mein Leben Konsequenzen gehabt: Ich habe nie geheiratet, keine Kinder bekommen, ich glaube nicht an eine glückliche oder gesunde Familie. Ich finde, dass jede Familie ein Ort der Gewalt, der Herrschaft, der Macht, der Heuchelei ist. Ich habe viele Liebhaber, viele Affären gehabt, aber bin immer unabhängig geblieben. Ich habe mich nie einem Mann völlig hingegeben, mich nie sicher gefühlt, keinem Sicherheit gegeben. Ich habe mich nicht bewusst so verhalten, sondern als natürliches Ergebnis dessen, was ich in meiner Kindheit über Familie und Ehe gelernt habe.

15

In meiner Forschungsarbeit über die *Andere* habe ich auf die Doppeldeutigkeit dieser Rolle zwischen wahrer Gefährtin und Ehen zerbrechender Nutte hingewiesen. Die *Anderen* selbst führen einen widersprüchlichen Diskurs, wenn sie sich einerseits als Stützpfeiler der Ehe des Geliebten, andererseits als moderne Frauen bezeichnen, die erzwungene und gesellschaftlich sanktionierte Beziehungen kritisieren. Unter den Frauen meiner Generation findet sich kaum eine, die nicht, wenn auch nur für kurze Zeit, einmal die *Andere* gewesen ist. Genauso selten sind Frauen, die noch nie betrogen wurden. Wir alle können potenziell betrogene Ehefrauen oder die *Andere* sein.

Es war leicht, Geliebte verheirateter Männer zu finden, die sich befragen lassen wollten. Ich befragte Frauen verschiedener Altersstufen aus der städtischen Mittelschicht. In meiner ersten Untersuchung befragte ich acht *Andere* zwischen 25 und 63 Jahren, von denen einige erst seit wenigen Monaten, andere bereits seit vierzig Jahren die Geliebte eines verheirateten Mannes waren. Einige waren zuvor verheiratet gewesen, andere nicht. Einige hatten Kinder, andere nicht. Einige lebten allein, andere mit ihren aktuellen Partnern.

Obwohl sie sich, aus legaler oder gesellschaftlicher Perspektive betrachtet, teilweise als die *Anderen* empfinden, halten sich die Befragten, was den sexuellen, affektiven und geistigen Bereich angeht, für die wirklichen Frauen ihrer Partner. Für sie ist die Ehefrau die *Andere*, die abgelehnt wird, weil sie den Bedürfnissen des Mannes nicht gewachsen ist. Die Vorstellung von der *Anderen* ist also immer relativ und kann durch die Beteiligen manipuliert werden. Der Ehefrau wird von den Befragten das zugeschrieben, was gesellschaftlich für die Geliebte gilt: Sie ist eine eigennützige Nutte, die den Mann ausnimmt und sich an ihn verkauft.

In einem zirkulären System von Anschuldigungen – seitens der Ehefrau gegen die Geliebte und seitens der Geliebten gegen die Ehefrau – werden jeweils dieselben Vorwurfskategorien aktiviert. Dabei ist hervorzuheben, dass sich die Vorwürfe zum großen Teil auf die monetäre Ebene beziehen. Die *Anderen* halten sich für die wahren Frauen, weil ihre Liebe uneigennützig sei. Eigennutz wird hier auf wirtschaftliches Interesse beschränkt und andere mögliche Arten von Interesse in einer affektiv-sexuellen Beziehung werden vergessen.

In den Aussagen der Geliebten erscheinen die Ehefrauen entweder als bemitleidenswerte, unterwürfige und betrogene Opfer, oder als eigennützige Manipulantinnen, Heuchlerinnen, Prostituierte, Erpresserinnen, Lügnerinnen. Die *Andere* stellt sich dagegen als ideale Gefährtin vor: intelligent, unabhängig, modern, sexy, emanzipiert. Die Rollen der Ehefrau und der Geliebten werden extrem polarisiert. Während die Ehefrau sich mit dem langweiligen Haushaltsalltag, dem Ärger mit den Kindern und den finanziellen Sorgen plagen müsse, sei die Geliebte für eine befriedigende Sexualität, interessante Unterhaltungen, Freizeitunternehmungen und Reisen, kulturelle und intellektuelle Aktivitäten und gemeinsame Projekte zuständig.

In den Diskursen wird der Wunsch der Befragten nach Aufwertung ihrer Erfahrungen und Flucht vor dem Stigma der Geliebten deutlich. Diese Diskurse sind stark psychologisiert. Sie betonen die Notwendigkeit der Wahl und lehnen die Vorstellung erzwungener Verbindungen ab. Die *Andere* sagt von sich, dass sie ihre Rolle als freies Subjekt in der Welt lebe, und zwar trotz des gesellschaftlichen Drucks. Da sie sich selbst für ein Leben entschieden habe, das anders ist als das traditioneller Frauen, sei sie nicht mehr die *Andere*, sondern die Wahre, Einzige, die Nummer eins, seine Frau und Gefährtin.

Ich konnte mehrere Eigenschaften dieser Frauen miteinander vergleichen, aber das, was meine Beobachtungen schließlich bestimmte, waren die Unterschiede in der Einschätzung ihrer Situation als Geliebte eines verheirateten Mannes, die mit dem jeweiligen Lebensalter zusammenhingen. Ich habe die von mir befragten *Anderen* in drei Gruppen eingeteilt. Die Jüngsten empfinden ihre Situation als Geliebte als vorübergehend. Sie haben keine Heiratspläne, wollen nur einen Liebhaber und sorgen sich nicht um die Kontinuität der Beziehung. Auch die knapp unter

40-Jährigen sehen ihre Situation als Geliebte als vorübergehend an, allerdings insofern, als dass sie für eine ungeteilte Verbindung mit ihrem Partner kämpfen. Sie wollen offizielle Ehefrauen werden. Nur die Geliebten über 50 empfinden ihre Situation als permanent. Sie hoffen nicht darauf, legitime Ehefrau ihres Partners zu werden oder zumindest darauf, dass dieser sich von seiner Ehefrau trennt. Sie sind schon seit vielen Jahren in der Position der Geliebten und sagen, dass sie sich damit arrangiert haben und mehr Positives als Negatives darin sehen. Sie nehmen stärker als die anderen die Identität als *Andere* an.

Die Jüngeren rechnen entweder damit, in ihrem Leben noch weitere Beziehungen zu haben, oder damit, dass sich ihr Partner von seiner Frau trennt. Die Situation als *Andere* für die Jüngeren bzw. für die Älteren unterscheidet sich durch ihre Vorläufigkeit bzw. ihre Permanenz. Allerdings sind sich die Befragten in einem einig: Ob sie ihre Position nun als vorübergehend oder als dauerhaft ansehen, glauben sie alle, dass ihr Partner keinerlei sexuelle Beziehung zu seiner Ehefrau oder zu anderen Frauen unterhält. Sie behaupten, ihr Partner sei ihnen treu, da der wahre Betrug für sie der sexuelle ist. Sie glauben, dass sie die einzige Frau sind, die ihr Geliebter sexuell begehrt, dass ihre Beziehung die eigentliche, echte ist, weil sie ohne gesellschaftliche Zwänge auskommt, dass ihnen seine Treue gilt. Es ist interessant zu sehen, wie sogar in einer nebenehelichen Beziehung, die sich ja über die Untreue des Ehepartners definiert, die Treue als grundlegender Wert verbleibt. So ist für die befragten *Anderen* die sexuelle Exklusivität das, was die Bedeutsamkeit der Beziehung und ihren Glauben, dass diese wahrer sei als die offizielle Ehe, rechtfertigt.

16

Die Geliebte der 90er spielt im Leben eines verheirateten Mannes keine sekundäre Rolle mehr. Sie ist nicht mehr die *Andere*, die »Nebenfrau«. Ganz im Gegenteil hält sie sich für die offizielle, die wahre Frau ihres Geliebten, für seine Gefährtin und Partnerin. Zumindest denken vier von der *Folha* befragte *Andere* so, wie auch acht *Andere*, die die Anthropologin Mirian Goldenberg aus São Paulo befragt hat, welche unter dem Titel *A Outra* soeben ein Buch über die Identität der Geliebten des verheirateten Mannes veröffentlicht hat.

Mirian folgert in ihrer anthropologischen Studie, dass einige *Andere* die Beziehung in einer gesunden Form leben, weil sie sich für diese Art von Liebesbeziehung entschieden haben; andere dagegen litten unter der Instabilität und der Scham, mit einem verheirateten Mann zusammen zu sein.

Mit wenigen Ausnahmen treffen sich die Geliebten täglich mit ihren Partnern. Viele glauben, dass diese keine sexuellen Beziehungen mehr zu ihren Ehefrauen haben. R. S., eine 30-jährige Produzentin, die von der *Folha* befragt wurde, hat z. B. seit zwei Jahren eine Affäre mit einem Werbefachmann, der sieben Jahre älter ist als sie. Er ist seit sechs Jahren verheiratet, hat zwei Kinder und trifft sich täglich mit R. Sie ist sich sicher, dass er, seit sie zusammen sind, keine sexuellen Beziehungen mehr zu seiner Frau unterhalten hat. »Das sagt er mir und ich glaube es. Ich glaube sogar, dass er, falls er sich von ihr trennt, mit mir nicht dasselbe machen würde.«

R. sagt, dass sie zurzeit nicht bereit sei, die Beziehung aufzugeben, wie groß die Schuldgefühle darüber, »einer anderen den Mann zu stehlen«, auch sein mögen. Sie findet, dass die schönen Stunden, die sie zusammen verbringen, das Drama ihres Gewissens aufwiegen. »Schließlich bekomme ich das Beste von ihm ab, ohne die alltäglichen Scherereien. Dazu noch das immer wieder prickelnde Gefühl, ein gefährliches Abenteuer zu erleben«, sagt sie. Trotz allem weiß R., dass die Beziehung eine Episode ist. Sie möchte heiraten, und wenn er ihr Ehemann werden kann, umso besser.

Für viele Frauen kann die Beziehung zu einem verheirateten Mann opportun und höchst vorteilhaft sein. Die Astrologin M. A., 35 Jahre alt, hat sich z. B. dafür entschieden, im Leben eines Fotografen und dem eines Unternehmers die *Andere* zu sein. Auf diese Weise, sagt sie, kann sie sich ganz auf ihre Arbeit konzentrieren und aus ihrer Zeit machen, was sie will, abgesehen von anderen Dingen, die durch eine Ehe tendenziell eingeschränkt würden. »Nachdem ich zehn Jahre lang verheiratet war und zwei Kinder bekommen habe, ist dies die Lebensweise, die ich für mich gefunden habe. Wer weiß, vielleicht suche ich mir im Alter einen festen Partner. Im Augenblick will ich nicht mal die feste Freundin von jemandem sein.«

M. hat keine Konflikte. Sie sagt, sie hätte noch nie in so großer Sicherheit gelebt. Im Gegensatz zu R., die es wichtig findet, ihrem Geliebten treu zu sein, sagt M., dass ihre beiden Beziehungen keinerlei Treueverpflichtung einschließen. »Gerade auf diese Weise habe ich beide in der Hand, denn sie sterben vor Angst, mich zu verlieren.«

M.s Theorie über die Verlobte des einen und die Frau des anderen ihrer beiden Liebhaber trifft sich mit einer der Schlussfolgerungen aus dem Buch von Mirian, nämlich dass die Ehefrau als die »neurotische« Beziehung des Geliebten konstruiert wird, während die *Andere* als die wahre Partnerin erscheint. »Die Vorwürfe wenden sich gegen die rechtmäßige Frau, die für die *Andere* nicht über ein passives, unterwürfiges, bemitleidenswertes Wesen und über eine lästige Blutsaugerin hinausgeht«, sagt Mirian. Der Ehefrau bleibe höchstens eine geschwisterliche Freundschaft ohne jedes sexuelle Interesse.

»Sie wäscht und bügelt, kümmert sich um die Kinder und die alltäglichen Scherereien. Aber mit mir teilt er die Liebe«, sagt die Schmuckdesignerin A. A. M. Seit 21 Jahren ist sie die *Andere* im Leben eines erfolgreichen Unternehmers aus São Paulo, mit dem sie sogar eine Tochter hat. »In unserer heuchlerischen Gesellschaft, in der jeder eine heimliche Affäre hat, habe ich zumindest eine offene und ehrliche Beziehung aufgebaut, in der ich sogar meine Individualität und Freiheit bewahren konnte, die mir so wertvoll sind«, sagt sie.

Die *Anderen* wollen heiraten

Aktiv und unabhängig, wie sie ist, weist die *Andere* der heutigen Zeit die Vorstellung wirtschaftlicher Abhängigkeiten in einer Partnerschaft zurück, im Gegensatz zur Geliebten früherer Zeiten (wie wir sie aus Romanen kennen), die unter- bzw. ausgehalten wurde. Laut Mirian Goldenberg führt sie stattdessen eine Beziehung, die sich ausschließlich auf Liebe gründet. Als grundlegend für die weibliche Selbstverwirklichung werden wirtschaftliche Unabhängigkeit und berufliche Verwirklichung verstanden; in Mirians Untersuchung brauchen die *Anderen* auch nicht notwendigerweise die Mutterschaft, um sich zu verwirklichen.
Allen gemeinsam ist, dass sie die Rolle der *Anderen* nur vorübergehend akzeptieren, denn die Mehrheit möchte heiraten – viele mit »Brief und Siegel« und ganz in weiß – und Kinder bekommen. Sie möchten die Einzige sein in einer Situation, die keinen Raum mehr bieten soll für eine *Andere*, wie sie selbst es gerade sind.
Für ihr Buch hat Mirian eine wirtschaftliche und intellektuelle Elite befragt, nämlich Mittelschichtsfrauen mit Hochschulabschluss. Einige von ihnen sind oder waren politisch in der Linken aktiv und alle haben sie im zweiten Wahlgang der Präsidentschaftswahlen den Kandidaten der Arbeiterpartei, Luiz Inácio Lula da Silva gewählt. Miriam ist 33 Jahre alt, verheiratet und sagt, sie selbst habe nie die Rolle der *Anderen* gespielt. Als Doktorandin der Sozialanthropologie an der Universidade Federal do Rio de Janeiro[26] hat sie das Buch *A Outra* geschrieben, um »ein so stigmatisiertes Thema besser verstehen« zu können.
In ihrem Buch schlussfolgert Mirian, dass die *Andere* nur selten gesellschaftlich diskriminiert wird, wie es S.B., 31 Jahre, Werbefachfrau, die von der *Folha* befragt wurde, geschehen ist. 1984 arbeitete sie in einer Werbeagentur in São Paulo und lernte den 40-jährigen, verheirateten D.M. kennen. Als sie schon fast ein Jahr zusammen waren, erfuhr einer der Leiter der Agentur von der Affäre und sie wurde entlassen. Es nützte nichts. S. und D. blieben zusammen; vor zwei Jahren zog er zu Hause aus und seit letztem Jahr sind sie verheiratet. Mit Brief und Siegel.

Nach ihrer Erforschung der Rolle der Geliebten will Mirian Goldenberg nun die anderen beiden Ecken des Dreiecks verstehen, nämlich die betrogene Frau und den betrügenden Ehemann. Sie hat bereits einige Männer befragt und sagt, dass diese sich in immer stärkerem Maße eine Frau wünschen, die alle Rollen zugleich spielt – die der Ehefrau, der Geliebten, der Partnerin, der Mutter und der Hausfrau.

17

Das einzig Gute, was mein Vater in meinem ganzen Leben je für mich getan hat, war, mich nicht daran gehindert zu haben, nach Rio de Janeiro zu ziehen. Ich weiß, dass er das für sich selbst getan hat, nicht für mich. Er wollte mehr Freiheit, anstatt mit einer Jugendlichen zusammenzuleben, die ihn hasste und ihm die Schuld am Tod der Mutter gab. Aber ich stelle mir auch gern vor, dass er irgendwie wusste, dass meine einzige Möglichkeit auf ein glückliches Leben darin bestand, weit weg von ihm und meinem Bruder zu sein. Mit 13 begann ich, mein Leben neu zu gestalten, und drei Jahre später, als ich ausziehen wollte, hat er mir keine Steine in den Weg gelegt. Mit dem, was mir meine Mutter als Erbschaft hinterlassen hatte, kaufte ich eine kleine Wohnung. Ich studierte dann Publizistik, trotz meiner Leidenschaft für die Philosophie. Ich fand, dass ich damit bessere Chancen auf dem Arbeitsmarkt hätte. Ich musste mich allein durchschlagen und alles allein entscheiden, ohne jegliche Unterstützung. In Bezug auf die praktische Seite ist mein Leben bisher ruhig verlaufen. Ich löse die Probleme meistens ohne größere Dramen. Aber für die emotionale Ebene kann ich nicht dasselbe sagen. Bis heute habe ich mich unzählige Male immer wieder als das einsame und verängstigte Mädchen gefühlt, das ich damals war. Ich habe fürchterliche Albträume von Gewaltszenen, in denen mein Vater und mein Bruder, Dealer, Taschendiebe und Entführer vorkommen.

Meine Freundinnen sagen: Mônica, du hast Glück, du bist frei, hast keine Kinder, kannst mit den Männern ins Bett gehen, die du willst und wann du willst. Die meisten Frauen haben keinen Partner und beschweren sich darüber, dass keine Männer im Angebot sind, und Du hast immer einen Freund. Die Verheirateten klagen, dass ihre Ehe zur Routine geworden ist, dass sie gern noch mehr Erfahrungen gemacht hätten, dass ihr Sexualleben schlecht ist, dass die Romantik verschwunden ist, dass die Kinder stören. Die Ledigen oder Getrennten sagen, dass die Männer sich nicht mehr binden wollen, dass kein interessanter Mann auftaucht. Die Verheirateten fühlen sich ungewollt in den Ruhestand versetzt, was das Liebes- und Sexualleben angeht; die Ledigen beklagen sich über fehlende Sicherheit und Kontinuität in den Beziehungen. Es ist schwer, eine Frau zu finden, die sich nicht entweder über ihren Mann oder über das Fehlen eines Mannes beklagt. Für sie bin ich fast eine Außerirdische, weil ich Liebes- und Sexualbeziehungen habe, mich wieder trenne, neue Liebes- und Sexualbeziehungen habe, mich wieder trenne, und mich nie über meine Männer beklage. Ich lasse mich auf Männer ein, auf die sie sich niemals einlassen würden: manche sind hässlich, dick, klein, haben noch nie etwas von Trotsky gehört, kleiden sich schlecht oder haben kein Geld. Irgendetwas Attraktives entdecke ich immer an ihnen, kleine Dinge.

Ich habe eine Freundin, die sich nicht damit abfinden kann, dass die Typen auf mich stehen und nicht auf sie, denn sie ist jünger und hübscher als ich. Einmal rief sie mich im Morgengrauen an, um sich darüber zu beschweren, dass ich mit einem Typen zusammengeblieben war, auf den sie es abgesehen hatte. Der Typ lag in meinem Bett und lachte sich kaputt darüber, dass sie nun Rechenschaft verlangte. Er versuchte zu erklären, warum er sich für mich entschieden hatte:

»Du hast dieses gewisse Etwas, sie nicht. Frauen, die sich geben wie junge Mädchen sind uninteressant. Sie benimmt sich ein bisschen wie ein junges Mädchen, mit dieser kindlichen Stimme und den Klamotten einer Jugendlichen. Das törnt mich total ab. Sie ist zu sehr darauf fixiert, einen Mann zu finden, wirkt so, als suche sie verzweifelt nach einem Mann. Eine interessante Frau wirkt selbstsicher und fühlt sich wohl in der eigenen Haut. Dann hat sie das gewisse Etwas. Wenn es echt ist. Die Frau muss nicht schön sein, muss keinen perfekten Körper haben. Apropos finde ich, dass sehr hübsche Frauen nicht gut im Bett sind. Sie legen sich hin, machen die Beine breit und warten darauf, dass der Typ alles alleine macht. Sie müssen sich nicht anstrengen, sie wissen, dass jeder Mann mit ihnen schlafen möchte. Es gibt wunderschöne Frauen, aber ihnen fehlt eben das gewisse Etwas. Andere, die weniger hübsch und weniger jung sind, sind interessant, haben Charme, sind lebendig, attraktiv, erfahren. Das zieht mich an einer Frau an. Ich tausche keine 40-Jährige gegen eine 20-Jährige. Zuerst war ich an deiner Freundin sogar interessiert, aber sie gab sich solche Mühe, mir zu gefallen, dass ich es aufgegeben habe. Als du auftauchtest, war sie für mich verblasst. Ich war von deinem Lächeln, deiner Spontaneität fasziniert. Du weißt, dass du eine interessante Frau bist. Du hast dieses gewisse Etwas, deine Freundin nicht. So einfach ist das.«

18

Ich habe *A Outra* angefangen zu schreiben zum Song von Ricardo Galeno, gesungen in den 50er-Jahren von Carmen Costa. Mehrere Bilder von der *Anderen*, die im Song zu finden sind, tauchen auch bei den von mir befragten Frauen auf, z. B. die Vorstellung, dass dem Mann zu Hause etwas Wichtiges fehlt und er deshalb nach einer *Anderen* sucht, die diese Lücke schließt, oder dass die Ehefrau den Mann nicht befriedigt, oder sogar, dass sie ein Nichts ist, da ihrem Mann bei ihr alles fehlt. Auch die Stigmatisierung der *Anderen*, die von der Welt diffamiert und in den Dreck gezogen wird, die als die Zerstörerin trauter Heime gesehen wird, mit einem promisken Lebenswandel und ausschließlich wirtschaftlichem Interesse am verheirateten Mann, findet sich in den Aussagen der befragten Frauen. Dies ist die Sichtweise der Ankläger, die nur die Seite des Mannes, der Familie, der Ehefrau sehen. Die *Andere* wird hier als Bedrohung für die monogame Familie und die Stabilität der Ehe betrachtet. Ihr Leben und ihr Leiden interessieren diese Ankläger nicht. Trotzdem sei es besser, die *Andere* zu sein als die hintergangene, betrogene, gescheiterte Ehefrau, die ihren Mann nicht zu halten wusste. Wenigstens wisse die *Andere*, in welcher Situation sie ist, während die Ehefrau glaube oder zu glauben vorgebe, dass sie ein perfektes Familienleben hat, in dem kein Raum für eine andere Frau ist.

Die *Andere* hat in der Gesellschaft keinen Namen und keine Stellung. Sie ist eine unsichtbare Frau. Sie erfüllt die kulturellen Rollenerwartungen gegenüber Frauen nicht, denn sie ist nicht Ehefrau und Mutter. Sie ist keine reine, keusche, jungfräuliche, sexuell kontrollierte, ehrliche, für die Familienehre und die Aufzucht der Kinder verantwortliche Frau. Sie ist aber auch nicht die Prostituierte, die ihren Körper, nicht aber ihre Zuneigung, verkauft, sie ist keine Sexarbeiterin. Die *Andere* verkauft ihren Körper nicht, sie liebt ihren Geliebten und, obwohl sie nicht gesetzlich verheiratet ist, fühlt sie sich ihm zutiefst verpflichtet. Sie ist ihm treu und glaubt, dass auch er ihr treu ist.

Die *Andere* steht für eine uneigennützige Beziehung, die ohne wirtschaftliche oder gesellschaftliche Bande auskommt. Da sie sich verborgen halten muss, wissen nur wenige Freunde oder Verwandte von ihrer Situation. Ihre Beziehung gründet sich auf Erotik und Begehren sowie auf Freundschaft, Verständnis, Verbundenheit. Obwohl ihnen die Grenzen dieser Beziehungen bewusst sind, sagen die befragten *Anderen*, dass sie im Leben ihres Partners etwas ganz Besonderes und Wichtiges sind, gerade weil sie ohne jedes verpflichtende Band zu ihnen stehen. Es ist eine täglich neu getroffene und damit immer gefährdete Entscheidung, die paradoxerweise gerade deshalb so wertgeschätzt wird; ein Pakt zwischen zwei Individuen, die jenseits gesellschaftlicher Zwänge zusammen sein wollen.

19

Die moderne Geliebte[27]

1953 wühlte die Sängerin Carmen Costa Geliebte und Ehefrauen auf mit dem Song *Eu sou a Outra* von Ricardo Galeno. »Er ist verheiratet / und ich bin die *Andere* in seinem Leben, / denn er brennt, / weil ihm zu Hause alles fehlt. / Er ist verheiratet / und ich bin die *Andere*, / von der Welt diffamiert, / mit Verachtung gestraft / und mitleidlos in den Dreck gezogen.« Ein starkes Motiv stand hinter dem Erfolg des Liedes. Carmen besang ihren eigenen Schmerz, da sie in ihrem persönlichen Leben selbst diese Figur verkörperte. Aber das war vor 44 Jahren. Die Zeiten haben sich geändert und die Frauen auch. Der Anthropologin Mirian Goldenberg aus São Paulo zufolge sind zwar die dauerhaften Nebenbeziehungen vom Aussterben bedroht, nicht jedoch die vorübergehenden Affären. Soeben ist die zweite Auflage ihres Buches *A Outra* erschienen. »In früheren Zeiten, als die Ehefrauen um ihre Männer kreisten, waren dauerhafte Nebenbeziehungen alltäglich; heute jedoch basieren die Ehen auf größerer Gleichberechtigung und beide Partner versuchen, ihr Treueversprechen einzuhalten«, sagt die Autorin.
Aus ihrer Studie folgert Mirian, dass es eine psychologische Disposition, die Rolle der *Anderen* einzunehmen, nicht gibt, wie auch nicht den Typus der potenziellen Zerstörerin von Ehen. Die Forscherin lässt psychologische Erklärungen beiseite und appelliert an die einfache Mathematik. »Real ist ein offensichtliches demografisches Ungleichgewicht, denn in ganz Brasilien gibt es einen Frauenüberschuss«, konstatiert sie. Mirians Buch präsentiert Geschichten von acht Frauen, die über die Vor- und Nachteile des Doppellebens ihrer Partner sprechen. Alle sind davon überzeugt, dass die *Anderen* in Wirklichkeit die »Rechtmäßigen« sind. Unter den von Mirian befragten *Anderen* gibt es die Autar-

ken, die die Möglichkeit, zur »Rechtmäßigen« zu werden, nicht einmal in Betracht ziehen, aber es findet sich auch eine Geliebte mit großer Eifersucht auf die Ehefrau ihres Partners. Alle jedoch bezeichnen ihre Lage als bequem, denn sie erhalten sich ihre Freiheit, ohne der Hoffnung nachzuhängen, dass die Affäre zur Ehe wird.

Der ewige Disput zwischen der *Anderen* und der »Rechtmäßigen« hat mit der weiblichen Eroberung finanzieller Unabhängigkeit an Kraft verloren. Weder tolerieren die Ehefrauen, von ihrem Mann betrogen zu werden, noch will die *Andere* die altmodische Rolle der »Zweitfrau« spielen. Natürlich spielt die Liebe Männern und Frauen weiterhin Streiche. Obwohl altmodisch geworden, ist die Institution der *Anderen* noch nicht ausgestorben. Allerdings besteht der Unterschied zu früher darin, dass die Frauen heutzutage eine geheime Beziehung bewusster eingehen. Sie wissen um den erregenderen Stimulus zu ihren Gunsten, die Abwesenheit von Routine. Aber sie verbergen auch nicht ihre Frustration darüber, am Rande des Lebens des verheirateten Mannes zu stehen. Vier Frauen haben *IstoÉ* von ihren Erfahrungen erzählt:

Fast eine offizielle Beziehung

> »Ich spüre, dass seine Frau erst Ruhe geben wird, wenn sie ihn zurück hat. Es ist ein Kampf bis aufs Blut.«

H. G., 55 Jahre, Händlerin aus Rio de Janeiro.

Ich war mit José zusammen, als ich 16 war. Später habe ich einen anderen, er eine andere geheiratet. Ich habe ihn sogar noch besucht, als ich mit meinem ersten Sohn schwanger und er Vater eines Babys war. Es vergingen dann über 20 Jahre, ohne dass wir uns trafen. Eines Tages war ich im Stadtzentrum, um dort Papierkram zu erledigen, weil mein zweiter Mann zwei Monate zuvor gestorben war. Das war 1992. Meine erste Ehe dauerte 14 Jahre und meine zweite Ehe noch einmal so lange. In der ersten Ehe war ich unglücklich, aber in der zweiten war ich sehr glücklich. Als José und ich uns wieder trafen, freute er sich sehr und fragte mich nach meinem ersten Mann. »Mein Gott, was hast du alles nicht mitgekriegt«,

sagte ich. Er erzählte mir, dass er weiterhin in seiner ersten Ehe lebe, inzwischen seit 28 Jahren.
Sechs Monate lang trafen wir uns häufiger zum Mittagessen. Wir nutzten diese Gelegenheiten, um uns näher zu kommen. Ich versuchte, mein Leben allein voranzubringen, aber im Grunde war es wie eine Lawine. Schließlich trafen wir uns einmal am Tag vor Silvester auf ein Bier und er gestand mir seine Gefühle für mich. Wir küssten uns lange, dann ging jeder seiner Wege, und beim darauffolgenden Treffen passierte es dann. Es war sehr schön. Anschließend trafen wir uns regelmäßig in der Woche und samstags ging er in voller Montur zum Tennisspielen, in Wirklichkeit aber zu mir.
Ich wollte gar nicht mit ihm zusammenwohnen, ich fand es so gut, wie es war. Ich wollte niemanden verletzen. Eines Tages lud ich eine Freundin zum Abendessen ein, José kam auch dazu und ging um 11 Uhr abends nach Hause. Zwei Stunden später rief er mich an und sagte, er hätte zu Hause die Karten offengelegt. Mir verschlug es die Sprache. Es kam plötzlich, wir hatten niemals darüber gesprochen, wir waren darauf nicht vorbereitet. Am nächsten Tag stand er mit dem Koffer vor meiner Tür.
Wir leben gut miteinander, aber es ist nicht alles eitel Sonnenschein. Der einzige Fehler war, dass er direkt zu mir gezogen ist. Er hat immer noch große Schuldgefühle. Er ist ein Familienmensch und sehr mit seinen Kindern verbunden. Ich spüre, dass seine Frau erst Ruhe geben wird, wenn sie ihn zurück hat. Es ist kein Kampf bis aufs Blut.

Die *Andere* ist die Ehefrau

»Ich hätte nie gedacht, einmal die Dritte im Bunde zu sein. Dies ist das erste Mal und ich fühle mich sehr geliebt.«

Cristiane, 39 Jahre, öffentliche Bedienstete aus Minas Gerais

Ich war zehn Jahre verheiratet und lebe seit fünf Jahren getrennt. Mein Mann betrog mich. Er war ein Don Juan, hatte immer eine andere. Das hat mich sehr verletzt und war der Hauptgrund für unsere Trennung. Ich liebte ihn als wir uns trennten und nahm furchtbar ab. Danach hatte ich eine Affäre mit einem Anthropologen. Später lernte ich an der juristischen Fakultät Ricardo kennen. Zwei Jahre lang waren wir sehr eng befreundet. Eines Tages, auf einer Silvesterparty, funkte es zwischen uns. Das war das Beste, was mir je in meinem Leben passiert ist! Wir begannen, uns zu küssen und ich fand es wunderschön. Jetzt sind wir seit einem Jahr und acht Monaten zusammen.

Da er Polizeibeamter ist, schläft er manchmal samstags bei mir, wenn er Bereitschaft hat. Ich möchte mit ihm so zusammen sein, wie es jetzt ist. Ich hätte nie gedacht, einmal die Dritte im Bunde zu sein, dies ist das erste Mal. Ich fühle mich sehr geliebt; diese Beziehung ist sehr gut für mich. Er fühlt sich in seiner Ehe wohl und spricht nicht von Trennung. Ich habe ihn auch nie danach gefragt. Eine Trennung wird niemanden glücklich machen. Ich hege lieber keine Hoffnungen; ich glaube nicht, dass er sich jemals trennen wird, und außerdem will ich ihn nicht erschrecken.

Ich habe seine Frau schon einmal gesehen und bin eifersüchtig auf sie. Aber meiner Meinung nach ist sie die *Andere*. Ich habe den größten Respekt davor, dass er sich nicht trennen will. Ich rufe ihn niemals zu Hause an. In meiner Ehe riefen die Frauen bei mir zu Hause an, es war furchtbar. Ich bin äußerst vorsichtig, ich möchte nicht glücklich sein, wenn ein anderer dabei unglücklich ist. Er hat einen außerehelichen Sohn, von dem seine Frau gar nichts weiß. Ich habe mir so etwas für mein Leben nicht vorgestellt, aber es ist passiert. Meine ganze Familie weiß davon. Sie drückt mir die Daumen, möchte, dass ich weiterhin glücklich bin.

Montags bis freitags

»Wir hatten unseren gemeinsamen Alltag von montags bis freitags. Mir war einfach nur wichtig zu wissen, dass er mich liebte. Er war ein sympathischer Schuft.«

Cecília, 33 Jahre, Archäologin aus Rio de Janeiro

Keine Frau sucht es sich aus, die *Andere* zu sein. Ich bin vor allem meinen Gefühlen gefolgt. Ich war neun Jahre lang an seiner Seite. Als es zwischen uns anfing, hatte er eine feste

Freundin; er heiratete sie auch und bekam Kinder. Unser Verhältnis begann 1986. Er umwarb mich zwar, aber es war nicht geplant; es war stärker, als wir erwartet hatten. Er ist ein gutaussehender, abenteuerlustiger Mann aus guter Familie, und er flirtet gern.

Wir hatten unseren gemeinsamen Alltag von montags bis freitags. Mir war einfach nur wichtig, zu wissen, dass er mich liebte. Meine Familie wusste davon und tolerierte die Situation. Mein Vater hat es sogar einmal auf den Punkt gebracht: »Er ist ein sympathischer Schuft.« Ich kümmerte mich um ihn, betüddelte ihn, er war der einzige Mann, den ich so behandelt habe.

Als er heiratete, war die Situation klar. Für mich war es in gewisser Weise vorher schlimmer, weil ich nicht wusste, wo er stand. Ich betrachtete seine Frau nicht als Bedrohung, ich war nicht eifersüchtig auf sie. Angst hatte ich davor, dass er sich eine andere Geliebte zulegen würde. Viele Leute haben mich kritisiert. Zweimal wurde mir das Buch *Intelligente Frauen, unvernünftige Entscheidungen* geschenkt. Damals ging ich mit niemand anderem ins Bett. Mit anderen tat ich das, was ich mit ihm öffentlich nicht tun konnte, wie Küsschen geben.

Aber es kam der Zeitpunkt, ab dem er plötzlich beruflich sehr erfolgreich war und keine Zeit mehr für zwei Frauen hatte. Auch ich war sehr unzufrieden. Es gab einen anderen Mann, der an mir interessiert war, und so stellte ich ihn an die Wand. Er sagte, ich solle die Herausforderung annehmen. Da wollte ich sterben, fühlte mich sehr schlecht. Ich schaffte es nur, mich aus dieser Beziehung zu lösen, weil der andere um mich kämpfte. Heute sagt er, dass er sich, wenn er die Zeit zurückdrehen könnte, für mich entscheiden würde. Ich würde mich aber nicht mehr für ihn entscheiden. Ich bin auch abenteuerlustig und kann sein Verhalten nachvollziehen. Ich weiß, wozu ich fähig bin. Ich liebe meinen jetzigen Freund, mit dem ich seit drei Jahren zusammen bin, sehr, aber ich traue mir auch ein neues Abenteuer durchaus zu.

Eine erfolgreiche Affäre

»Seine Frau nannte mich eine Schlampe, aber ich hielt den Kopf oben. Ich war unabhängig.«

Carmen Costa, 77 Jahre, Sängerin aus Rio de Janeiro

Ich lernte Mirabeau 1952 in der Disco Mocambo kennen, in der Rua Prado Júnior in Copacabana. Er sang und spielte Schlagzeug. Ich hörte seine Songs *Cachaça não é água* und *Quase*, sie gefielen mir sehr. Damals war ich sehr einsam. Ich war elf Jahre mit einem Amerikaner verheiratet gewesen, hatte mich aber 1945 getrennt.
Ich und Mirabeau begannen, überall zusammen aufzutauchen, bis ich schwanger wurde. Er war verheiratet und hatte eine Tochter. Das Geld für die Geburt seines zweiten Kindes besorgte ich mir von Ataulfo Alves[28]. Seine Frau tauchte auf und stellte mich zur Rede, nannte mich eine Schlampe, aber ich behielt den Kopf oben. Ich war unabhängig, verdiente mein eigenes Geld. Sie dagegen war nur an seinem Geld interessiert. Heute singe ich seine Lieder, aber sie bekommt die Tantiemen aus den Autorenrechten.
Schließlich wohnten wir sogar zusammen, aber unsere Liebe erlosch mit der Zeit. Unsere ganze Geschichte ist hart und schwierig gewesen. Wir waren nur nicht glücklicher, weil er verheiratet war. Wir haben eine Tochter zusammen, Sinézia, die heute 43 Jahre alt ist.
Ich bekam sogar den Song *Eu sou a Outra* am Telefon vorgespielt, weil einige Leute von unserer Affäre wussten. Der Song ist heute noch ein Hit, und er hat weiteren *Anderen* Mut gemacht, sich zu bekennen. Damals ging es ruhiger zu als heute, es brodelte nicht eine solche Gerüchteküche. Diejenigen, die davon wussten, tadelten mich. Mirabeau hatte nicht den Mut, sich zu trennen, obwohl er irgendwann sogar daran dachte, mich in Uruguay zu heiraten; aber seine Frau verweigerte die Scheidung. Wir haben uns schließlich gestritten und ich bin 1959 in die USA gegangen zu meinem ersten Mann, und erst nach einem Jahr nach Brasilien zurückgekehrt. Ich konnte sein Doppelleben nicht mehr akzeptieren, wollte mich nicht mehr aufteilen, eine zweigeteilte Liebe leben. Wir haben uns noch lange geschrieben, aber die körperliche

Anziehung war vorbei. Ich würde alles noch einmal machen, aber mehr fordern.

20

Ich schaute mich um und die Tische waren leer. Es war nach Mitternacht. Mônica sprach immer noch, und der Kellner unterbrach sie.

Wünschen die Damen noch etwas oder kann ich die Rechnung bringen?
Sie können die Rechnung bringen.
Wir könnten das Gespräch nächste Woche weiterführen, zur gleichen Zeit am gleichen Ort. Was meinen Sie?
Super.
Haben Sie etwas dagegen, wenn ich unser nächstes Gespräch mitschneide?
Natürlich nicht, kein Problem.
Dann bringe ich das Aufnahmegerät mit.
Ja klar. Ach, bevor ich es vergesse, ich würde Sie gern um etwas bitten. Ich weiß nicht, ob Sie vorhaben, meine Geschichte in einem Buch oder bei einem Vortrag zu verwenden. Falls Sie das möchten, hätte ich nur eine Bitte. Ich möchte nicht, dass Sie etwas verändern, weder meinen Namen noch meinen Beruf, nichts. Ich möchte, dass Sie alles so belassen, wie ich es gesagt habe und noch sagen werde. Mir hat sehr gefallen, wie sie es in Ihrem Buch über Leila Diniz gemacht haben. Es war alles sehr taktvoll, aber ohne Zensur. Dieses Buch hat in mir den Wunsch hervorgerufen, ein bisschen Leila Diniz zu sein und mich nicht zu schämen, über mein eigenes Leben zu sprechen.

21

Bei meiner Untersuchung über *die Anderen* stellte ich fest, dass ihre Identitätskonstruktionen von verinnerlichten Vorwürfen, von der Norm abzuweichen, bestimmt sind und von einem permanenten Vergleich mit der Identität der Ehefrau. Diese Identität wird so manipuliert, dass die Stellung als Geliebte gegenüber der Ehefrau aufgewertet wird, um der Stigmatisierung zu entkommen.[29] Die *Andere* versteht sich auf allen Ebenen als die wahre Partnerin: auf der affektiven, sexuellen, intellektuellen, kulturellen Ebene. Die Ehefrau erscheint als diejenige, deren Beziehung zum Mann durch Zwang und Neurose bestimmt ist. Die Vorwürfe werden gegen die Ehefrau gewendet, die als abhängig, unterwürfig, passiv, gesichtslos, bemitleidenswert, aber auch als bösartig, gefährlich, bedrohlich, erpresserisch, eigennützig, als eine Blutsaugerin bezeichnet wird. Die Ehefrau ist gleichzeitig Heilige und Hure: eine Heilige, weil sie alles still akzeptiert, und eine Hure, weil sie angeblich nur ein materielles Interesse an ihrem Partner hat. Für die von mir Befragten ist sie die eigentliche *Andere*. Die Geliebten dagegen stehen für eine uneigennützige, ehrliche Liebe, die sich durch wirtschaftliche Unabhängigkeit und Abwesenheit von Zwang auszeichnet.

Allerdings taucht in den Augenblicken, in denen sie ihre nebeneheliche Beziehung als falsch, unmoralisch, illegal, geheim oder verborgen bezeichnen, auch ihr Selbstbild als Frauen auf, die von der Norm abweichen. Aus den Diskursen der *Anderen* können zahlreiche Zweideutigkeiten, Widersprüche, Spannungen und Konflikte herausgehört werden. Obwohl sie ihre ausschließlich affektiv-sexuelle Beziehung schätzen, drücken sie auch den Wunsch aus, die Einzige zu sein. Das geht vom Wunsch nach einer traditionellen Heirat ganz in Weiß bis zur modernen Vorstellung, dass die Partner nicht zusammenziehen sollten. Auch erfolgt eine klare Polarisierung der Rollen von Ehefrau und

Geliebter. Der Ehefrau bleiben die Pflege des Heims, die Scherereien mit den Kindern, die finanziellen Sorgen, die Routine, die langweiligen Verpflichtungen und Formalitäten, der Geliebten dagegen die Erotik, die interessanten Gespräche, die wunderschönen Ausflüge, die kulturellen und intellektuellen Aktivitäten, die gemeinsame Arbeit, die Freunde und die Partys. Höchstens ist für die Ehefrau noch eine geschwisterliche Freundschaft übrig, ohne jedes sexuelle oder intellektuelle Interesse. Somit sieht sich die *Andere* als die ideale Partnerin: unabhängig, interessant, modern und frei, in einer gleichberechtigten Beziehung, die aus ihrer und seiner freien Entscheidung hervorgegangen ist.

Die männliche Treue wird sehr hoch geschätzt. Alle Befragten waren überzeugt, dass ihre Geliebten keine sexuellen Beziehungen mehr zu ihren Ehefrauen pflegten und auch kein sexuelles Interesse mehr an ihnen hätten. Die *Andere* fühlt sich sicher und hat Vertrauen, weil sie glaubt, im Sexualleben ihres Partners die Einzige zu sein. Diese Treue ist es, die mehr als alles andere die Situation rechtfertigt, in der sie sich befindet, da sie sich im Gegensatz zur Ehefrau nicht betrogen fühlt. Hier zeigt sich die Bedeutung der sexuellen Treue für die Diskussion darüber, was in unserer Kultur unter »betrügen« verstanden wird.

22

Mirian Goldenberg, mutige Tochter unserer Stadt, untersucht die Rolle der Geliebten[30]

»Auch wenn es unglaublich scheint«, sagt sie, »aber die Männer wollen nicht untreu sein. Was sie sich von ihren Ehefrauen wünschen, ist mehr Partnerschaft und die Bereitschaft, den Schwierigkeiten ins Auge zu sehen, um die Situation zu verbessern. Natürlich muss auch der demografische Faktor in Betracht gezogen werden, denn in der Altersgruppe der über 45jährigen entfallen drei Frauen auf einen unverheirateten Mann, und bei den über 65jährigen ist das Verhältnis fünf zu eins«.
Das Interesse an Menschen ist im Leben von Mirian eine Konstante, die jetzt damit beschäftigt ist, Interviews durchzuführen und ergänzend dazu Werke zur Geschichte der Familie zu lesen. Eine andere interessante Beobachtung ist, dass in dem Maße, in dem die heutigen Frauen die Situation als *Andere* nicht mehr passiv hinnehmen, sondern Aufmerksamkeit fordern, auch der Mann versucht, diese Konfliktsituationen besser zu lösen: »Ich glaube, dass die Männer heutzutage zu monogamen Beziehungen tendieren, die jedoch nicht für immer halten, weil sie sich bei Beziehungsschwierigkeiten eine neue Frau suchen und die alte Beziehung durch eine neue ersetzen.«

Und wer ist Mirian?

Wer ist denn nun diese Frau, die den schwierigen Weg gewählt hat, zu einem so alten und gleichzeitig so konfliktträchtigen Thema Daten zu erheben und zu analysieren?
Mirian ist erst 33 Jahre alt und Tochter des Anwalts Benjamin Goldenberg. Bis zu ihrem 16ten Lebensjahr lebte sie in Santos,

wo sie auch die Oberschule besuchte. Von klein auf las und schrieb sie gern, sammelte Zeitungsartikel und Gedichte und führte Tagebuch.

Später zog sie zu einer Tante nach São Paulo, lebte einige Zeit in einem Pensionat und ging mit 20 Jahren nach Rio de Janeiro, wo sie zurzeit ein Postgraduiertenstudium in Sozialanthropologie abschließt.

Immer politisch engagiert kämpfte sie in ihrer Studienzeit gegen die Diktatur, war sechs Jahre lang parlamentarische Assistentin verschiedener Politiker und anschließend Assessorin des Nationalkongresses am Institut für sozioökonomische Studien. Als für ihre persönliche Entwicklung prägende Erfahrungen nennt sie Reisen, die sie unbegleitet nach Nicaragua, Kuba und Europa geführt haben.

Heute empfindet sie ihren Arbeitsalltag als sehr einsam; sie liest und schreibt acht bis zehn Stunden täglich. Sie ist verheiratet und hat sich gegen Kinder entschieden, betont jedoch, dass sie einen Partner gefunden habe, der in der Lage sei, sie zu verstehen: »Ich bin keine Frau, die ihr Berufsleben oder ihre Projekte für einen Mann aufgeben würde, aber in unserem gemeinsamen Leben haben wir beide schon manchmal zurückgesteckt und es geschafft, uns zu einigen. Für mich muss der Mann ein Partner sein in der Art, die Welt zu betrachten und zu beurteilen, mit der Arbeit umzugehen und Hoffnungen zu teilen. Er respektiert mich und regt mich an, als Frau zu wachsen. Die Ehe ist eine täglich neue Herausforderung, weil sie keine lebenslange Verpflichtung mehr ist.«

Mirian findet, dass die Frauen viel mehr klagen als die Männer, die kulturell bedingt eher mit ihrer Arbeit beschäftigt sind und keine Zeit haben, über ihre Probleme zu sprechen.

Sie hält es für falsch, wenn die Frau in Situationen der Untreue allein den Mann beschuldigt: »Es ist wichtig, dass die Frau die Verpflichtung annimmt, die sie als Mensch hat; sie muss ihren Platz in der Welt einnehmen. Wir alle wissen, dass es schwer ist, sich in einer Männerwelt zu behaupten, aber die Frau kann nicht in der Rolle des Opfers verharren, sondern muss gegenüber dem Leben eine positive Haltung einnehmen.«

Das größte Projekt Mirians ist es, weiter zu schreiben, und sie spürt, dass es noch viel zu verbessern gibt. Aber ihr Sternzeichen ist Schütze mit Aszendent im Steinbock, und so gibt sie ihre Projekte niemals auf, sondern verfolgt ihre Ziele immer weiter. Hat sie keine Ängste? Sie gibt zu, dass sie keine mehr habe: »Meine größte Angst war, meine Mutter zu verlieren, und das ist vor kurzem geschehen.«

23

Ich verbrachte eine schlaflose Nacht damit, mein Feldtagebuch zu schreiben, wobei ich versuchte, mich an jedes Detail meines ersten Treffens mit Mônica zu erinnern. Einige Dinge, die ein Aufnahmegerät nicht registriert, werde ich nie vergessen, wie Mônicas traurigen Blick und ihr beredtes Schweigen, insbesondere im Zusammenhang mit dem Selbstmord ihrer Mutter. Meine Augen zeichneten wie Kameras ihre Gesichtsausdrücke auf. Sie wirkte zugleich stark und schwach, sicher und unsicher, jung und alt, hübsch und durchschnittlich. Ihre Geschichte ist gleichzeitig eine individuelle und die Geschichte unzähliger Frauen, die sich vom Machismo ihrer Väter, Brüder oder Ehemänner befreien wollen. Aber für sie ist ihre Geschichte die unglücklichste von allen, ihre Familie ist die einzige gewalttätige, mit alkoholabhängigen Männern und zerstörten Frauen. Trotz ihres frühzeitigen Abschieds ist dies ihre Familie. Ich muss an Frauen denken, die aus scheinbar normalen Familien stammen und zu apathischen, leblosen Menschen wurden, welche sich nicht verwirklichen konnten. Ich frage mich, wie die Familie von Mônica eine so interessante Frau hervorbringen konnte. Sie scheint sich darüber bewusst zu sein, dass sie die Dinge erleben musste, die sie erlebt hat, um die Frau zu werden, die sie ist. Ich habe einen Freund, der immer sagt, dass das Leiden eine Frau schöner mache. Das Leiden mache reif, und für ihn gibt es nichts Schöneres als eine reife Frau.

In keinem Augenblick hat Mônica sich als Opfer dargestellt. Sie scheint beschlossen zu haben, gegenüber dem, was geschehen ist, eine pragmatische Haltung einzunehmen. Der Alkoholismus, die Gewalt und die Affären des Vaters haben sie in ein freieres Leben gestoßen und sie dazu gebracht, die traditionellen Modelle emotionaler und sexueller Beziehungen abzulehnen. Mônica schien der wirtschaftlichen und psychologischen Unabhängigkeit, die sie erobert hat, einen hohen Wert beizumessen. Die Mutter zu verlieren habe ihr das Leben gerettet, sagte sie. Es war eine unvergessliche Lektion: Das Leben vom Tod aus zu entdecken, die Freiheit in der Gefangenschaft, die Unabhängigkeit durch Unterordnung, die Stärke in der Schwäche. Sie hat nie von Märchenprinzen geträumt, die sie aus den Klauen furchterregender Ungeheuer retten. Sie sagte, dass sie, ohne viel darüber nachzudenken, eine Art zu leben entwickelt habe, in welcher die einzigen verbotenen Männer bis vor kurzem diejenigen waren, an denen sie auch nur das kleinste Anzeichen von Respektlosigkeit und Gewalttätigkeit entdeckte.

Ihr Bericht machte mich neugierig auf ihre Männerwahl. Sie hat nie geheiratet und keine Kinder. In ihrem Leben hat es nie an Männern gefehlt, auch nicht, seit sie in dem Alter ist, in dem die Frauen sich über das Fehlen von Männern auf dem Heiratsmarkt beklagen. Sie schreibt diese Tatsache nicht ihrer Verführungsmacht zu, sondern der Fähigkeit, auch an den Männern etwas Interessantes zu entdecken, die von ihren Freundinnen völlig links liegen gelassen werden. Sogar an diesen Männern findet sie etwas Liebenswertes: die Stimme, die Art zu küssen, die Zärtlichkeit, die Naivität, die Art, den Haushalt zu organisieren, ein Detail, das diejenigen, die nach dem perfekten Mann suchen, nicht sehen. Sie sagte, dass ihr Leben gerade deshalb außerordentlich reich an Männern sei, weil sie tausend liebenswerte Dinge an so vielen verschiedenen Partnern entdeckt habe, ohne sich dabei in eine unglückliche Ehe einzuschließen wie ihre Mutter.

Interessant an den Erzählungen der befragten Frauen sind die Widersprüche. So sagten viele zunächst, dass es viel besser sei, die *Andere* zu sein, um dann im Verlauf des Interviews zu betonen, dass ihr größter Wunsch darin bestünde, die rechtmäßige Ehefrau zu werden. Einige Frauen werden zur *Anderen*, weil sie die untergeordnete Rolle ablehnen, die sie einer Frau in der Ehe zuschreiben. Sie wollen ihr Leben nicht auf den Mann ausrichten. Indem sie die *Andere* sind, können sie sie selbst sein. Die Jüngeren sagen, dass sie sich für die Rolle als Geliebte entscheiden, um unabhängiger zu sein und sich mehr um ihr eigenes Leben kümmern zu können. In dieser Art von Diskurs zeigt sich die Spannung zwischen dem Projekt eines singulären, autonomen Individuums und dem Wunsch danach, den geliebten Mann zu besitzen und von ihm besessen zu werden.

> »Ich bin 26 Jahre alt, möchte mich binden, möchte einen Lebensgefährten. Damit meine ich aber nicht eine traditionelle Heirat. Vielleicht ist es wichtig, dass ich diesem Modell skeptisch gegenüber stehe, denn so kann ich leichter akzeptieren, dass er sich trennt, um mit mir zusammen zu sein, denn sonst würde die gesamte Schuld auf mir lasten, eine Ehe zerstört zu haben.
>
> Für meine Familie ist eine Frau, die mit einem verheirateten Mann ins Bett geht, eine Nutte. So nannte meine Mutter ein Leben lang die Geliebten meines Vaters. Sie wurden als Frauen angesehen, die Ehen zerstörten.
>
> Irgendetwas in seiner Ehe tut ihm nicht gut, denn er geht nicht umsonst mit mir ins Bett. Ich wäre nicht gern an der Stelle seiner Frau, denn ich würde nicht wollen, dass es im Leben des Typen, mit dem ich zusammen bin, eine *Andere*

gibt. Sollte ich einmal entdecken, dass es im Leben meines Typen eine *Andere* gibt, werde ich innehalten und mich fragen, was für eine Frau ich eigentlich bin. Ich bin lieber die *Andere* als die Ehefrau eines Mannes, der eine *Andere* hat.

Es ist keine Beziehung wie jede andere, denn er ist verheiratet und das bringt die Gewissheit mit sich, dass ich nicht ihm gehöre und er nicht mir. Wie ist eine Beziehung mit jemandem möglich, von dem du von Anfang an weißt, dass er dir nicht gehört? Mit diesem Typen zusammen zu sein, setzt für mich zunächst mal voraus, ich zu sein, unabhängig von ihm, weil er nicht mein und ich nicht sein bin. Bevor ich mit ihm zusammen sein kann, muss ich zunächst ich selber sein, denn wir haben nicht die Möglichkeit, miteinander zu verschmelzen, eins zu werden. Es hat etwas zu sagen, dass ich in diesem Moment meines Lebens mit einem verheirateten Mann zusammen bin. Es ist die Form, die ich gefunden habe, um jemanden fürs Bett zu haben und gleichzeitig ich zu sein, meine Individualität zu erhalten.«

25

Wie Monica Lewinsky die *Andere* zu sein ist nicht mehr tabu[31]

An diesem Montag haben Tony Blair, Saddam Hussein und die Tokioter Börse keine Chance. Monica Lewinsky wird wieder einmal das Tagesgespräch im Weißen Haus sein. Bill Clinton, Präsident der Vereinigten Staaten, wird sich auf die virtuelle Anklagebank setzen, um endlich zu erklären, ob er mit der Ex-Praktikantin eine lange Affäre hatte oder nicht. Sollte die Romanze bewiesen werden – und damit auch der Meineid, da Clinton im Januar die Affäre unter Eid verneint hat – kann der mächtigste Mann des Planeten sogar seines Amtes enthoben werden. Möglicherweise wäre das der höchste Preis, den je ein untreuer Ehemann gezahlt hat, der sich kopfüber in eine Beziehung mit einer *Anderen* gestürzt hat. Oder richtiger: mit mehreren *Anderen*, da der Ex-Gouverneur von Arkansas ein langes Curriculum an Seitensprüngen oder zumindest einen entsprechenden Ruf vorweisen kann. Auf der Liste stehen die Ex-Kabarett-Sängerin Geniffer Flowers (die sagt, sie habe zwölf Jahre lang ein Verhältnis mit Clinton gehabt), die öffentliche Angestellte Paula Jones und die Ex-Miss Arkansas Elizabeth Gracen, abgesehen natürlich von der rundlichen Monica Lewinsky, die behauptet, achtzehn Monate lang »eine Art Beziehung« mit ihm gehabt zu haben. Morgen geht der Fall in die Endrunde, wenn die auf Band gesprochene Aussage Clintons dem Gericht vorgespielt wird. Niemals zuvor hat ein Seitensprung so viel Aufsehen erregt. Aber immerhin geht es um den Präsidenten der Vereinigten Staaten.
Wenn sich der Betreffende dagegen in der Anonymität verstecken kann, ist alles leichter. Insbesondere dann, wenn die *Andere* geständig ist. »Ich habe seit sechzehn Jahren ein Verhältnis mit einem verheirateten Mann. Es ist eine Verbindung, die sich auf

Kameradschaft und auf Liebe gründet«, erzählt die Lehrerin Isabel, 48 Jahre alt. Sie tritt unter einem fiktiven Namen auf, wie die anderen sechs Brasilianerinnern verschiedenen Alters mit ähnlichen Erfahrungen, die sich bereit erklärten, für diese Reportage ihre Geschichte zu erzählen. »Das tue ich nicht so sehr, um mich selbst zu schützen, denn ich stehe zu allem, was ich getan habe und tue, sondern aus Achtung seiner Frau gegenüber«, sagt die Konfliktberaterin Isabel. »Die *Andere* muss von einer kurzen Affäre unterschieden werden. Die *Andere* baut eine wirkliche Beziehung auf, in der es Interessenaustausch gibt und Treue gefordert ist«, erklärt die Anthropologin Mirian Goldenberg, die in ihrem Buch *A Outra*, dieses Jahr in der siebten Auflage, die Rolle der Frau analysiert, die sich auf Männer einlässt, die schon vergeben sind.

Das Buch teilt die *Andere*n in drei Kategorien ein: in die kurzfristigen, die mittelfristigen und die langfristigen Geliebten. Die kurzfristigen Geliebten haben nicht das Ziel, ihren Liebhaber zu heiraten; die langfristigen bauen eine Beziehung auf, die Jahrzehnte dauern kann, erwarten aber auch keine Heirat und haben sich mit der Situation abgefunden. Die mittelfristigen haben noch Hoffnung darauf, dass der Mann die Beziehung offiziell macht. Hier gibt es zwei mögliche Wege: Leid und Frust oder die Anpassung an das Leben zu Dritt. In diesem Fall wird die mittelfristige Geliebte zur langfristigen.

Bei dieser Betrachtungsweise hat Präsident Bill Clinton theoretisch bereits alle drei Kategorien hinter sich, die kurzfristige Geliebte (Paula Jones und die Miss), die mittelfristige (Lewinsky) und die langfristige (Gennifer – die einzige Beziehung neben seiner Ehe, die Clinton zugegeben hat). »Vor dem Hintergrund meiner Untersuchung kann Monica nicht als *Andere* bezeichnet werden«, sagt Mirian. Vielleicht. Aber Clinton müsste nur die Anfangsverse des Songs *Matriz e filial* (»Stammhaus und Filiale«) von Lúcio Cardim trällern: »Wer bin ich, dass ich Exklusivrechte auf sie haben könnte?« Denn Monica Lewinsky ist eine Frau mit einer starken Bestimmung zur Nebenfrau. Bevor sie den US-Präsidenten kennen lernte, hatte sie ein zweijähriges Verhältnis mit Andy Bleiler, einem Lehrer an der Beverly Hills High, acht Jahre älter als sie, verheiratet und Vater einer Tochter. Monica spielte die Rolle der *Anderen* mit allem, was dazugehört. Sie war 19 Jahre alt, als die Beziehung begann, und als Andy mit der Familie nach

Oregon zog, folgte Monica ihm, um an der Portland University Psychologie zu studieren. Sie war so hartnäckig, dass sie sich sogar mit Andys Frau anfreundete. Als sie das Diplom in der Tasche hatte, verließ sie den Lehrer und zog nach Washington. Eines Tages, mit 21 Jahren und bereits als Praktikantin im Weißen Haus, »trug sie blau«, wie es im Song von Wilson Simonal heißt, und ihr Glück wendete sich.[32]

Eine Story wie im amerikanischen Kino. Hollywood hat im Übrigen Affären produziert, die den besten Drehbuchschreibern gefallen hätten. Mindestens drei Kino-Ikonen sind irgendwann in ihrem Leben die *Andere* gewesen. »Die Ehe ist undurchführbar. Wenn sie es nicht wäre, müsste man keinen Vertrag dafür unterschreiben«, sagte bereits Katherine Hepburn, fünfundzwanzig Jahre lang treue *Andere* von Spencer Tracy (bis zu seinem Tode im Jahr 1967). Aus religiösen Gründen erhielt dieser die Ehe mit Louise Treadwell bis zu seinem Lebensende aufrecht. Die Schwedin Ingrid Bergman entsetzte die ganze Welt, als sie 1949, noch mit dem Zahnarzt Petter Lindström verheiratet, von Roberto Rossellini schwanger wurde, der ebenfalls verheiratet war und mit dem sie *Stromboli* drehte. Robertino wurde 1950 geboren und kurze Zeit später bekam sie, auch von Roberto, die Zwillinge Ingrid und Isabella. Aber vielleicht ist Elizabeth Taylor, 66 Jahre, diejenige, die am meisten zu erzählen hat. »Wenn ich nicht so dumme Moralvorstellungen hätte, hätte ich mehr Geliebte und weniger Ehemänner gehabt.« Moralvorstellungen? Sie war die *Andere*, die ein und derselben Frau, nämlich Marlene Dietrich, zuerst den Schauspieler Michael Wilding (ihren ersten Mann) und dann den Produzenten Mike Todd (ihren dritten Mann) stahl. Sie verschonte nicht einmal ihre beste Freundin, Debbie Reynolds. Ein Augenblick der Nachlässigkeit genügte, damit Liz ihr Eddie Fischer entreißen konnte.
Im Übrigen wurde das Bild der *Anderen*, die traute Heime zerstört, durch Hollywood verbreitet, nämlich mit dem Film *Eine verhängnisvolle Affäre* von Adrian Lyne. In diesem Film wollte die unglückselige und neurotische Alex Forrest (Glenn Close) unbedingt die *Andere* einer stabilen und glücklichen Ehe sein. Sie endete tot in der Badewanne und die Familie von Dan (Michael Douglas) und Beth Gallagher (Anne Archer) triumphierte. Das Stereotyp passte wie angegossen: die grausame

Geliebte, der schuldbeladene Ehemann und seine Frau, Opfer der Situation. »Es ist bedauerlich, wenn die Ehefrau so gesehen wird«, sagt die Psychologin und Familientherapeutin Lia Carvalho. »Die Ehefrauen sind keine bemitleidenswerten Geschöpfe mehr. Sie sind aktiv, unabhängig und wissen, was sie wollen. Sie haben die Kraft, zu wählen.«

Neue Zeiten. Die Figuren der alten Geschichte (Frau, Mann und die *Andere*) haben sich zusammen weiterentwickelt. Weit entfernt vom Muster der traditionellen Familie hat die Frau in der Liebe heute neue Horizonte. In einer Untersuchung unter Universitätsangehörigen stellt Mirian Goldenberg fest, dass nur 30% der Frauen sich in das traditionelle Familienmodell einordnen. Die anderen (*Anderen*?) suchen nach alternativen Wegen. Diese Wahlfreiheit schließt auch ein, die *Andere* zu sein. Ohne Traumata. »Die Ehe ist heutzutage eher eine freiwillige Entscheidung denn ein vorgezeichneter Weg«, schließt sie.

Die jüngeren Frauen kommen im Allgemeinen mit der Rolle der *Anderen* besser klar. Cláudia, 28 Jahre alt, lernte ihren Freund im Büro kennen. »Ich hatte gerade eine frustrierende Beziehung hinter mir und plötzlich war dieser Mann da, der 20 Jahre älter war als ich und bereit, alle meine Mätzchen anzuhören. Es war ein verführerisches Spielchen.« Das Spielchen wurde ernst. Doch bevor sie zusammenkamen, erzählte er ihr von der Trennung von seiner ersten Frau: Seine derzeitige Frau war die *Andere* gewesen. Und nun ist sie das »Stammhaus« und Cláudia die »Filiale«. »Er fühlt sich schuldig, sieht mich als weitere Frau, die ihn aus einer Beziehung zieht, so dass er einer anderen Frau Leid bereitet.«
Aber nicht auf allen nebenehelichen Beziehungen lastet die Schuld. Ein Beispiel ist die Geschichte der Krankenschwester Zuleika, 26 Jahre alt, die seit vier Jahren mit einem verheirateten Mann zusammen ist. Alle drei »Schenkel« dieses amourösen Dreiecks arbeiten im gleichen Bereich, nämlich im Schichtdienst in einem Krankenhaus, und haben denselben Freundeskreis. Und alles ohne Drama. »Wenn ich es mir aussuchen könnte, hätte ich lieber keine Beziehung mit einem verheirateten Mann. Aber es ist nun mal passiert und so muss ich aus der Situation das Beste machen«, sagte sie, die nicht an eine Heirat denkt. »Ich

weiß nicht, ob ich ihn mögen würde, wenn wir täglich zusammen leben würden. So wie es ist, ist es gut.« Die Ehefrau zieht es auch vor, nicht an der Situation zu rühren. »Sie hat mir einmal gesagt, dass man, um den Seitensprung nicht zu entdecken, lieber den Schrank verkaufen sollte.«

Die Frauen allerdings, die bei *Schlaflos in Seattle* mit Tom Hanks und Meg Ryan Tränen vergießen und die sogar von einer Immobilienwerbung »für die ideale Familie« gerührt sind, sollten zu einer solchen Art von Beziehung auf Abstand gehen. »Die Vorstellung von der romantischen Liebe ist ein Bündel an Erwartungen, das uns wie ein Sparpaket in den Rachen geworfen wurde. Auf diese Seifenopernlüge kann ich verzichten!«, regt sich die Sexualforscherin Regina Navarro Lins auf. Für sie leben wir in Zeiten des Umbruchs, der Veränderung überkommener Ideen. »Viele Frauen genießen die angenehme Seite der Rolle der *Anderen*, die darin besteht, die Konditionierungen zu durchbrechen, die in unserer Kultur so verwurzelt sind«, sagt Regina.

Jetzt scheint alles erlaubt. Manchmal wird der flotte Dreier sogar zum Quartett, und dann zum Samba ... Die Sängerin Carmen Costa, 78 Jahre alt, hat ihre Romanze mit dem Dirigenten Mirabeau Pinheiro Filho nie verheimlicht. Die Affäre dauerte sechs Jahre, von 1952 bis 1958. Für ihn sang Carmen den autobiographischen Song *Eu sou a Outra* (Ich bin die *Andere*). »Als er ging, verlor ich die einzige Liebe meines Lebens.« Er komponierte in ihrem Hause 64 Songs, unter anderem *Quase*, das der anderen *Anderen* gewidmet war. »Wir waren drei Frauen und er: seine Ehefrau Sidnéia, ich und noch eine andere, Gertrude. Ich war eifersüchtig, wollte ihn für mich allein. Aber er war wirklich ein Frauenheld«, sagt Carmen.

Elizabeth, 40 Jahre alt, sagt von ihrem José dasselbe, mit dem sie seit drei Jahren zusammen ist. »Meine Mutter mag ihn, José kommt zu allen Familienfesten, er geht bei mir ein und aus. Er ruft mich jeden Morgen an, nur um mir einen guten Morgen zu wünschen«, erzählt Elizabeth glücklich, obwohl sie zugeben muss, dass José »nach jedem Rockzipfel schielt«. »Manchmal sage ich zum Spaß, dass ich seiner Frau sogar einen Gefallen tue. Vor mir hatte er mehrere Geliebte, jetzt hat er nur mich.« Für die Bibliothekarin Lygia Fernandes, 71 Jahre alt, gehörte der Dichter Carlos Drummond de Andrade auch immer nur ihr. Sie waren sechsunddreißig Jahre zusammen – sie war 24 Jahre alt, als sie ihn kennen lernte –, und Dutzende seiner Gedichte sind ihr gewidmet, von »Campo de flores« zu Beginn der Romanze bis zu »Lyo« – wie der Dichter sie nannte –, das er zwei Monate vor seinem Tod im Jahr 1987 verfasste. »Er hat mich nie ausgehalten. Ich war seine Freundin«, sagte Lygia vor wenigen Jahren. Mit der Feder des Dichters und dem Humor des Geliebten schrieb Carlos witzige Widmungen über die intimen Verse, z. B. »Vom splitternackten Charlie«. Fast vierzig Jahre lang hat Lygia das Werk Drummonds abgetippt. Und es wird gesagt, dass er ihre Hand hielt, als er seinen letzten Atemzug tat.

Als zweite Familie fordert »die Filiale« häufig dieselben Rechte wie das »Stammhaus«. Aber die Lehrerin Isabel musste gar nicht darum kämpfen, dass Júlio die Tochter als seine anerkannte. »Er ist für alle seine Kinder ein wunderbarer Vater.« Dieses Glück hatte die Sängerin Carmen Costa nicht. Mirabeau erkannte Silézia nicht als seine Tochter an, und Carmen bekam nicht nur keine Unterstützung von ihm, sondern sie war es, die ihn unterstützte. Carmen erzählt, dass sie das Honorar aus ihren Auftritten häufig mit der offiziellen Familie Mirabeaus teilte. Und sie bereut es nicht. »Ich war seine wichtigste Muse.«

Auch wenn die erwähnten Frauen sich so verhalten, wie es von einer *Anderen* erwartet wird, die sich mit ihrer Rolle abgefunden hat, gibt es für sie auch die traurige Seite der Geschichte. »Weihnachten, Sylvester und Geburtstage sind schrecklich. Da sind wir noch nie zusammen gewesen«, erzählt Isabel. »Ich muss mich Zeitplänen beugen, gehe nie öffentlich aus, spreche mit niemandem über meine Beziehung, nicht einmal mit meinen engsten Freunden und Verwandten«, klagt Zuleika. »Wenn er von seiner Ehe spricht, sagt er, dass ihm die Gefühle fehlen. Diese Lücke fülle ich wohl aus«, meint Cláudia. »Ich denke nicht an die Zukunft. Ich weiß, dass wir nicht zusammen alt werden«, sagt Elizabeth. Auch wenn die Gesellschaft die *Andere* noch nicht akzeptiert, hat diese inzwischen bessere Waffen, um sich vor der Gesellschaft zu verteidigen. »Je unabhängiger die Frau ist, desto eher hat sie die Möglichkeit, freiwillig anstatt erzwungen, zufällig oder schicksalhaft die *Andere* zu sein«, schließt die Anthropologin Mirian Goldenberg.

26

Mônica war diesmal pünktlich. Ich saß bereits wartend am gleichen Tisch wie das letzte Mal. Sie schien ungeduldig, über unser erstes Treffen sprechen zu können.

Als Journalistin weiß ich, wie schwer es den Menschen fällt, zuzuhören. Im Allgemeinen lieben sie es, über sich selbst zu sprechen und schenken dem, was die anderen sagen, nur wenig Aufmerksamkeit. Was mich wirklich beeindruckt, ist die Tatsache, dass sogar die Psychoanalytiker, die ich befrage, viel mehr sprechen als zuhören. Sie haben zu allem eine vorgefasste Meinung und fangen an zu reden, ohne auch nur die Fragen anzuhören, die ich ihnen stelle. Ich habe in den letzten Jahren für die Artikel über menschliches Verhalten, die ich schreibe, unzählige »-ologen«, wie wir sie in der Redaktion nennen, befragt: Psychologen, Anthropologen, Soziologen, Sexologen usw. Und mir fällt immer mehr auf, wie schwer es ihnen fällt, zuzuhören und wie wenig Interesse sie an ihren Mitmenschen haben. Manchmal höre ich ihnen stundenlang zu und sie merken nicht einmal, dass ich meinen Mund noch gar nicht aufgemacht habe; ich betrete stumm den Raum und gehe schweigend hinaus und sie reden immer noch. Mir wird schon beim Klang ihrer Stimmen schlecht. Sie klagen über die Regierung, den Vorgesetzten, die Ehefrau oder den Ehemann, die Kinder. Die Singles klagen darüber, dass es nicht genug interessante Männer und Frauen gibt, so als ob sie jemanden Interessantes verdient hätten.

Mir begegnen immer häufiger langweilige, unerträgliche, unangenehme Menschen, die sich ganz toll finden. Es ist offensichtlich, dass sie sehr viel interessanter wären, wenn sie aufhören würden zu reden und mehr zuhören und anderen mehr Aufmerksamkeit schenken würden. Ich bin der leeren Geschwätzigkeit müde und habe jetzt gemerkt, dass ich es bin, die nicht aufhört zu reden. Und dass Sie den Mund bei unserem ersten Treffen kaum aufgemacht haben. Ich, die ich mich immer in die Lage der Beobachterin bringe, die den anderen Aufmerksamkeit schenkt, bin plötzlich eine richtige Quasselstrippe. Ich wollte Ihnen nur sagen, dass man selten jemanden findet, der wirklich an seinem Gegenüber interessiert ist. Das hat mir gefallen, so dass ich mich jetzt erst recht frei fühle, meine Geschichte zu erzählen.

Als ich in Rio de Janeiro ankam, war ich noch Jungfrau und hatte keinerlei Erfahrungen mit Männern. Ich war außerdem sehr unsicher, fühlte mich absolut unattraktiv. Schon früh entdeckte ich eine Welt, in die ich mich flüchten konnte: die Bücher. Ich las alles, was mir in die Hände fiel, wirklich alles. Es gab keinerlei Kontrolle meiner Eltern über das, was ich las. Ich lernte sehr früh zu lesen und mit 11 Jahren las ich *Der Ekel* von Sartre. Ich war nicht wie diese hübschen blonden, gut gekleideten Mädchen. Ich war ein sehr trauriges Mädchen mit einer gewalttätigen Familie und voller Angst vor allem. Ich beneidete die glücklichen Mädchen: die Geschenke, die sie bekamen, ihre Kleidung und vor allem die Zärtlichkeit und Aufmerksamkeit, die sie von ihren Eltern erhielten. Ich beneidete die Sicherheit, die sie ausstrahlten, das rosarote Leben, das sie zu Hause hatten. Am Valentinstag beneidete ich jedes Mädchen, das einen Freund hatte, dem es etwas schenken und von dem es etwas geschenkt bekommen konnte. Ich schaute in die Schaufenster und hatte das Gefühl, dass ich nie jemanden haben würde, den ich lieben könnte. Ich litt sehr darunter, für niemanden etwas Besonderes zu sein. Ich stellte mir vor, dass mein Leben für immer so sein würde: dass ich immer in Schaufenster sehen würde, ohne jemanden zu haben, den ich am Valentinstag beschenken und von dem ich ein Geschenk bekommen würde. Bis ich nach Rio de Janeiro kam und merkte, dass mein Leben hier völlig anders sein und ich vielleicht etwas Besonderes für jemanden werden könnte.

27

Der Diskurs der *Anderen* deckt einen wahren Krieg zwischen verheirateten und ledigen Frauen um bestimmte Männer auf. Ob unterschwellig oder offen zeigt dieser Krieg den Wert an, den ein Mann auf dem Liebesmarkt hat, und zwar auch dann, wenn er verheiratet ist. Der Wettbewerb um dieses Objekt der Begierde führt dazu, dass die Frauen sich unerquicklichen Situationen ausliefern, wie der Bericht einer 37-Jährigen zeigt.

> »Das Problem mit einem verheirateten Mann ist, dass du dich als die *Andere* fühlst und riskierst, dich zu sehr auf ihn einzulassen, eine Beziehung einzugehen, in der du vieles mit ihm teilst und von der du immer mehr erwartest, obwohl er eine Frau hat. Es ist kein moralisches, sondern wirklich ein emotionales Problem. Die Beziehung kann sich nicht über die gegebenen Grenzen hinaus entwickeln. Wenn du einen Typen liebst, willst du in seinem Leben eine wichtige Rolle spielen, willst deinen Raum in seinem Leben erweitern, aber wie diesen Raum erkämpfen, wenn er einer anderen Frau bereits sicher ist? Ich habe es immer vermieden, mich zu sehr auf einen verheirateten Mann einzulassen. Ich wollte keinen Mann mit einem ›Stammhaus‹, um dann die ›Filiale‹ zu spielen.«

Eine der befragten Frauen, 25 Jahre alt, war ein Jahr lang die Geliebte ihres Cousins. In den ersten Monaten verlief alles ruhig. Aber dann erfuhr seine Frau davon.

> »Ich fühlte mich vorher nicht als die *Andere*, und ich habe mir das nicht ausgesucht. Ich wollte seine Geliebte sein und zufälligerweise war er verheiratet. Aber ich war nicht die *Andere*, so empfand ich mich nicht. Als seine Frau einen Aufstand machte, nachdem sie davon erfahren hatte, dachte

ich: Jetzt werde ich die Rolle der *Andere*n spielen müssen, alles wird im Geheimen laufen müssen. Vorher war es nicht so gewesen, seine Frau kontrollierte ihn nicht und wir waren zusammen, wann immer wir wollten. Ich bin nicht auf sie eifersüchtig, denn wenn ich ihre Lage sehe, war ich tausendmal lieber die *Andere* als die Nummer eins. In ihrer Situation würde ich niemals sein wollen: Ohne jegliches Interesse aneinander täglich mit jemandem zusammen zu sein, im gleichen Haus zu wohnen! Wenn wir uns am Wochenende trafen, war er ganz wild darauf, mir von seinen Dingen zu erzählen, weil mit ihr keine Gespräche mehr stattfanden. Ich war seine Hauptbeziehung, mit der er alles teilte. Im Grunde war sie am Ende die *Andere* und nicht ich. Auch wenn sie seine wirkliche Ehefrau war, war ich es, mit der er gern zusammen war.

Dass ich jung und ledig war, war für die Frauen in der Stadt, in der er wohnte, sehr bedrohlich. Ich wurde als Prostituierte angesehen. Die Frauen fühlten sich bedroht, denn genauso wie ich mit ihm zusammen war, konnte ich mit ihren Ehemännern zusammen sein, so dass sie schon anfingen, mich als leichtes Mädchen anzusehen.«

28.

Ich kam in Rio an und war entschlossen, meine Jungfräulichkeit so schnell wie möglich zu verlieren. Ich wollte nicht so sein wie meine Mutter: schwanger heiraten und das ganze Leben an der Seite eines einzigen Mannes verbringen. Es war nicht so einfach, wie ich es mir vorgestellt hatte. Gleich in den ersten vier Wochen lernte ich einen jungen Mann kennen, der sehr viel älter war als ich. Wir freundeten uns gleich bei unserem ersten Treffen an. Er war sehr hässlich, hatte eine riesige Nase, eine seltsame Frisur und war spindeldürr. Aber ich war gern mit ihm zusammen. Wir gingen zusammen ins Kino, essen, in Kneipen. Ich fühlte mich an seiner Seite erwachsen. Er war immer verfügbar, machte alles, was ich wollte, war aufmerksam, einfühlsam, freundlich. Ich gestehe, dass ich mich manchmal vor den Leuten dafür schämte, mit jemandem zusammen zu sein, der so hässlich war. Trotzdem beschloss ich, dass er der erste Mann in meinem Leben sein würde. Nur war er es dann nicht. Er wollte nicht. Er sagte: »Mônica, du bist sehr jung, das ist für mich eine riesige Verantwortung.« Im Grunde glaube ich, dass er merkte, dass ich ihn nicht liebte. Er war noch romantischer als ich, die ich in diesem Moment so pragmatisch war. Aber wir waren weiterhin Freunde. Er führte mich in die Welt der Politik ein, wies mich auf einige klassische Lektüren hin, wir trafen uns mit Freunden, um über Marx, Lenin, Trotsky zu diskutieren. Es war eine sehr reiche Phase meines Lebens, wie ich, noch eine Jugendliche, eine so faszinierende Ideenwelt entdeckte. Ich war nicht länger angepasst und entfremdet, sondern fühlte mich militant und revolutionär. Mit ihm zusammen fühlte ich mich nicht allein. Wir waren ständig zusammen und ich vergaß meinen Plan, die Jungfräulichkeit zu verlieren. Bis zu jenem Tage, an dem ich zu einem großen, gebräunten Mann mit grünen Augen und riesigem Schnurrbart in den Aufzug stieg.

29

Eine der von mir befragten *Anderen* war bereits siebzehn Jahre verheiratet, als sie eine Beziehung zu einem ebenfalls verheirateten Mann anfing.

»Mein erster Mann war elf Jahre älter als ich, sah aber noch viel älter aus. Wegen des großen Altersunterschieds hatte ich immer Angst, dass die Leute denken könnten, ich wäre seine Geliebte. In Hotels bestand ich darauf, seinen Nachnamen zu benutzen, obwohl wir nicht standesamtlich verheiratet waren, und dieselbe Adresse anzugeben, um Gerede zu vermeiden … Er wurde meist für meinen Vater gehalten, so dass ich, da ich so viel jünger war als er, unausweichlich als seine Geliebte dastehen würde, wenn ich mit ihm in einem Zimmer schlief. Also stellte ich klar, dass er mein Mann war, denn als Geliebte zu gelten war das Letzte, was ich wollte. Ich habe mich vor einigen Monaten von ihm getrennt, obwohl er mein bester Freund ist, weil ich nicht mit ihm zusammen sein und dabei einen Anderen lieben konnte. Mein Freund hat sich noch nicht von seiner Frau getrennt. Für ihn ist es viel schwieriger, er hat Kinder und ich nicht. Aber ich bin sicher, dass er sich trennen wird, um mit mir zusammen zu sein. Es ist nur eine Frage der Zeit und der Geduld, und davon habe ich sogar zuviel. Ich setze ihn nicht unter Druck, ich verlange und fordere nichts von ihm. Ich habe nie zu ihm gesagt, dass ich mich seinetwegen getrennt habe und dass er dasselbe tun müsste. Wir sind weiter wie früher ein Liebespaar. Ich habe nie gewollt, dass eine Beziehung, die so schön ist, sich in eine Last für ihn verwandelt. Ich möchte, dass er sich aus eigenem Wunsch trennt, nicht, weil er unter Druck gesetzt wird.

Er ist ein sehr gut aussehender, großer Mann, etwas jünger als ich und völlig anders als mein erster Ehemann. Beim Ersten hatte ich das Gefühl, einen alten Vater zu haben, um den ich mich kümmern musste. Bei diesem fühle ich mich wie eine Frau mit einem richtigen Mann. Er ist weder mein Vater noch mein Sohn, er ist mein Mann. Das habe ich nie zuvor gefühlt. Ich weiß, dass ich seine Mätresse bin, aber so empfinde ich es nicht, ich fühle mich wie seine Braut.

Ich suche nach einer Lösung für uns beide. Es ist ein Unterschied, ob du die Mätresse von jemandem bist und dir genau das vorgestellt hast, genau das willst, oder ob du diese Situation als vorübergehend ansiehst. Ich habe kein Bedürfnis danach, Mätresse zu sein. Die Ehefrau ist diejenige, die ihn wirklich besitzt, mit Brief und Siegel und einem gemeinsamen Leben. Dass wir uns verstecken, bestätigt das. Wenn man sich verstecken muss, ist das ein Zeichen dafür, dass die Situation nicht normal ist und weder von der Gesellschaft noch von unseren Familien noch von uns selbst akzeptiert wird.

Aber ich fühle mich vollständig glücklich in unserer Beziehung, habe keinen Grund, mich zu beschweren. Mir fehlt es an nichts: Wir sprechen viel miteinander, er ist mein Partner in allem, wir gehen zusammen aus, verreisen, arbeiten, haben viel Sex. Es ist keine Zuneigung zwischen Mutter und Kind, sondern zwischen Mann und Frau. Zum ersten Mal fühle ich mich wirklich als Frau, behandelt wie eine Frau. Es ist keine Zuneigung zwischen Freunden, wie ich sie meinem Ex-Mann gegenüber empfinde. Ich habe nur zwei Männer in meinem Leben gehabt: meinen Ex-Mann und meinen Freund. In den zehn Monaten der Beziehung zu meinem Freund habe ich schon mehr Sex gehabt als in den siebzehn Jahren mit meinem ersten Mann.«

30

Ich spreche nie mit Fremden. Auf Flugreisen lese ich ein Buch, um zu vermeiden, von meinem Sitznachbarn in ein Gespräch verwickelt zu werden. Im Taxi lese ich in einer Zeitschrift oder der Zeitung, damit der Taxifahrer mich nicht »vollquasselt«. Ich liebe das Schweigen und beschränke das Gespräch mit Fremden in der Öffentlichkeit, z.B. in Aufzügen, Warteschlangen, Taxis und Flugzeugen, auf ein Minimum. Dabei wirke ich sogar unsympathisch, denn ich lächele auch nicht, weil ich nicht zu kurzen Wortwechseln anregen will. Aber jener Mann berührt mich. Er lächelte mich auf unwiderstehliche Art und Weise an. Er sagte etwas über die unerträgliche Hitze und darüber, wie wohltuend es wäre, kurz ins Meer springen zu können. Trotz des Schnurrbarts konnte ich nicht widerstehen und lächelte zurück. Ich antwortete, dass ich auch liebend gern kurz ins Meer springen würde. Er sagte: »Warum tun wir es dann nicht?« Genau so, schnell und direkt. Das fand ich super. Männlich und selbstsicher. Ich eilte in die Wohnung, zog einen Bikini unter Shorts und T-Shirt und fuhr wieder nach unten. Er wartete im Hauseingang auf mich. Wir gingen zu seinem Motorroller, der vor dem Gebäude parkte. Das fand ich noch aufregender, denn ich war noch nie auf einem Motorroller gefahren. Alles schmeckte nach Abenteuer. Er fragte nach meinem Namen. Ich antwortete: »Mônica.« Man stelle sich dieselbe Situation heute vor, nachdem Rio de Janeiro so gewalttätig geworden ist! Aber das ist jetzt uninteressant. Dieser Mann und diese Situation machten mich an. Ich war so erregt, dass ich auf dem Beifahrersitz des Motorrads hätte kommen können, während ich den Körper dieses wunderschönen Mannes umarmte und ihm so nah war wie ich nie einem anderen gewesen war. Mein Kopf lehnte an seinem schweißgebadeten Rücken, ich spürte seinen Geruch. Der heiße Wind, die Gefahr, das Abenteuer, der Unbekannte, von dem ich nicht wusste, wohin er mich fuhr. Ich fühlte mich von allen Regeln und Konventionen befreit, revolutionärer als bei den politischen Treffen, bei denen wir über *Das Kapital* diskutierten. Das war meine wahre Revolution: Wonne, Lust, Verlangen zu empfinden. In keinem Moment fragte ich mich, wie viele Mädchen dieselbe Einladung wohl schon angenommen hatten, wie oft er wohl schon in Aufzügen verführerisch gelächelt hatte. Ich dachte auch nicht daran, dass sich ein anständiges Mädchen zurückhalten und keine Einladungen von Fremden annehmen sollte. Ich fühlte mich bereits als erwachsene Frau, die über die Revolution diskutierte, ältere Freunde hatte, allein in Rio de Janeiro wohnte, Caipirinha trank und einen Unbekannten begehrte. Mein einziges Problem war, dass ich trotz allem immer noch Jungfrau war.

31

Eine der Befragten lernte ihren Liebhaber am Arbeitsplatz kennen. Sie war 37, er 52 Jahre alt. Das Interessanteste an diesem Fall ist, dass er zeigt, wie die *Andere* der Ehefrau dieselben Vorwürfe macht, die auch ihr gemacht werden, während dem Mann vorgeworfen wird, schwach, feige, ängstlich zu sein, sich davor zu drücken, eine klare Entscheidung zu treffen, von seiner Frau erpresst und manipuliert zu werden.

> »Ich bin sicher, dass er mich liebt, daran habe ich nicht den geringsten Zweifel. Aber er schafft es nicht, sich zu trennen, wohl wegen seiner beiden heranwachsenden Kinder. Er leidet sehr, hat sogar daran gedacht, sich umzubringen, um dieser Hölle ein Ende zu machen. Seine Frau hat grässliche Aufstände an meinem Arbeitsplatz inszeniert, bis sie erreichte, dass ich entlassen wurde. Er musste danach ebenfalls kündigen, denn es wäre für ihn unmöglich gewesen, dort weiter zu arbeiten. Jetzt sind wir beide arbeitslos.
>
> Sie ruft mich täglich an, beschimpft mich als Nutte, als alte Kuh, als schamloses Flittchen. Wenn meine elfjährige Tochter ans Telefon geht, fragt sie sie, ob sie wisse, dass ihre Mutter eine Nutte, ein Flittchen der schlimmsten Sorte sei. Ich habe schon dreimal meine Telefonnummer gewechselt, aber sie kriegt sie immer wieder raus. Sie ist sogar schon bei mir zu Hause aufgetaucht, hat den Pförtner bedroht, damit er sie rein und mit meiner Tochter sprechen lässt. Sie ist die Nutte, die alte Kuh, sie ist wirklich ein Biest! Ich habe noch nie jemanden erlebt, der so widerlich, so abartig ist. Sie ist kriminell, bösartig, pervers. Nie zuvor ist mir jemand untergekommen, der so lügt und erpresst! Anscheinend hat sie sogar versucht, sich umzubringen. Er glaubt ihr nichts mehr, erträgt sie nicht mehr. Ich weiß nicht,

warum er keinen Mut hat, das Ganze zu beenden. Ich glaube, er hat Angst vor ihr. Sie terrorisiert uns, schreibt anonyme Briefe, hat einen Detektiv auf ihn angesetzt. Sie hat es auf uns abgesehen, will uns das Leben zur Hölle machen, und das gelingt ihr auch. Es bleibt uns nichts anderes übrig, als von hier abzuhauen, woanders hinzuziehen. Das planen wir gerade, weit weg zu ziehen. Das Problem sind seine Kinder. Wie soll er das machen?«

32

Ein paar Monate lang haben wir viel miteinander unternommen, immer mit dem Motorroller, waren im Kino, in Kneipen, am Strand. Er wusste, dass ich endlich meine Jungfräulichkeit verlieren wollte, aber er hatte ein bisschen Angst davor, der Erste zu sein. Ich hatte das Gefühl, dass er mit anderen ins Bett ging, aber fand, dass ich nicht das Recht hatte, ihn zur Rede zu stellen. In Wirklichkeit machten wir praktisch alles im Bett, nur, dass ich immer noch Jungfrau war. Ich war völlig unerfahren, hatte noch nie einen Orgasmus gehabt und noch nie einen Mann zum Orgasmus gebracht. Eines Tages drang er überraschend in mich ein. Ich weiß nicht mehr genau, wie es passierte, ich spürte nur Schmerz und Lust. Aber zwei Dinge von meinem ersten Mal habe ich behalten: Ich blutete nicht. Und er zog, gleich nachdem er gekommen war, eine Rolle Klopapier unter dem Bett hervor und wischte sich sauber. Ich erstarrte bei dem Gedanken, dass sich diese Rolle immer dort befand, damit er sich nach dem Sex abwischen konnte.

Ich kehrte in meine Wohnung zurück und konnte nicht einschlafen. Danach fing er an, mich zu meiden. Er rief nicht mehr an. Er erwiderte meine Anrufe nicht. Zwei Wochen später traf ich ihn im Aufzug. Er war in Begleitung von einer Blondine, lächelte, unterhielt sich, verführte sie, wie er es mit mir getan hatte. Es war ein Schock, aber ich sagte nichts, tat so, als würde ich ihn nicht kennen. In diesem Moment fühlte ich mich wie ein Stück Dreck, wie jemand, für den er sich absolut nicht interessierte. Er hatte mich gevögelt und das war's. Monatelang ging es mir sehr schlecht und ich betrank mich fast jeden Abend mit meinen Freunden, um zu vergessen. Fast ein Jahr lang ging ich mit niemandem mehr ins Bett. Nicht, dass ich ihn liebte, ich glaube, ich wusste noch nicht einmal, was das war. Aber er war der erste Mann in meinem Leben gewesen. Eines Tages rief ich ihn an. Er sagte, er würde keine Mônica kennen und legte auf. Es war hart zu begreifen, dass ich ihm absolut nichts bedeutete. Aber er hat mir eine wichtige Lektion erteilt. Nach dieser Erfahrung beschloss ich, nur noch denjenigen zu mögen, der mich auch mag, wie es so schön bei Roberto Carlos heißt.

33

Eifersucht & Ehebruch: anthropologische Reflexionen[33]

Im *Othello* von Shakespeare ist sie »das grünäugige Ungeheuer«, das zum Mord an Desdemona führt. Sie zerstört die Kindheitsliebe von Capitu und Bentinho in *Dom Casmurro* von Machado de Assis. Laut einer Untersuchung unter Universitätsangehörigen aus 40 Ländern ist die Eifersucht der Auslöser von 57% der Aggressionen zwischen Liebespartnern. Aber, wie es der Dichter sagen würde, kann die Eifersucht auch »der Duft der Liebe« sein. In der Literatur, in Filmen, in Seifenopern und im wirklichen Leben ist die Eifersucht fast immer mit Ehebruch verbunden.

Seit meinem ersten Buch über Nicaragua habe ich immer wieder über Eifersucht und Ehebruch geschrieben. Ich war in den 80er-Jahren dreimal in Nicaragua, als die sandinistische Revolution auf ihrem Höhepunkt war, und zu meiner Überraschung bezogen sich die lautesten Klagen der dortigen Frauen auf die Treulosigkeit der Männer. Sie klagten nicht über den Krieg, nicht über die extreme Armut, nicht über die ausbleibende internationale Unterstützung; sie klagten über die Untreue ihrer Partner. Ich kam zum ersten Mal mit einem Thema in Berührung, das nicht nur die Frauen Nicaraguas, sondern auch die Brasiliens bedrückt. Diese erste Untersuchung inspirierte schließlich weitere, wie *A Outra* und *Ser homen, ser mulher: dentro e fora do casamento*[34]. Auch im Verlauf der Untersuchung, die ich zur Zeit unter 1.279 Männer und Frauen der städtischen Mittelschicht Rio de Janeiros durchführe, bin ich bereits auf diese Verbindung zwischen Eifersucht und Untreue gestoßen. Wenn ich sie nach den Problemen frage, die sie wirklich in ihren Liebesbeziehungen hatten oder noch haben, höre ich von Männern und Frauen sehr ähnliche Aussagen. Das Hauptbeziehungsproblem, das in den Antworten sichtbar wird, ist die Eifersucht. Die Untreue erscheint als das zweitgrößte Problem der Partner.

Auf die Frage, ob sie schon einmal untreu waren, antworteten 60% der Männer und 47% der Frauen mit Ja. Die Frage, ob sie selbst schon einmal betrogen wurden, bejahten 41% der Frauen und 32% der Männer. Die von den Frauen genannten Gründe für Untreue waren »mangelnde Liebe«, »Unzufriedenheit«, »Beziehungsprobleme«. Die Männer nannten neben denselben Gründen noch weitere wie »männliche Natur«, »Instinkt«, »Es ist einfach passiert«, »Gelegenheit macht Liebe«, »Anziehung«, »Begierde«, »Lust«, »Ich war scharf auf sie«, »Männer sind schwanzgesteuert«, »Ich konnte nicht widerstehen«, »Ich will mich nicht später über verpasste Gelegenheiten ärgern«. Es ist interessant, dass viele Männer sagten, dass sie keine Probleme mit ihrer Ehefrau oder Freundin hätten, sondern »von Natur aus polygam« seien, und damit ihre Seitensprünge rechtfertigten. Die Vorstellung einer von der weiblichen verschiedenen männlichen Natur ist von vielen Autoren diskutiert worden. Georg Simmel[35] hat hervorgehoben, dass die männliche Sexualität zentrifugal, die weibliche zentripetal sei. In anderen Worten hätten die Männer deshalb Sexualkontakt zu mehr als einer Partnerin, weil sie nicht mit einer individuellen Frau, sondern mit der Frau an sich in Beziehung träten. Im Gegensatz dazu verliebten sich die Frauen in einen ganz bestimmten Mann und hätten daher zu weniger Partnern Sexualkontakt, da die sexuelle Hingabe der Frau viel intensiver und subjektiver sei.

Laut der Daten des IBGE[36] von 1996 wurden 71% der von Frauen gestellten Scheidungsanträge mit der Untreue des Mannes begründet. Der Ehebruch ist in Brasilien derart häufig, dass er einen eigenen Markt bewegt. Es gibt im Internet eine Seite mit dem Namen *Alibi*, die als Dienstleistung die Lieferung von Alibis anbietet. Die Firma verschickt Veranstaltungseinladungen, macht Hotelreservierungen und bietet einen Telefondienst an. Wenn eine Ehefrau mit ihrem Mann in Kontakt treten will, nimmt eine Empfangsdame das Telefonat entgegen und täuscht vor, dass dieser aus beruflichen Gründen oder weil er sich gerade auf einer sehr wichtigen Veranstaltung befindet, nicht abkömmlich ist.

Interessant ist die Tatsache, dass, obwohl Eifersucht und Ehebruch als Hauptprobleme einer Beziehung genannt werden, die befragten Männer und Frauen absolute Ehrlichkeit, Treue und Offenheit in ihren Beziehungen fordern, was als eines der Paradoxa ihrer Erzählungen gesehen werden kann. Während sie einerseits Privatsphäre, Freiräume, Unabhängigkeit und Autonomie als einige der neuen Ideale von Freiheit und Individualität einfordern, sind ihnen andererseits Werte wichtig, die als symbiotisch-romantisch klassifiziert werden können, wie absolute Ehrlichkeit, Zusammenhalt, Interdependenz und gegenseitige Ergänzung. Klagen, die sich direkt auf Eifersucht und Besitzdenken beziehen, wie darüber, vom Partner ständig zur Rechenschaft gezogen, von ihm kontrolliert und bedrängt zu werden, erscheinen im analysierten Material zusammen mit Klagen über Unehrlichkeit, fehlendes Vertrauen und Lügen.

Auf die Frage, wonach sie bei einem Partner suchen, wurde von einem großen Teil der Befragten eine treue, stabile, zuverlässige und dauerhafte Beziehung genannt. Es wird gegenseitige Treue erwartet und die Untreue wird für ein in den meisten Fällen unüberwindliches Problem gehalten. Der Widerspruch zwischen der Fortdauer traditioneller Werte wie Stabilität, Sicherheit und Treue, und anderen sog. modernen Werten wie Experimentierfreudigkeit, Privatsphäre, Autonomie und Unabhängigkeit ist offensichtlich.

Es stellt sich also die Frage, wie absolute Ehrlichkeit und Zusammenhalt mit dem Respekt vor der Privatsphäre und der Individualität vereinbart werden können. Wie kann eine Beziehung den Wunsch nach Verbindlichkeit mit dem Wunsch nach Erhalt der individuellen Freiräume verbinden?

Vielleicht ist es im Augenblick wichtiger, unsere Zweifel intensiv zu leben, als nach den Antworten auf diese Fragen zu suchen. Wir sind Teil einer Generation, die auf eine höhere Qualität der Liebesbeziehungen setzt und darin investiert. Veränderungen bringen immer Verluste und Risiken mit sich, beinhalten den Verzicht auf Privilegien und verlangen das Hinterfragen gesellschaftlicher Zwänge und einen kreativen und kritischen Blick auf das eigene Leben jenseits falscher Mythen vom Glück. Wir haben die Gelegenheit und stehen vor der Herausforderung, Partnerschaft, Ehe, Familie, das Leben, das wir für uns wollen, neu zu erfinden. Von dieser Neuschöpfung, in der Stereotype keinen Platz haben sollten, werden diejenigen Männer und Frauen profitieren, die sich täglich von Neuem verantwortlich fühlen für ihre Liebesbeziehung und die deshalb keine falschen Versprechungen einer leichteren und sichereren Existenz akzeptieren, keine Opferhaltung einnehmen und ihre Energie nicht durch gegenseitige Anschuldigungen, Vorwürfe und auf Fantasiegebilde verschwenden.

34

Bei jeder neuen Liebesbeziehung erinnere ich mich an den ersten Mann in meinem Leben und an einen Song von Chico Buarque. »Als du mich verlassen hast, mein Schatz, sagtest du, ich solle glücklich sein und es mir gut gehen lassen. Ich wollte sterben vor Eifersucht, bin fast verrückt geworden, aber dann, wie immer, habe ich gehorcht. Solltest du mich später wieder sehen wollen, werde ich gefasst sein, das kannst du glauben. Ich werde dir in die Augen sehen und bin gespannt, was du tun wirst, wenn du merkst, dass es mir ohne dich fast zu gut geht. Dass ich sogar jünger werde, merke, wie ich plötzlich singe, einfach so ohne Grund. Und es wird viel Wasser den Fluss hinuntergeflossen sein, viele Männer werden mich geliebt haben, viel mehr und besser als du. Falls du mich eines Tages brauchst, weißt du, dass dir die Tür immer offen steht; komm ruhig ...« Es ist lustig, denn es sind schon so viele Jahre vergangen und ich will mich immer noch an diesem Schnauzbart rächen. Bis heute hätte ich Lust, ihn anzurufen und zu erfahren, was passiert ist, nachdem wir miteinander geschlafen haben. Zu fragen, ob er sich wirklich an keine Mônica erinnert, ein Mädchen, dass noch Jungfrau war, als es ihn kennen lernte.

Gleich nach der »Fahrstuhl-Episode« bin ich mit einigen Typen ausgegangen, um zusammen einen trinken zu gehen, sich zu unterhalten, aber ich konnte mit keinem von ihnen schlafen. Es war so, als wäre ich wieder Jungfrau und wollte einen Typen, der sich wirklich lohnte, um die Geschichte mit dem Schnauzbart aufzuwiegen. In Wirklichkeit war es wohl die Angst davor, wieder zurückgestoßen zu werden. Ich ging ein paar Mal mit einem Trotzkisten aus, einer von diesen eingebildeten Intellektuellen mit Brille, der mir Fragen stellte wie: Was ist Ästhetik? Was ist Ethik? Was ist Moral? Ich fand ihn brillant, durchgedreht, faszinierend. Ich ging ein paar Mal mit ihm ins Bett, aber wenn es soweit war, begann ich zu weinen und er gab auf. Bald hatte er ein niedliches Mädchen aus unserem Studienkreis zur Freundin. Ich war wieder zurückgestoßen worden.

Ich ging mit vielen Typen aus, knutschte mit ihnen, bekam Lust auf sie, aber schaffte es dann nicht, mit ihnen zu schlafen, sondern begann zu weinen, und so ging dann jeder wieder seines Weges. Bis dieser frühere Freund von mir, der so hässlich war, wieder auftauchte. Er hatte eine Freundin und ich hatte Angst, ihn für immer zu verlieren. Wir schliefen miteinander. Es war grauenhaft. Die Penetration tat mir weh, ich mochte seinen Geruch nicht, seinen Körper, seine Ungeschicklichkeit. Aber ich fühlte mich ihm gegenüber sicher. Ich glaubte, dass er mich nie verlassen würde. Bei ihm lief ich nicht Gefahr, zurückgestoßen zu werden. Wir zogen zusammen. Unser Sexualleben war furchtbar, aber ich dachte, das wäre normal. Ich hatte nie einen Orgasmus bei der Penetration. Ich habe nie Lust verspürt. Im Gegenteil war Sex für mich etwas Schmerzhaftes. Aber er mochte mich so sehr, war mir derart ergeben, dass das den Rest kompensierte. Ich ging mit anderen Typen aus, trank, kam im Morgengrauen zurück, und er sagte absolut nichts dazu. Ich begann, mich für andere Typen zu interessieren, aber ich hatte Angst davor, mit ihnen zu schlafen und die Sicherheit zu verlieren, die ich erobert hatte. Eines Tages beschloss ich, etwas total Verrücktes zu tun: Ich erzählte meinem Freund, dass ich mit einem anderen Typen geschlafen hätte, nur, um seine Reaktion zu sehen. Einen Monat lang habe ich diese Lüge aufrecht erhalten, nur um zu sehen, was passieren würde, wenn ich wirklich mit jemand anderem ins Bett ginge.

35

Ich habe die *Anderen* in kurzfristige, mittelfristige und langfristige klassifiziert und eine enge Beziehung zwischen Alter und Möglichkeiten der Befragten auf dem Heiratsmarkt festgestellt. Einsamkeit ist für die älteren Frauen erschreckend wahrscheinlich, die deshalb lieber die Geliebte eines verheirateten Mannes sind, als allein zu bleiben. Auf einem für die Frauen so unvorteilhaften Liebesmarkt wird die Stellung der *Anderen* gesellschaftlich höher geschätzt als die der Frau ohne Mann. Diejenige, die sich keinen Mann angeln kann, gilt als gescheitert, verlassen, verstoßen, und nicht als eine Frau, die das Alleinsein freiwillig gewählt hat. In diesem Sinne wird, wie Pierre Bourdieu[37] es ausdrücken würde, die männliche Vorherrschaft von den Frauen akzeptiert und verstärkt. Sie beschimpfen sich gegenseitig als Nutte, als erpresserisch oder feige, und messen außerdem dem Mann einen zu hohen Wert bei: Er wird heiß umkämpft und viel mehr gelobt als getadelt. Die Frau ohne Mann ist eine Frau ohne Wert. Sowohl die Ehefrau als auch die *Andere* zahlen für einen Mann einen hohen Preis. Sie akzeptieren einen Ehemann bzw. Geliebten, der nur teilweise für sie da ist, und unterwerfen sich Situationen, die sie als demütigend, erniedrigend und unbefriedigend empfinden. Die folgende Aussage illustriert, wie die Logik der männlichen Vorherrschaft im Diskurs der *Anderen* präsent ist.

> »Die Frauen sind ziemlich aggressiv, vor allem in unserer Gesellschaftsschicht. Sie werden zu Intellektuellen, übernehmen diesen Feminismusscheiß und der Preis dafür ist die Einsamkeit. Du findest massenhaft Frauen, die zusammen einen trinken gehen. Gibt es was Melancholischeres als ein Frauengeschwader in einer Kneipe, das Bier trinkt und über Politik diskutiert? Verdammt noch mal! Da bleibe ich lieber zu Hause, als dass ich alleine, nur mit Frauen,

ausgehe. Dann gehe ich lieber mit Schwulen aus, wenigstens ist dann ein männliches Wesen an meiner Seite. Du findest einfach keinen Mann, der allein ist: Entweder ist er dann schwul oder beschissen. Ein reifer Mann, der allein ist oder den die Frau verlassen hat, hat entweder seine Frau verprügelt oder er ist beschissen oder schwul. Normalerweise hat der Typ eine Partnerin, auch wenn die Beziehung scheiße ist.

Die Männer bleiben nicht lange allein. Wir schon, weil es nicht anders geht, es gibt viel mehr Frauen als Männer. Das ist ein statistisches und demografisches Phänomen. Ich bin 50 Jahre alt und seit vierzehn Jahren mit einem verheirateten Mann zusammen, der zehn Jahre älter ist als ich.

Ich war sieben Jahre lang verheiratet. Meine Mutter hat die Ehe arrangiert, damit ich keine alte Jungfer werde. Aber ich habe drei Bedingungen an meinen zukünftigen Mann gestellt: dass ich nicht aufhöre zu arbeiten, dass wir keine Kinder bekommen und dass wir nicht kirchlich heiraten. Ich wollte weiter arbeiten, das war meine Selbstbestätigung. Aber wäre ich heute noch mal in dieser Situation, würde ich aufhören zu arbeiten und mich aushalten lassen. Ich finde, es ist wunderbar, als Frau ausgehalten zu werden, einen Mann zu haben, der alles zahlt, den Haushalt finanziert und sogar eine Haushälterin. Das ist doch fabelhaft! Männer sind meiner Meinung nach geschaffen, um von den Frauen bedient zu werden. Ich liebe es, meine Männer zu bedienen.

Meine Ehe ist gescheitert, weil ich meinen Mann irgendwann satt hatte. Er war nicht sehr gut im Bett. Ich war gezwungen, die Konventionen einzuhalten und mich zu verhalten, wie es erwartet wurde, damit ich nicht als Nutte und er als Gehörnter bezeichnet wurde. Nutte genannt zu werden hätte mich nicht gestört, denn dazu hatte ich immer schon eine Berufung, zu der ich auch immer gestanden habe. Ich finde, Nutten sind reizende Menschen. Im Übrigen war ich eigentlich nie wirklich wie eine Nutte, denn ich hatte nie einen besonderen Drang danach, den Männern das Geld aus der Tasche zu ziehen, was Nutten ja tun.

Ich war vielleicht eine Nutte wegen meiner vielen Männer, aber im wirtschaftlichen Sinne war ich keine echte Nutte. Obwohl meine Geliebten mir immer wunderbare Geschenke gemacht haben, Brillianten und Fernreisen, mir sogar Jobs verschafft haben, aber nie Geld.

Nachdem ich mich getrennt hatte, habe ich mehrere Affären mit verheirateten Männern gehabt. Ich habe schon mit hunderten von Männern geschlafen, bestimmt sind es über hundert. Zum ersten Mal habe ich mit 13 mit meinem damaligen Freund geschlafen. Aber davor habe ich frenetisch masturbiert. Ich hatte mich selbst entjungfert, es war also nichts Neues. Als er seinen Bolzen reinschob, war die einzige Neuigkeit, dass es dahinter noch jemanden gab.

Ich bin immer promisk gewesen, habe immer mehrere Männer gehabt. Ein Einziger hat mir nie gereicht. Ich bin mit allen Männern ins Bett gegangen, die mir über den Weg gelaufen sind. Wenn einer mir gefiel, bin ich mit ihm ins Bett gegangen. Er musste mir nicht erst den Hof machen, ich habe mir immer die Männer genommen, die ich wollte. Selbst wenn sie verheiratet sind, erwarte ich von meinen Männern, dass sie sich viel Zeit für mich nehmen. Wer keine Zeit für mich hat, ist nichts für mich. Seine Zeit ist wichtiger als seine Kolben.

Mein Geliebter ist ein wunderbarer Mensch, der beste Mensch, den ich jemals kennen gelernt habe. Er ist ein außergewöhnlicher Mann; ich habe mich in ihn verliebt und er sich in mich. Er sieht gut aus, ist charmant und sehr intelligent. Ich bewundere ihn zutiefst, höre mit offenem Mund zu, wenn er spricht. Meine Freunde sagen, dass ich an seiner Seite völlig verschwinde. Am Anfang hatte ich gehofft, er würde seine Familie verlassen, um mit mir zusammen zu leben, aber mit der Zeit habe ich verstanden, dass er das nie tun wird. Um ihn nicht zu verlieren, habe ich aufgehört, ihn zu bedrängen und mich halbwegs abgefunden. Ich sterbe vor Angst davor, durch eine Jüngere ersetzt zu werden. Ich gehe nie auf ihn zu; es ist immer er, der anruft, etwas vorschlägt, mich einlädt. Wenn er anruft, treffe ich mich mit ihm, auch wenn ich völlig fertig bin.

Dann kommt das Wochenende und ich bin ausgeruht und ganz wild darauf, auszugehen und zu bumsen, und das Telefon bleibt stumm. Dann gehe ich die Wände hoch und rufe schließlich meine schwulen Freunde an.

In vierzehn Jahren haben wir uns noch nie gestritten, hatten nie auch nur die kleinste Meinungsverschiedenheit. Es ist absolute Affinität, wirklich eine außergewöhnliche Beziehung mit langen Gesprächen, Spaziergängen, Kino- und Theaterbesuchen. Wir bumsen, treffen uns mit Freunden. Die äußere Form ist uns sehr wichtig. Keiner macht dumme oder unangenehme Bemerkungen. Wir arbeiten zusammen, und er hat mich immer in allem bestärkt. Wir verreisen einmal im Jahr ins Ausland. Einige unserer Freunde sagen: Du hast den besseren Teil von ihm, das Filetstück. Der Alltag, der Ärger, die Erziehung der Kinder, das Telefon, das nach 22 Uhr klingelt und du nicht weißt, ob ein Unfall passiert ist oder dein Sohn festgenommen wurde, die Diskussionen um Geld, die Haushaltskasse, damit habe ich nichts zu tun. Ich bin die Oase des Kämpfers, das unbeschwerte Leben. Wenn ich ihn empfange, habe ich mich wunderschön zurechtgemacht, ich dufte, bin gut gelaunt und ausgeruht, spreche nur über intellektuelle Dinge. Die Kohle, der Sohn, der durchgefallen ist oder arbeitslos, das ist Sache seiner Frau. Welcher Mann wird da mit seiner Frau noch große Gespräche führen und ausgedehnt bumsen?

Trotzdem zerfrisst mich der Neid auf seine Frau, nicht auf ihr Leben, sondern auf ihren Status als Ehefrau. Ich würde ihn gern heiraten, seine Frau sein, Madame Sowieso, genau wie es vor hundert Jahren üblich war. Diese modernen Werte, die Frauen, die sich trennen, die ohne Mann Kinder bekommen, das hat doch alles zu nichts geführt, außer zu großer Einsamkeit. Diejenigen, die es schaffen, Liebe, Leidenschaft und Lust in eine liebevolle, wirkliche Freundschaft zu verwandeln, können sich doch glücklich schätzen! Die Liebe hört auf, weil diese Geschichte der Frau, die schwanger ist, die ihre Regel hat, die streng riecht und an deren Seite man täglich aufwacht, dieser Alltag der Beziehung viel Zauber und Geheimnis nimmt. Die Intimität bringt Unannehmlichkeiten mit sich; du gehst aufs Klo und scheißt und danach stinkt's. Da hört die Liebe auf, aber wenn die Partner intelligent sind, bleibt eine enge Kameradschaft; sie sind dann Freunde und Bundesgenossen, die miteinander solidarisch sind; sie haben die Kinder, die heranwachsen, und die Beziehung dreht sich nur noch um die Kinder und geht schließlich den Bach runter. Sie bleiben zusammen wie eine Firma, wie ein Unternehmen, das darin besteht, die Kinder großziehen. Das, scheint mir, ist die Ehe, ob sie nun gut oder schlecht läuft. Abgesehen davon streiten sie sich wie verrückt, prügeln sich, er legt sich eine Geliebte zu, die Frau sucht sich irgendwann auch jemand anderen, hat dabei riesige Schuldgefühle und fühlt sich als Nutte. Abschließend könnte ich hier sogar sagen, dass die Liebe aufhört, aber die Ehe bleibt.«

36

Verrat und Schuldgefühle[38]

Im letzten Jahr wurden zwei wichtige Untersuchungen über Untreue in Brasilien veröffentlicht. Beide zeigen auf, dass die Mehrzahl der Männer untreu ist, weichen jedoch bzgl. der Zahl untreuer Frauen voneinander ab. Die Anthropologin Mirian Goldenberg, Rio de Janeiro, hat 1.279 Personen zwischen 17 und 50 Jahren befragt. Das Ergebnis ihrer Erhebung zeigt, dass 47% der Frauen und 60% der Männer untreu sind. Die Psychiaterin Carmita Abdo vom Hospital das Clínicas in São Paulo hat 3.000 Personen der gleichen Altersgruppe befragt und festgestellt, dass 67% der Männer und 23% der Frauen ihren Partner bereits betrogen haben. Daten über Untreue zu messen ist eine haarige Angelegenheit. Es ist nicht möglich, zu verifizieren, ob der/die Befragte wirklich die Wahrheit sagt. Es kann auch niemand garantieren, ob die Antwort des Befragten nicht durch die Anwesenheit des Interviewenden beeinflusst wurde. Oft wird der Fragebogen unter den Augen des Partners beantwortet. Wer würde da Seitensprünge zugeben? Dies könnte den zahlenmäßigen Unterschied zwischen männlicher und weiblicher Untreue erklären. Deshalb glauben einige Experten, dass die Prozentzahlen weit höher liegen. Insbesondere bei der Frage »Haben Sie Ihren Partner schon einmal betrogen?« müssen die Antworten mit Vorsicht genossen werden. Sogar in den USA gibt es hier riesige Diskrepanzen zwischen den einzelnen Studien, deren Angaben zwischen 15 und 70% der Bevölkerung schwanken. Es gibt jedoch andere Daten, über die zu lügen es für die Befragten keinen Grund gibt. Und hier sind die Umfrageergebnisse sehr nützlich. Der von Mirian Goldenberg entwickelte Fragebogen enthielt 37 Fragen, von denen acht sich auf Untreue bezogen. Ihre Studie zeigt, dass

- Männer aus sexuellen Gründen fremd gehen und Frauen aus eheimmanenten Gründen oder aus Rache;
- die Seitensprünge in den ersten vier Jahren der Beziehung passieren;
- die Mehrzahl sowohl der Männer als auch der Frauen sich eine Affäre wünscht, wobei Männer aus mangelnder Gelegenheit treu sind und Frauen, weil sie nicht wollen, dass der Mann ihnen dasselbe antut;
- die Mehrzahl der Ehen nach einem Seitensprung nicht scheitert.

Fachleute unterscheiden zwischen drei Hauptmotiven für eheliche Untreue. Da ist einmal der Wunsch nach etwas Neuem, danach, der Langeweile der Ehe zu entkommen; dann der Wunsch, die eigene Attraktivität als Frau oder Mann zu bestätigen (dies ist der Fall bei denjenigen, die ständig neue Eroberungen brauchen, die sie sofort wieder fallen lassen); und schließlich das Madame-Bovary-Syndrom (Madame Bovary ist die Hauptfigur in Flauberts Roman über weibliche Untreue), bei dem affektive Unzufriedenheit zur Suche nach einer romantischen Liebe führt, die es nicht gibt. In jedem Fall sehen Männer und Frauen die Untreue unterschiedlich. In der Untersuchung von Mirian Goldenberg begründen die Männer ihren Seitensprung häufig damit, dass sie sich sexuell angezogen fühlten und/oder die Gelegenheit günstig war. Liebe bzw. affektives Engagement spielen kaum eine Rolle. Deshalb äußert der untreue Ehemann häufig, seine Frau sei die beste Frau, die er im Leben je kennengelernt hätte. »Wenn der Mann im Laufe der Therapie sagt, er habe nie aufgehört, seine Frau zu lieben, nennt diese ihn immer einen Zyniker. Aber es ist seine Wahrheit«, sagt Eduardo Ferreira Santos. Im Falle der Frauen waren die am häufigsten genannten Motive Enttäuschung, nicht mehr vorhandene Liebe und Wut auf den Partner. Der Versuch, die Gründe für eheliche Untreue zu verstehen, ist bereits zuvor unternommen worden. Es gibt anthropologische, soziologische und sogar biologische Forschungsarbeiten, die versuchen, zu erklären, warum der Garten des Nachbarn immer schöner ist als der eigene. Eine weitere

kuriose Tatsache bezieht sich auf den Zeitpunkt der Seitensprünge. Die meisten passieren in den ersten vier Ehejahren. Dann liegt die zweite Spitze bei den Männern zwischen dem zwanzigsten und vierundzwanzigsten Ehejahr, bei den Frauen zwischen dem fünften und neunten Ehejahr.
Einer der höchsten Prozentwerte der Erhebung entfiel auf den Wunsch der Befragten nach einer Romanze außerhalb der Ehe: Diesen äußerten 60% der Männer und 55% der Frauen. Die Gründe dafür, warum beide Geschlechter den Seitensprung vermeiden, sind kurios. Die Frauen möchten nicht, dass der Mann ihnen dasselbe antut, die Männer wollen keinen Ärger. Seit den ersten Monaten ihrer Ehe hatte Bernadete Alves, 42 Jahre alt, das Gefühl, ihr Mann, mit dem sie inzwischen 15 Jahre lang verheiratet ist, betrüge sie. Sie erhielt sogar Anrufe und anonyme Briefe mit Fotos ihres Mannes in Begleitung anderer Frauen, wollte es aber nie glauben. Dann kam der Tag, an dem sie ihm mit der *Andere*n auf einem Fest begegnete. »Ich habe Haltung bewahrt, keinen Aufstand gemacht, und die Ehe war an diesem Tag zu Ende«, sagt sie. Auch sechs Jahre später hat Bernadete noch keinen neuen Partner. »Mich hat seine Untreue traumatisiert.«

Trauma und Untreue

Da Seitensprünge eine äußerst polemische Angelegenheit sind, gibt es eine Reihe unbegründeter Mythen über sie. Einer ist der, dass die Mehrzahl der Seitensprünge zur Trennung führe. Laut der Studie von Mirian Goldenberg hat nur ein Drittel der Betrogenen die Beziehung beendet. Das Ergebnis zeigt, dass die absolute Mehrheit der Männer und Frauen streitet, weint und flucht, aber dann versucht zu vergessen, was geschehen ist. Das größte Hindernis liegt zweifellos im Versuch, den anfänglichen Schock zu überwinden. Valdemar und Marli Cunha, beide 46 Jahre alt, haben das Trauma der Untreue überwunden. Valdemar, Inhaber einer der größten Veranstaltungsagenturen Brasiliens, schätzt, dass er seine Frau mit mindestens 30 anderen Frauen betrogen hat, sowohl mit unbekannten als auch mit engen Freundinnen von Marli. »Natürlich hatte ich Schuldgefühle. Aber ich verschloss die Augen, weil ich fand, dass ich ansonsten ein perfekter Ehemann war«, erinnert er sich. Vor sieben Jahren, nachdem er sich wieder stärker dem Glauben zugewandt hatte, beschloss er, Marli alles zu erzählen. Marli hörte ihm mit unbewegter Miene zu. »Ich hatte nie auch nur das Mindeste bemerkt. Trotzdem war ich nicht wütend. Ich sah, dass es ihm leid tat«, sagt sie. Am gleichen Tag übergab Valdemar seiner Frau sein Handy. Sie war es, die seinen Geliebten, die darauf bestanden, ihrem Mann hinterherzulaufen, den Laufpass gab. »Das war eine Katharsis. Ich danke Gott dafür, dass er mich von dieser Vergangenheit befreit hat«, sagt Valdemar.

37

Mein Partner sagte nichts. Er war traurig, niedergeschlagen, durcheinander, sagte aber absolut nichts. Ich machte diesen Test, um zu sehen, wie unser Leben sein würde, wenn ich wirklich eine Affäre hätte. Ich hatte bis dahin nur zwei Sexualpartner gehabt und meine Erfahrungen waren eher verheerend. Ich fand, dass ich das Recht auf weitere Erfahrungen hätte, wollte ihn aber nicht verlieren. Es gab einen Typen, an dem ich wirklich interessiert war. Das Schweigen meines Partners war unerträglich. Ich hätte es vorgezogen, wenn er sich mit mir gestritten hätte, ausgezogen wäre, irgendwie reagiert hätte. Er war zu tolerant, zog keine Grenzen, äußerte seine Bedürfnisse nicht. Ich glaubte, dass er mich niemals verlassen würde; egal, was ich täte, würde er mich immer zu Hause erwarten. Nach einem Monat, in dem wir beide schrecklich gelitten hatten, sagte ich ihm die Wahrheit: dass ich mit einem anderen Typen ausging, aber noch nicht mit ihm geschlafen hätte. Da sagte er mir das Unglaublichste, was ich je von einem Mann gehört habe: Mônica, ich ziehe es vor, dass du mit ihm schläfst, als dass du weiter davon träumst. Es ist besser, du schläfst mit ihm, als dass du mir vorwirfst, dass du nicht tun konntest, was du wolltest. Wenn du mit ihm schläfst, wirst du herausfinden, was du wirklich willst. So finden wir wenigstens eine Lösung.

Ich erwartete alles, nur nicht diese Reaktion. Sofort nach diesem Gespräch ging ich mit dem Typen ins Bett, drei oder vier Mal. Es war nichts Besonderes. Er sprach viel über seine Ex-Frau und seine Tochter und ich fand es schnell langweilig. Gleich darauf schlief ich mit einem meiner ehemaligen Lehrer, der mein Vater hätte sein können. Anschließend mit einem jungen Mann, der Gitarre spielte und ein bisschen Hippie war. Und so vergingen zwei Jahre ohne Sex zu Hause und mit einem mehr oder weniger befriedigenden Sex außerhalb. Bis ich beschloss, wieder allein zu leben. Er verstand mein Motiv nicht, da er mir ja alle Freiheit ließ, die ich wollte. Als er auszog, sagte er mir noch etwas, das ich nie vergessen werde: »Nach der Erfahrung mit dir möchte ich ein Heimchen am Herd. Du brauchst mich nicht, du bist zu unabhängig.« Es war sehr merkwürdig, dass er das sagte, aber in der einen oder anderen Weise hatten mir auch andere Männer schon dasselbe gesagt: »Nach der Erfahrung mit dir möchte ich ein Heimchen am Herd.« Wenige Monate später zog er mit einem Mädel zusammen, ich weiß nicht, ob sie ein Heimchen am Herd ist, und bekam mit ihr zwei Kinder. Sie sind bis heute zusammen. Er ist ein wunderbarer Vater und Ehemann. Kürzlich habe ich ihn am Flughafen gesehen und er hat mich nicht erkannt. Das war ein Schock. Ich dachte immer, ich sei die wichtigste Frau in seinem Leben gewesen. Noch eine Illusion, die in sich zusammengefallen ist.

38

Die Rolle als *Andere* kann vor allem bei Frauen der Altersgruppe, in der es schwer wird, verfügbare Männer zu finden, hoch geschätzt sein. Das Verhältnis kann sogar gleichberechtigter und respektvoller sein als dasjenige, das der Mann zu seiner Ehefrau unterhält. Die Rolle der *Anderen* kann für einige Frauen eine Möglichkeit sein, Partnerschaft mit Freiheit zu verbinden. Der Bericht einer 63-jährigen Befragten, die seit vierzig Jahren mit einem verheirateten Mann zusammen ist, der zwanzig Jahre älter ist als sie, zeigt, dass es manchmal viel besser zu sein scheint, die *Andere* als die Ehefrau zu sein, nicht nur im Privatleben, sondern sogar in der Öffentlichkeit.

> »Er ist der erste Mann in meinem Leben gewesen; ich war 23 Jahre alt. Wir lernten uns im Ausland kennen und er verliebte sich über beide Ohren in mich. Ich war nie in ihn verliebt, habe ihn aber immer sehr bewundert. Mit seiner Hilfe zog ich nach Rio, denn er besorgte mir ein Stipendium. Ich habe hart gearbeitet, um eine eigene Wohnung kaufen zu können und unabhängig zu sein. Ich bin zwar nach Rio gezogen, aber nie mit dem Plan, als Geliebte von ihm ausgehalten zu werden. Das habe ich von Anfang an abgelehnt.
>
> Ich habe nie einen Grund gehabt, um mich über ihn zu beschweren, weder als Gefährte noch als Liebhaber. Er ist immer da gewesen und hat mich nie versteckt. Wir haben auf allen Ebenen immer eine gute Beziehung gehabt – auf der körperlichen, der geistigen, der affektiven, der politischen. Er hat mich auch nie eingeengt, sondern mir immer viel Freiheit gelassen, und das war grundlegend dafür, dass ich die Beziehung aufrechterhalten habe. Er hat in der Öffentlichkeit immer zu mir gestanden: Wir gehen zusam-

men aus, verreisen, gehen ins Kino, ins Theater, empfangen und besuchen unsere Freunde. Für mich ist seine Frau die *Andere*. Die *Andere* ist diejenige, die hübsch zu Hause bleibt, ohne Probleme zu machen, ohne zu stören. Für die Mehrzahl seiner Freunde bin ich seine Frau; sie kennen seine wahre Frau gar nicht. Ich habe nie Wert auf Konventionen gelegt und finde, dass das traditionelle Heiraten im Brautkleid ein geschmackloses Theater ist. Aber ich wünsche mir eine wirkliche Partnerschaft zwischen zwei freien und gleichen Geistern.

Ich wollte nie Kinder haben. Das war lustig. Auf dem Fest zu seinem 80sten Geburtstag war ich an seiner Seite, einem Fest, auf dem all seine Freunde waren und sogar seine Kinder und Enkel. Wir haben einen gut eingespielten Alltag. Wir bleiben dienstags, donnerstags und freitags abends zusammen und am Wochenende den ganzen Tag. Ich weiß nicht, wie diese Frau vierzig Jahre lang eine immer nur eingeschränkte Partnerschaft ausgehalten hat, bei der der Mann kein einziges Wochenende zu Hause war. Die arme Frau ist derart unterwürfig! Als sie heiratete, wollte sie nicht mehr arbeiten gehen. Er schätzt meine wirtschaftliche Unabhängigkeit sehr, er fand es immer fundamental, dass die Frau ihr eigenes Geld verdient. Aber seine Frau hat nach der Eheschließung als Erstes ihre schlecht bezahlte Stelle als Lehrerin gekündigt und ist Hausfrau geworden. Die Tochter, die er zur Berufstätigkeit erzogen hat, hat studiert und ist nach ihrer Heirat ebenfalls Hausfrau geworden. Er findet das schrecklich; es enttäuscht ihn sehr. Er war immer dafür, dass Frauen ihre eigene Karriere machen.

Wir haben die 25 Jahre unserer Nicht-Ehe gefeiert und alle kamen. Es hat sehr viel Spaß gemacht. Wir haben nur deshalb 25 Jahre geschafft, weil wir nicht miteinander verheiratet sind. Sonst hätten wir uns längst getrennt. Wir haben oft darüber gescherzt, dass die Beziehung ohne Trauschein viel echter war, eine freie Entscheidung von beiden, ohne Zwang, abgesehen von der Tatsache, dass wir zusammen sein wollten. Die ersten zehn Tage waren für mich sehr schwer, es gab viele Konflikte, bis er mir mit der Zeit bewies, dass er ein wunderbarer Partner sein kann.

Als wir uns kennenlernten, gab es in Brasilien keine Ehescheidung, und auch wenn er sich getrennt hätte, wäre die neue Partnerschaft stigmatisiert worden, denn zu jener Zeit war die gesellschaftliche Ablehnung derjenigen, die unverheiratet zusammen waren, sehr groß. Er hat sich auch deshalb nie getrennt, weil er sagte, dass er seinen Kindern nicht schaden wollte. Ich fühle mich als Frau vollständig verwirklicht und bin glücklich. Ich tue nur, was mir wirklich gefällt, habe viele Freunde, achte auf mich, gehe zur Massage, zur Gymnastik. Er nährt mein Ego auch weiterhin; für ihn bin ich die wunderbarste, schönste und intelligenteste Frau, die es gibt. Ich fühle mich vollständig glücklich, genieße jeden Augenblick meines Lebens. Ich habe mich nie einsam gefühlt, habe immer einen guten Partner gehabt, habe keine Sorgen. Ich habe keine Kinder und auch keinen Ehemann, die mich nerven, keine Familie hängt an mir, die ich unterhalten muss.

Ich merke, dass die Frauen meines Alters unglücklich sind, unzufrieden; sie sind es leid, immer nur etwas mit Frauen zu unternehmen. Sie hätten gerne einen Partner, aber es gibt kaum freie Männer. Sie sind sogar ein bisschen neidisch darauf, dass ich schon so viele Jahre einen guten Partner habe. Es ist sehr schwer, in meinem Alter noch eine neue Beziehung aufzubauen. Aber obwohl es eine Beziehung ohne Stress, mit viel Genuss, Austausch und Kameradschaft ist, finde ich nicht, dass die Ehe eine gescheiterte Institution ist. Ich sehe die Ehe als eine Institution an, die sich in einem Prozess tiefgreifender Veränderungen befindet, aber sie ist absolut nicht gescheitert, sondern sehr präsent. Natürlich passt sie sich an die Erfordernisse der neuen Zeiten an. Es wird sie noch lange geben, denn die Mehrheit möchte immer noch heiraten. Sowohl Männer als auch Frauen wollen weiterhin Kinder bekommen und eine Familie haben. Ich bin eine der überaus seltenen Frauen meiner Generation, die sich nie Kinder gewünscht hat. Bis heute sind Frauen, die keine Kinder haben wollen, selten. Sie wollen vielleicht keinen Mann, aber Kinder wollen sie. Aber die große Mehrheit möchte sowohl das Kind als auch den Mann.

Also ist das Einzige, woran die Ehe inzwischen scheitert, der definitive Charakter als lebenslange Option. Das ist vorbei und kommt auch nicht zurück. Aber die Leute wollen heiraten und sind rückfällig: Sie heiraten einmal, die Ehe scheitert, und sie wollen wieder heiraten. Also hat sie nichts Gescheitertes an sich, denn eine Zweierbeziehung ist weiterhin was Tolles. Die Kameradschaft von Mann und Frau ist unersetzlich; wenn die beiden es schaffen, sich zu verstehen, ist sie eine wunderschöne, herrliche Sache. Mein Leben hätte keinen Sinn, wenn ich keinen Partner hätte.

Das Vorhandensein eines Gegenübers regt dazu an, sich selbst zu mögen, sich gesund und attraktiv zu erhalten, sich zurechtzumachen, auf sich acht zu geben. Dieser Stimulus kommt in großem Maße vom Partner. In meinem Fall ist unsere Beziehung viel solider, offener, bedeutender, dauerhafter und sichtbarer gewesen als seine Ehe. Über 40 Jahre lang sind wir jetzt Partner und Freunde, bewundern und respektieren uns gegenseitig und sprechen viel miteinander. Ich bezweifle, dass es in einer 40-jährigen Ehe soviel Dialog und Interesse für den anderen gibt. Es ist eine beneidenswerte Beziehung, nicht nur wegen der Frauen, die allein sind, sondern auch wegen derjenigen, die eine langweilige, unbefriedigende Ehe führen. Ich dagegen habe einen guten Partner, ohne jemals meine Unabhängigkeit und Freiheit aufgegeben zu haben. Ob das in einer Ehe möglich ist?«

39

Das Spiel mit der Untreue[39]

Es fehlten nur noch die stehenden Ovationen des Publikums angesichts der Romanze zwischen Francesco (Raul Cortez) und Paola (Maria Fernanda Cândido) in *Terra Nostra*, der Novela im Abendprogramm von Rede Globo. Die Situation wäre nichts Besonderes, wenn nicht Francesco seit mehr als 25 Jahren mit Janete (Angela Vieira) verheiratet wäre. Nun könnte der Fernsehzuschauer die Untreue des Ehemanns als Strafe für Janetes Machiavellismus empfinden. Aber so ist es nicht, denn das Publikum zeigte sich kein bisschen irritiert. Es scheint im Gegenteil amourösen Dreiecksbeziehungen die Daumen zu drücken.

Natürlich sind unmögliche Liebschaften Teil der Novela-Tradition, aber trotz ihrer Übertreibungen weiß jeder, dass Novelas in Brasilien eine Art Stimmungsbarometer sind. Wenn niemand den ersten Stein auf die Figuren geworfen hat, deutet alles darauf, dass Untreue nicht mehr schockiert bzw. tabu ist. Zumindest nicht in der Fiktion, denn im wirklichen Leben ist die Reaktion immer noch widersprüchlich und schmerzhaft. Das Gespenst der Untreue geht in jeder Liebesbeziehung um. Aber die Partner lernen, mit der Möglichkeit von Seitensprüngen zu leben und wägen ihre Konsequenzen ab, bevor sie Realität geworden sind. Die große Neuigkeit auf diesem verminten Gebiet ist, dass das Fremdgehen zum ersten Mal in Brasilien wissenschaftlich erfasst wurde. Die Anthropologin Mirian Goldenberg von der Universidade Federal do Rio de Janeiro hat ein Jahr lang an ihrer Studie »Sexualität und Untreue in der brasilianischen Kultur« gearbeitet. Der Arbeit ist zu entnehmen, dass Männer häufiger fremdgehen als Frauen – oder zumindest geben sie es eher zu. Während

Männer sexuelles Verlangen und Anziehung als Motive angeben, rechtfertigen Frauen ihre Untreue mit Beziehungsproblemen. Die Männer sprechen offener über ihre Seitensprünge und manche brüsten sich ihrer sogar vor Freunden. Von den insgesamt 1.279 Befragten sagten 60% der Männer und 47% der Frauen, dass sie bereits untreu gewesen seien. Die Gründe für ein Verhältnis neben der Ehe variieren. »Die Männer geben der Möglichkeit eines Seitensprungs schneller nach, es ist fast ein Zwang und hat nichts mit ihrer Ehe zu tun. Sie können mit ihrer Ehefrau zusammen sein und trotzdem eine Affäre haben. Sie finden den Seitensprung amüsant und schämen sich nicht, darüber zu reden«, erklärt Mirian. Der Systemanalytiker F.S., 26 Jahre alt, passt in dieses Muster. Bis heute hat er alle Freundinnen, die er je hatte, auch betrogen. Er ist aus São Paulo und war bereits zwei Jahre verheiratet, als er vor neun Monaten nach Rio de Janeiro versetzt wurde. Seine Frau sollte drei Monate später nachkommen. Kaum in der Stadt angekommen, hatte er sich bereits eine Freundin zugelegt. Schließlich trennte er sich von seiner Frau, aber die beiden sind jedes Mal zusammen, wenn er nach São Paulo kommt. »Es gibt keine Erklärung. Sogar wenn ich verliebt bin, schlafe ich mit anderen Frauen. Sex und Liebe sind in meinem Kopf völlig getrennt«, sagt F.S.

Der Psychoanalytiker Mauro Hezemberg aus São Paulo widerspricht nicht nur der Äußerung von F.S. sondern auch der Schlussfolgerung der Forscherin. Für ihn betrügen sowohl Männer als auch Frauen, wenn sie zu Hause mit ihren Partnern nicht glücklich sind: »Dem Macho wird immer noch beigebracht, seine Frau zu betrügen und vielleicht glaubt er sich deshalb im Recht, wenn er untreu ist. Das ist aber nur eine Fassade. In Wirklichkeit sucht er dann nach anderen Frauen, wenn er in seiner Ehe nicht glücklich ist«. Die Erfahrung des Küchenchefs Roberto Patrony aus Rio, Inhaber des Café Gloria, 43 Jahre alt, ist ein gutes Beispiel für die Auffassung Mauros. Er hatte am Ende seiner ersten Ehe mehrere Affären mit der Begründung, seine Ehe liefe nicht gut. »Es lief nicht gut zwischen uns und ich dachte, dass sie mich betrügt. Heute glaube ich nicht mehr an die Ehe; es ist schwierig, die sexuelle Anziehung aufrecht zu erhalten. Ich suchte nach dem, was meine Frau nicht hatte, nach einem Menschen, der mich ergänzen könnte, aber ich glaube, das gibt es nicht«, erzählt Patrony, der heute von seiner zweiten Frau getrennt ist.

Der Psychoanalytiker geht noch weiter. Er ist der Meinung, dass die Frauen dem Beispiel der Männer folgen wollen, weil sie glauben, dass diese rein aus sexuellem Begehren fremdgehen. Sie wollen dieselbe Gewandtheit in der Eroberung eines Liebhabers, ohne Schuldgefühle, ohne Ängste, und ohne Vorwände wie den einer unglücklichen Ehe anführen zu müssen. Nur schaffen sie es nicht, diesen Wunsch in die Realität umzusetzen, und zwar nicht, weil sie keine Gelegenheit dazu hätten, sondern weil größere Gefühle fehlen. An diesem Punkt stimmen Mauro und Mirian miteinander überein: Die Frauen gehen nur fremd, wenn sie sich emotional auf einen anderen Mann einlassen. »Als Rechtfertigung dient die Unzufriedenheit in der Ehe«, unterstreicht die Forscherin.

So war es auch bei der Anwältin K. S. aus São Paulo, 26 Jahre alt, die in einer zweijährigen turbulenten Beziehung steckte. Der Freund war krankhaft eifersüchtig und der Meinung, dass alle ihre gemeinsamen Freunde es auf sie abgesehen hätten. Noch schlimmer: Er glaubte, auch sie wäre interessiert. »Ich mochte ihn sehr, aber die Situation wurde immer unerträglicher und ich hatte nicht den Mut, mich von ihm zu trennen«, erzählt sie. Bis sie auf einer Reise einen Italiener kennenlernte und sich in ihn verliebte. »Wir haben nicht miteinander geschlafen, aber ich merkte, dass ich mich für einen anderen interessieren konnte. Ich kam von der Reise zurück und trennte mich, ohne mit der Wimper zu zucken«, erzählt sie.

»Ich habe Seitensprünge immer verurteilt und empfehle sie niemandem, aber mir tut nicht leid, was ich getan habe.« Die Physiotherapeutin Rita Aurora, 56 Jahre alt, gibt zu, ihren Mann betrogen zu haben, weil sie sich begehrt fühlen wollte. Nach acht Ehejahren hatte sie im Alter von 29 das Gefühl, von ihrem Mann abgelehnt zu werden. Die Beziehung zum Geliebten dauerte vier Jahre. »Er hat mich sehr gestärkt; wir trafen uns nur ab und zu. Es war die Art, die ich fand, um in dieser Ehe nicht verrückt zu werden, die 14 Jahre gedauert hat«, sagt sie. »In den beiden darauffolgenden Ehen habe ich dieses Bedürfnis nicht gehabt, denn ich war bereits reifer und es wurde mehr miteinander geredet.«

Mirian Goldenberg bezweifelt die von den Frauen mehrheitlich vorgebrachten Beziehungsprobleme als Rechtfertigung ihrer Untreue. »In Wirklichkeit sind die Männer ehrlicher, denn sie geben ihrer Partnerin nicht auch noch die Schuld am eigenen Seitensprung. Die Frauen dagegen übernehmen die Verantwortung nicht, sondern übertragen sie auf den Ehemann, obwohl der Grund ihres Betrugs vielleicht auch nur sexuelle Anziehung war.«

Diskussion

Jede Affäre erschüttert die feste Beziehung, auch wenn sie sie nicht zerstört. Mauro hat hier nie ein glückliches Ende erlebt. »Beim ersten Ehekrach wird die Affäre wieder ausgegraben«, erzählt der Arzt. Die Feministin Rose Marie Muraro, 69 Jahre alt, Autorin einer Studie über die Sexualität der brasilianischen Frau, gelangt diesbezüglich zu einem noch härteren Urteil. Sie glaubt, dass die einzige Liebe des Mannes sich selbst gilt. »Die Typen heiraten eine Luxusangestellte und haben Sex mit ihr. Wenn sie frustriert sind, suchen sie sich eine erotische Frau auf der Straße, um die schlechte Laune der Frau zu ertragen«, sagt sie. Aber sie lehnt sich gegen die von ihr so gesehene historische Rolle der Frau auf. »Ich bin sei 25 Jahren getrennt und habe meinen Mann betrogen«, gibt sie zu. »Es war die einzige Lösung, die ich gefunden habe. Ich war nicht mehr im Gleichgewicht und brauchte etwas Genuss, um zu überleben. Das war meine Rettung. Ansonsten wäre ich vielleicht krank geworden und gestorben. Aber aus lauter Eitelkeit zu betrügen ist dumm.«
Aufgrund der Häufigkeit seines Vorkommens steht inzwischen auch zur Diskussion, was unter einem Seitensprung eigentlich zu verstehen ist. Heutzutage scheinen Gefühle wichtiger zu sein als Körperlichkeit. »Vielleicht hätte ich meinem Freund verzeihen können, dass er mit einer anderen geschlafen hat, wenn er nur von irgendwelchen Begierden getrieben worden wäre. Aber ich hätte niemals mit der Möglichkeit weiterleben können, dass er eine andere Frau mehr liebt als mich«, sagte die Journalistin Janaína Matoso, 25 Jahre alt. Die Filmemacherin Sandra Werneck, Autorin des Films *Kleines Liebeswörterbuch* steckt bis zum Hals in der Angelegenheit. Im Augenblick dreht sie den Film *Mögliche Liebschaften* mit den Hauptdarstellern Murilo Benício und Carolina Ferraz. Die beiden spielen ein Ehepaar, das mit kleinen Seitensprüngen umgehen muss. Im wirklichen Leben haben Murilo und Carolina Ähnliches erlebt. Carolina hat

sich vor einiger Zeit vom Werbefachmann Mário Cohen getrennt, dem Kommunikationsdirektor der Sendeanstalt, mit dem sie dreizehn Jahre lang verheiratet war, und den Grund für die Trennung eine ganze Zeit verborgen gehalten: ihre Affäre mit Murilo. Die beiden haben den alten Satz »Wir sind nur gute Freunde« in der Öffentlichkeit so gut gespielt, dass ihre Affäre bis heute angezweifelt wird. Egal. Wichtiger als die Frage, ob die Geschichte wahr ist, war die öffentliche Spekulation darüber, wer wohl wen betrog, die Gerüchteküche um das Privatleben von Berühmtheiten, bei der sich die Heuchler so amüsieren. Die Filmemacherin schwört jedenfalls, dass sie sich nur wegen des Talents der beiden für sie entschieden hat. Bezüglich des gewählten Themas offenbart Sandra Werneck: »Dem Betrug, so wie er in Romanen erscheint, wird eine riesige Bedeutung beigemessen. Die Eifersucht ist sein Gegenspieler. Heute ergibt das alles keinen Sinn mehr. Es ist alles erlaubt, solange man sich selbst und dem anderen gegenüber ehrlich ist und alles sauber und offen abläuft. Es gab in meinen beiden Ehen Parallelbeziehungen, wobei jede Beziehung ihren eigenen Charakter hatte und beide offen waren. Keine der Ehen ist deshalb zerbrochen. Ich bin auch schon betrogen worden. Ich glaube nicht, dass jemand, der ein Liebesleben hat, noch nie so etwas erlebt hat.«

Die Sexologin Regina Navarro Lins aus Rio de Janeiro schreibt über das Thema in einem Kapitel ihres Buches *Das Bett auf dem Balkon*. »Es eine kindliche Anmaßung, zu meinen, dass ›er nur Augen für mich hat‹. Veränderungen passieren auf der Welt. Der Betrug sollte neu gedacht werden. Ob er so viel Leid erzeugen muss? Ob Treue wirklich der Beweis für Liebe ist? Es gibt Leute, die es schaffen, die Waage im Gleichgewicht zu halten und glücklich zu sein, ohne weder den Partner noch den Dritten in der Beziehung zu verletzen«, ergänzt sie.

Die Unternehmerin Analu Pires, 50 Jahre alt, zum dritten Mal verheiratet, denkt wie Regina und geht noch weiter: Sie findet den Respekt dem Partner gegenüber wichtiger als den Seitensprung an sich. »Niemand, am wenigsten dein Partner, muss um die Existenz des Dritten wissen. Einen Geliebten zu haben ist eine Sache, die niemanden etwas angeht. Es ist so wie mit Freundinnen ausgehen und tratschen. Keine Frau, zumindest keine intelligente, erzählt den Männern oder ihrem Mann, worüber sie mit ihren Freundinnen gesprochen hat. Einen Geliebten zu haben sollte als so intim betrachtet werden wie zum Zahnarzt zu gehen. Nicht einmal die Freundinnen müssen wissen, ob du Karies hast! Erst recht musst du nicht wissen, ob dein Mann eine *Andere* hat. Das ist eine Frage des Respekts und sogar des Überlebens für die Ehe.« Analu gibt zu, dass diese Haltung für die große Mehrheit der Beziehungen noch eine Illusion ist. Und sie legt auch nicht die Hand dafür ins Feuer, dass es die richtige Haltung ist.

Mauro Hezemberg sieht diese Sichtweise mit gemischten Gefühlen. Seiner Meinung nach schafft es keine Frau, ein solches Geheimnis für sich zu behalten. Schon allein deshalb, weil sie mit jemandem über das sprechen muss, was sie gefühlsmäßig spaltet. »Der Mann und die Frau müssten darüber sprechen und beschließen, was für beide das Beste ist. Aber das passiert in der Praxis nicht oft«, erzählt Mauro. »Die beiden müssen ihre eigenen Regeln und Codes aufstellen. Aber fast immer läuft es verschleiert und indirekt.« Etwa so: Ein Ehepaar schaut die Novela *Terra Nostra* und diskutiert über die Affäre von Francesco und Paola. Die Frau tut empört und warnt: »Ich bring dich um, wenn du mir sowas antust.« Oder der Mann macht eine Bemerkung wie »Ich würde eine kleine Schwäche meiner Frau akzeptieren.« Und das war's. Der sogenannte Ethikcode der Ehe ist etabliert. »So läuft es immer noch: Die beiden machen vor dem Fernsehschirm einen Scherz, aber beide wissen, dass es keiner ist. Das Ideal wäre ein offener, ehrlicher Dialog«, sagt der Psychoanalytiker. Dagegen ist sich die Forscherin Mirian sicher, dass es diesen Dialog bereits gibt: »Und das ist ein gutes Zeichen, ein großer Schritt hin zu einer weniger scheinheiligen Paarbeziehung.«

90

Nachdem ich einige Jahre mit unzähligen Männern unterschiedlichen Alters und Familienstands ausgegangen war, lernte ich den Mann kennen, der die große und einzige Liebe meines Lebens ist. Ich weiß, dass es wie ein Klischee klingt, aber es ist die reinste Wahrheit: Es war Liebe auf den ersten Blick. Es passierte auf einem Gewerkschaftskongress. Ich kam auf diesen Kongressen immer gut an, weil ich eine der ganz wenigen anwesenden Frauen und außerdem jung und schlank war. Ich lernte immer jemanden kennen und flirtete mit älteren bärtigen und jungen, ebenfalls bärtigen Männern. Aber auf dem betreffenden Kongress gefiel mir jener Bärtige im Standard-Outfit kariertes Hemd und Schultertasche ganz besonders gut. Er hielt eine Rede zugunsten des Generalstreiks und fiel mir dabei auf. Ein dunkler Typ mit charmantem Lächeln, nicht zu groß und nicht zu dünn. Ich fand ihn unglaublich sexy, eine Mischung aus Männlichkeit und Weiblichkeit, die mich bis heute an einem Mann anzieht.

Schönheit oder ein wohlgeformter Körper waren mir damals nicht wichtig, schon deshalb nicht, weil bei diesen Kongressen eher selten jemand auftauchte, der in diesem Sinne attraktiv war. Was mich aber immer anzog, waren Macht und die Fähigkeit, Vertrauen zu erwecken, Intelligenz, Prestige und Sicherheit. Dieser Mann jedoch veränderte meine Parameter, denn ich war körperlich an ihm interessiert, und zwar sehr. Als die Versammlung zu Ende war, fragten er und ein Freund mich, ob ich mit ihnen etwas trinken gehen wollte. Logisch! Wir gingen im *Amarelinho* Bier trinken und unterhielten uns dort schließlich die ganze Nacht. Nach unzähligen Bieren und Verführungskünsten von beiden Seiten küssten wir uns lange, intensiv und köstlich.

Ich erinnere mich bis heute daran, wie mich dieses erste Treffen berührt hat. Ich dachte: Das ist der Mann meines Lebens; endlich habe ich ihn gefunden. Ich war sehr glücklich und voller

Panik. Und wenn ich für ihn nicht die Frau seines Lebens war, was dann? Wir gingen zu mir und schliefen miteinander. Es war das erste Mal, dass ich mit einem Mann in mir zum Höhepunkt kam, körperlich und emotional. Ich wusste nicht einmal, dass ich zu solchen Gefühlen fähig war; dass es solche Lust und solche Emotionen geben konnte. Wir kamen zusammen, einer im Arm des anderen, und es war der schönste Augenblick meines Lebens. Ich ließ meinen Tränen freien Lauf, ohne zu verbergen, was ich fühlte.

Wir liebten uns die ganze Nacht bzw. die Stunden, die davon noch übrig waren. Ich war verknallt bis über beide Ohren, so wie es mir noch nie zuvor auch nur annähernd passiert war. Ich war erschrocken, aber glücklich. Ich erinnere mich, als sei es gestern gewesen, an die Lust, die ich verspürte, mit diesem Mann in mir. Er ging, als es hell wurde, und rief mich weder am nächsten Tag an noch am übernächsten noch am darauffolgenden. Ich hatte seine Nummer nicht und auch, wenn ich sie gehabt hätte, hätte ich ihn nicht angerufen. Ich dachte, dass es auch für ihn etwas Besonderes gewesen wäre, aber ich war es schon gewohnt, zurückgestoßen zu werden. Ich war traurig, aber dachte damals: Das Leben geht weiter. Er wäre nicht der erste und auch nicht der letzte Mann gewesen, der mich nach einem sexuellen Rendezvous nicht mehr anrief.

Vier Wochen später, als ich gar nicht mehr auf ihn wartete, rief er an. Ich war so überrascht, dass ich seine Stimme zuerst gar nicht erkannte. Er fragte, ob er mich besuchen dürfte und ich sagte ja. Er kam, küsste mich lange und wir schliefen leidenschaftlich miteinander. Nach ein paar Stunden der Verzauberung sagte er mir, ohne dass ich danach gefragt hatte, dass er mich nicht angerufen hätte, weil er von mir aus direkt zum Flughafen gefahren war. Er hätte seine Verlobte abholen müssen, die aus Fortaleza ankam, um den Urlaub mit ihm zu verbringen. Nun hatte ich nicht nur ihren Urlaub, sondern auch die Verlobung selbst komplett zerstört. Er hatte täglich an mich gedacht und sehnsüchtig auf den Tag gewartet, an dem er sie wieder zum Flughafen bringen konnte. Wir zogen noch am gleichen Tag zusammen. Mit ihm zusammen habe ich geliebt, Lust verspürt, getanzt, gesungen, gelächelt und bin unendlich glücklich gewesen. Aber die Angst davor, dass dieses Glück ein Ende haben könnte, war so stark, dass es eines Tages wirklich zu Ende war.

Ich muss zugeben, dass hauptsächlich ich für dieses Ende verantwortlich bin. Ich liebte ihn sehr und er liebte mich auch. Man muss nur die Fotos aus jener Zeit ansehen, um zu merken, wie groß unsere Liebe und unser Glück waren. Aber wir stritten uns ständig. Die Wochenenden waren die reinste Hölle. Wir stritten uns wegen nichts, um lächerliche Kleinigkeiten. Meine erste Auslandsreise machte ich mit ihm zusammen. Wir flogen in die USA, nach Mexiko und Kuba. Es waren 40 Tage unglaublicher Streitereien, deren Gründe mir gar nicht mehr einfallen. Wir waren wie zwei Kinder, die so tun, als seien sie erwachsen.

Es waren zweieinhalb Jahre großer Liebe und ständigen Streits. Unser Sexualleben war immer wunderbar und sehr intensiv. Er wollte Kinder und wir kauften mit diesem Gedanken eine größere Wohnung. Danach wurde alles schlimmer. Wir fingen an, uns sogar über gesprungene Fliesen zu streiten. Ich war als Politikredakteurin viel unterwegs. Über zwei Jahre lang hatte ich keinen anderen Mann mehr, obwohl ich einige interessante Männer kennenlernte. Ich war über beide Ohren verliebt. Auf einer dieser Reisen schlief ich mit einem Arbeitskollegen. Ich fühlte mich so schuldig, dass er es sofort merkte. Er blieb noch zwei Monate. Ich weinte voller Verzweiflung und bat ihn, mir zu verzeihen. Er sagte nichts, ignorierte mich völlig, kam spät nach Hause, begann eine Affäre mit seiner Sekretärin. Ich hielt so viel Leid nicht aus und beschloss, mich zu trennen. Wir verkauften unsere schöne Wohnung, die wir nicht einmal fertig eingerichtet hatten.

Weniger als ein Jahr später rief er mich im Morgengrauen betrunken an, um zu sagen, dass er seine frühere Verlobte heiraten und nach Brasilia umziehen würde. Ich habe ihn nie wiedergesehen. Kürzlich habe ich seinen Bruder getroffen, der mir erzählt hat, dass er dick geworden sei, einen Bart trage und graue Haare bekommen habe, Leiter einer großen Firma sei, zwei Kinder habe und wahrscheinlich haufenweise Geliebte, da die Beziehung zu seiner Frau ziemlich kühl sei. Viele Jahre lang habe ich mir vorgestellt, dass wir uns wieder treffen und all unsere Fehler wieder gutmachen, uns wieder lieben würden und, reifer geworden, nicht mehr um Kleinigkeiten streiten würden. Inzwischen sind viele Jahre vergangen und bis heute denke ich mit Liebe und Reue an ihn zurück. Ich bereue den Seitensprung nicht, denn der war nur der Tropfen, der das Fass einer Beziehung zum Überlaufen brachte, die aufgrund unserer Unreife sowieso nicht gehalten hätte. Ich bereue, dass ich nicht gemerkt habe, dass eine Liebe wie die Unsere etwas so Besonderes war, dass sie mit aller Hinwendung hätte gepflegt werden müssen. Ich wusste, dass ich ihn zu sehr liebte, aber ich wusste nicht, dass ich danach niemanden mehr lieben würde. Ich war zu jung, um die Bedeutung dieser Beziehung für mein gesamtes Leben zu erkennen. Inzwischen habe ich Schuldgefühle und bereue, so unreif gewesen zu sein. Aber hätte es in jener Phase meines Lebens anders sein können?

Partner, was die Empfindsamkeit anbelangt[40]

Die Anthropologin Mirian Goldenberg analysiert die weiblichen Forderungen an einen idealen Partner und schließt darauf: Die Frauen wollen den »homosexuellen« Mann. Brasilianerinnen der Mittelschicht fordern von ihren Ehemännern und Partnern Qualitäten, die normalerweise Homosexuellen zugeschrieben werden: Sie möchten empfindsame, sensible, zärtliche und romantische Männer. All das plus einer Prise des traditionellen Ehemannes in seiner Rolle als Ernährer. Dieser Widerspruch führt zur Identitätskrise des Mannes und zur Frustration der Frau, die nur schwerlich ihren Idealpartner findet. Als Autorin von sieben Büchern über Paarbeziehungen analysiert die Anthropologin Mirian Goldenberg diesen Zwiespalt in *Os novos desejos*[41]. Sie folgert, dass die Frauen heute vor dem Dilemma stehen, entweder eine hingebungsvolle Hausfrau oder eine zweite Leila Diniz zu sein (brasilianische Schauspielerin, die 1971 eine kollektive Katharsis provozierte, als sie die, durch die beginnende feministische Bewegung geforderte, Freiheit wirklich lebte. Das Foto der schwangeren Leila im Bikini ist Symbol jener Zeit).

Época: Für einige Autoren verschwinden die Unterschiede zwischen den Geschlechtern. Suchen die beiden Pole eine Form der Äquivalenz?
Mirian Goldenberg: Es gibt immer noch viele Unterschiede zwischen Mann und Frau, z.B. im Sexualverhalten. Während die Frau Sex mit Romantik verbindet, fühlt sich der Mann im Nachteil, wenn er wenige Partnerinnen hat.

Época: Sie sagen, dass die Brasilianerin den homosexuellen Mann sucht. Was macht ihn aus?
Mirian Goldenberg: Es geht nicht um die Homosexualität an sich. Es geht um den aufmerksamen Mann, der für die Dinge offen ist, die die Frauen gerne tun. Ein Homosexueller kümmert sich um den Haushalt und hat Verhaltensweisen und Wünsche, die mit den weiblichen Verhaltensweisen und Wünschen eher übereinstimmen.
Época: Die Frau wünscht sich den homosexuellen Mann, ohne dafür den starken Mann und Beschützer aufgeben zu wollen?
Mirian Goldenberg: In Brasilien und in den USA würden viele berufstätige Frauen gern wieder Hausfrau sein, weil die Arbeitswelt sie nicht so befriedigt, wie sie es erwartet haben. Aber wer finanziert diese Rückkehr an den Herd? Deshalb wünschen sich viele immer noch einen Ernährer. Ganz wenige Männer aber akzeptieren diese Rolle. In einer Untersuchung, für die ich 1.279 Männer und Frauen höheren Bildungsniveaus befragt habe und die die Grundlage meines Buches bildet, wird deutlich, dass das Idealbild einer Beziehung die wirtschaftliche Unabhängigkeit der Partner beinhaltet.
Época: Gemäß ihrer These will die brasilianische Frau die sexuelle Freiheit einer Leila Diniz, ohne das ruhige Leben des traditionellen Heimchens am Herd dafür aufzugeben. Wie erklärt sich dieser Widerspruch?
Mirian Goldenberg: Leila hat ein Leben geführt, das bis heute nur wenige Frauen führen. Sie hat so viele Partner gehabt wie sie wollte, hat die Freiheit ohne Schuldgefühle ausgelebt und eine Tochter bekommen, ohne verheiratet zu sein. Sie fand, dass die traditionelle Ehe, bei der beide im gleichen Haushalt zusammenleben, die Beziehung zerstört. Diese Haltung ist bis heute modern. Die Frau des Jahres 2000 schätzt diese Ideen, sucht aber auch Schutz. Sie möchte, dass der Mann ihre Wünsche verwirklicht und kann weder Leila noch Heimchen am Herd sein, weil es diesen Mann nicht gibt.
Época: Will sie zuviel?
Mirian Goldenberg: Die Frau beklagt sich über fehlendes Verständnis, Ehrlichkeit und Respekt. Während sie permanent unzufrieden ist, beklagt sich der Mann über übermäßige Forderungen. Die Erwartung, dass der Mann alle Bedürfnisse befriedigt, verkompliziert die Beziehungen.

Época: Ist die Frau heute unglücklicher?
Mirian Goldenberg: Sie hat so viele Erwartungen aufgebaut, dass sie immer frustrierter ist. Das Privatleben ist von Beziehungsjargon überschwemmt worden und jetzt hat die Frau das Gefühl, Dinge erobern zu müssen, die sie noch gar nicht kannte. Früher wollte sie Kameradschaft, Wohlgefühl, Erotik. Heute soll die Intimität, die Übereinstimmung so stark sein, dass der Mann die Gefühle seiner Partnerin erraten kann. Das ist sehr schwierig. Die Frau schafft es nicht, diese perfekten Partner zu finden.
Época: Vergrößert die Tatsache, dass es im Lande mehr Frauen als Männer gibt, die Unzufriedenheit?
Mirian Goldenberg: Die Chance einer 50-jährigen Frau, einen ledigen Mann zu heiraten, ist gleich Null. Statistisch gesehen gibt es für jeden Mann dieses Alters über 50 verfügbare Frauen, sowohl seines Alters als auch jüngere. Also hat der Mann immer die Möglichkeit, seine Partnerin durch eine andere zu ersetzen, die weniger anspruchsvoll ist.
Época: Ihrer Studie zufolge beneiden die Frauen die Männer um eine ganze Reihe von Dingen, während die Männer in den Frauen so prosaische Dinge bewundern wie, dass sie sich nicht rasieren müssen. Warum?
Mirian Goldenberg: Die Freiheit ist das, worum die Frauen die Männer am meisten beneiden. Dann kommen Körperkraft, Unabhängigkeit, beruflicher Erfolg, Gehalt, Im-Stehen-und-überall-pinkeln-zu-können – auch ein Symbol für Freiheit – und die Tatsache, dass Männer nicht menstruieren. Die Mehrheit der Männer beneidet die Frau um gar nichts. Einige nennen wenige Punkte, die sie bewundern, wie Mutterschaft und Sensibilität.
Época: Warum werden die Frauen so wenig beneidet?
Mirian Goldenberg: Weil die Männer immer alles gehabt haben. Sie mussten nicht kämpfen, um die Arbeitswelt und ihre sexuelle Freiheit zu erobern wie die Frauen und die Homosexuellen. Jetzt sind sie konsterniert, weil sie nicht wissen, worum sie kämpfen sollen. Einige bleiben dort, wo sie schon immer waren. Andere übernehmen neue Rollen, wie die, sich um Haushalt und Kinder zu kümmern.
Época: Hat der homosexuelle Mann eher das Gefühl, sich selbst zu verwirklichen?
Mirian Goldenberg: Er ist glücklicher als der traditionelle heterosexuelle Mann, weil sein Verhalten den Erwartungen der Frauen

eher entspricht. Trotzdem erlebt er Konflikte, denn die Frauen wollen den Homosexuellen und den Beschützer gleichzeitig haben. Auf jeden Fall bringt die männliche Unsicherheit Vorteile. Gewisse Männer achten mehr auf Dinge, die sie früher nicht beachtet haben wie den weiblichen Orgasmus. Die männliche Bestürzung bereichert den Mann und begünstigt die Frau.

12

Nach der Trennung von meinem Partner musste ich in meine alte Wohnung zurückkehren. Ich wollte sehr gern in unserer Wohnung bleiben, aber ich konnte die restlichen Raten nicht bezahlen. Es war nicht viel, aber ich war zu stolz, um meinen Vater um Geld zu bitten. Es war ein Rückschritt in meinem Leben. Ich hatte eine wunderschöne Wohnung gekauft mit einem Mann, den ich liebte, war voller Zukunftspläne, und kehrte zwei Jahre später allein an denselben Ort zurück, den ich hinter mir gelassen hatte. Ich war so verzweifelt, dass ich keinen anderen Ausweg sah, als mich ständig zu betäuben. Ich ging jeden Abend aus, trank viel, schlief mit einem Haufen Typen, an deren Namen und Gesicht ich mich nicht mehr erinnere. Im ersten Jahr nach der Trennung ging ich mit fünf verschiedenen Männern aus, einer pro Tag, von montags bis freitags. Samstags nahm ich den, der mir am sympathischsten war und sonntags ruhte ich mich aus, um montags wieder arbeiten zu können. Es waren ledige, verheiratete, geschiedene, alte, junge, gutaussehende, hässliche, große, kleine, dünne, dicke, brasilianische, chilenische, kubanische, italienische, amerikanische, weiße, schwarze, gebildete und beschränkte Männer, Hauptsache, ich blieb nicht allein. Ich war immer damit beschäftigt zu verführen und verführt zu werden, auf der Straße, am Arbeitsplatz, bei irgendwelchen Versammlungen, in Kneipen. Ich habe unglaublich verschiedene Typen kennengelernt.

Eines Abends stürmte es und ich lernte an der Tür eines Restaurants einen Typen kennen, der an der Börse arbeitete. Einen anderen, der Zeichner war, lernte ich auf der Straße kennen, als er mich anlächelte, einen weiteren beim Karnevalsumzug. Ich habe es in Uruguay mit einem Müllwagenfahrer getrieben und auf einer Insel in Costa Rica mit einem supergutaussehenden Italiener; im Botanischen Garten mit einem Soldaten, in London mit einem amerikanischen Kabarettisten, in São Paulo mit einem bisexuellen Schauspieler. Keine Ahnung, wie ich es geschafft habe, meine Zeit so zu verwalten, dass ich mit so vielen verschiedenen Männern zusammen sein konnte. Manchmal lag ich mit einem im Bett und ein anderer klingelte unten an der Tür. Das Telefon stand nicht still. An manchen Tagen ging ich mit einem vormittags aus, traf den Nächsten nachmittags und schlief nachts mit dem Übernächsten. Ich ließ mich auf keinen ernsthaft ein, es war alles ein Weg, um die Zeit zu vertreiben, ohne zu leiden. Drogen habe ich keine genommen. Alkohol, Beruhigungsmittel und die Männer haben diese Rolle übernommen. Ich tauschte den einen gegen den anderen aus oder sie verschwanden, aber sofort tauchten andere auf, um meinen Schmerz zu betäuben.

Ich habe dabei herausgefunden, dass es die Männer ganz wild macht, wenn eine Frau keine Verpflichtung eingehen will und nichts verlangt. Ich hoffte immer noch darauf, zu meiner großen Liebe zurückzukehren. Ich glaubte, dass er mich vermissen, mich suchen und mir verzeihen würde. Erst als er mich im Morgengrauen betrunken anrief, um mir zu erzählen, dass er heiraten würde, verstand ich, dass er nie mehr zu mir zurückkehren würde. Das war es, was ich brauchte, um in die Realität zurückzufinden. Ich hatte mir einfach nur die Zeit vertrieben in der Erwartung, dass er zurückkehren würde, und das würde nie mehr passieren. Ich hatte ihn für immer verloren. Ich weinte so sehr, als wollte ich sterben. Ich weinte, weinte, weinte, Tage, Wochen, Monate. Ich wollte ihn zurück. Ich wollte alles wieder gutmachen. Ich wollte unsere Liebe, unser Heim, unser Leben, unsere Freude. Ich wollte sogar unsere Streitereien. Ich würde ihm immer treu sein. Aber er wollte mich nicht mehr, nie mehr. Er wollte weit weg von mir sein, in einer anderen Stadt, bei einer anderen Frau, mit einem anderen Leben. Er war vor mir und davor geflüchtet, dass ich ihn betrogen hatte. Ich hatte die große Liebe meines Lebens verraten. Er hatte mir nicht verziehen und ich verzeihe es mir auch nicht. Bis heute vermisse ich diese Liebe. Bis heute weine ich, wenn ich an ihn denke. Eine große Liebe werde ich nie wieder haben.

13

Wenige Monate, nachdem ich *A Outra* beendet hatte, schrieb ich eine Hausarbeit als Abschluss eines Kurses des Soziologen Howard Becker. Unter dem Titel »Die soziale Konstruktion der männlichen Identität: Sexualität und Ehe in der städtischen Mittelschicht«[42] versuchte ich, das Thema Untreue innerhalb einer Gruppe von Männern zu diskutieren, im Versuch, die andere Seite der Medaille zu verstehen. Ich wollte die männliche Sichtweise auf die Veränderungen oder Krisen in Ehe und Familie kennenlernen und die Existenz einer neuen Moral innerhalb der Ehe sowie die Veränderungen der Geschlechterrollen erforschen. Dazu befragte ich neun heterosexuelle Männer der städtischen Mittelschicht mit mindestens einer Eheerfahrung bzw. Erfahrung eines eheähnlichen Zusammenlebens.

Die Männer waren damals zwischen 30 und 57 Jahre alt und wohnten in der Zona Sul[43] in Rio de Janeiro. Ich glaubte, dass alle bereits reichhaltige sexuelle Erfahrung mit Frauen gesammelt hätten. Jedoch musste ich im Verlauf der Interviews diesen Glauben ziemlich schnell aufgeben.[44] Ich hatte aufgrund des Profils der Befragten – beruflich erfolgreiche, attraktive, intelligente Männer – eine größere Zahl an Sexualpartnerinnen erwartet. Auch fiel mir im Vergleich zur Gesamtzahl der Sexualpartnerinnen die Zahl an ehelichen Seitensprüngen auf. Diese Zahl zeigt, dass Untreue auch dann noch ein Problem ist, wenn der Mann nicht viele Sexualpartnerinnen hat. Neben diesen Daten war beeindruckend, wie wichtig Freunde sind, sobald das Sexualverhalten thematisiert wird. Alle Befragten äußerten, dass sie viel weniger Frauen gehabt hätten als in ihrem Freundeskreis üblich.

Nach Abschluss meiner Arbeit wurde diese von zehn weiteren Männern desselben Profils wie die Befragten gelesen und diskutiert. Die wichtigste Kritik wurde von drei der über 40-jährigen Männer geäußert, die sagten, dass sie sich nicht vertreten fühlten, da sie im Verlauf ihres Lebens über hundert Sexualpartnerinnen gehabt hätten, was sie für nicht viel hielten, weil sie meinten, ihre Freunde hätten viel mehr gehabt als sie. Die Aussagen der Befragten sind bedeutsam für die Reflexion über die Rolle der Freunde im männlichen Diskurs über Sexualität.

Die Freunde symbolisieren den kulturellen Druck auf ein bestimmtes Männlichkeitsmodell, das eng mit dem Sexualverhalten zusammenhängt. Alle Befragten meinen, dass sie selbst, im Gegensatz zu ihren Freunden, weit davon entfernt seien, diesem Modell zu entsprechen, das so paradoxerweise nah und unmöglich zu imitieren ist. Wenn wir die Idee der Imitation aus Prestigegründen[45] einbeziehen, die besagt, dass die Individuen Verhaltensweisen nachahmen, die in ihrer Kultur erfolgreich sind, ist in der brasilianischen Gesellschaft der nachzuahmende Mann derjenige, der mit Hunderten von Frauen schläft. Die Verbindung zwischen Männlichkeit und Anzahl der Sexualpartnerinnen ist bei den Befragten sehr gegenwärtig, obwohl Studien aus verschiedenen Ländern zeigen, dass die Anzahl der Sexualpartnerinnen der Männer im Verlaufe ihres Lebens durchschnittlich unter einem Dutzend liegt.[46]

»Insgesamt bin ich bis heute mit 24 Frauen im Bett gewesen. Das ist nicht viel. Ich habe Freunde, die in einem Monat auf diese Zahl kommen. Ich liege außerhalb der Norm.«

»Einmal haben wir aus Spaß mit einer Gruppe Freunde gezählt und ich bin auf 33 gekommen. Die anderen hatten drei oder vier Mal soviel wie ich.«

»Meine Freunde sagen (entweder tun sie nur so oder sie machen es wirklich): Ich bin eben ein Mann: Wenn mir also eine über den Weg läuft und es mir leicht macht, dann bumse ich sie natürlich! Ich konnte das nie, aber ich habe Freunde, die schon mit über hundert Frauen geschlafen haben.«

»Ich habe in meinem Leben sehr wenige Frauen gehabt. Das gibt es in meinem gesellschaftlichen Umfeld sonst nicht: einen Mann, der in seinem ganzen Leben nur drei Frauen gehabt hat.«

Paradoxerweise kritisieren die Befragten den exzessiven Frauenkonsum ihrer Freunde, um das eigene Verhalten zu rechtfertigen.

»Ich muss mich verlieben, um mit einer Frau schlafen zu können. Mechanisch geht es nicht. Meine Freunde sind diesbezüglich viel größere Machos. Sie sagen, dass mein Problem darin besteht, dass ich Verliebtheit nicht von Sex trennen kann.«

»Ich gebe nicht damit an, dass ich mit dieser und jener Frau im Bett gewesen bin. Es gibt einen klassischen Witz, der typisch brasilianisch ist. Der Typ war verrückt danach, mit der geilsten Frau im Büro zu bumsen, die sich aber zu niemandem herabließ. Er flirtete monatelang mit ihr, bis sie endlich einwilligte, allerdings mit einer Bedingung: Er durfte es niemandem erzählen. Da wollte er nicht mehr. Was war daran noch interessant, wenn er es danach nicht erzählen durfte? Die Männer gehen oft nur deshalb mit einer Frau ins Bett, damit sie es danach ihren Freunden erzählen können.«

»Die Männer wollen sich doch nur gegenseitig übertrumpfen mit der Liste derer, die sie schon im Bett gehabt haben.«

Auch bei der ersten Sexualerfahrung spielen die Freunde eine große Rolle. Das Initiationsalter der Befragten lag zwischen 13 und 25 Jahren und fünf der neun Befragten hatten ihre erste Erfahrung mit einer Prostituierten.[47] In den Erzählungen der Männer kommen die Topoi der Anwesenheit der Freunde zur Bezeugung des Übergangs vom Knaben zum Mann, der Gruppendruck, der Wettbewerb unter den Männern und die erste Erfahrung mit Prostituierten oder Hausmädchen immer wieder vor.

»Ich war oft bei Prostituierten. Damals ging es nur mit Hausmädchen oder Prostituierten. Ich wollte nie mit einem Hausmädchen schlafen. In den Puff zu gehen war ein Programm wie ins Kino zu gehen. Ich ging mit einer Gruppe von Freunden aus und in den Puff. Ich weiß gar nicht mehr, wie oft ich dort war. Das ist dasselbe wie wissen zu wollen, wie oft ich im Kino war.«

»Ich habe zum ersten Mal mit 14 mit einer Frau geschlafen. Es war das Hausmädchen eines Freundes. Diese alte Geschichte eines Hausmädchens, das es mit jedem treibt. Dieser Freund bumste sie und außer ihm das gesamte Gebäude und seine Freunde von der Straße. Ich ging mehrmals zu ihr; es war eine Sache der Selbstbestätigung; ich musste zeigen, dass ich ein Mann war. Es war ein Wettbewerb unter Männern, unter Freunden, darum, wer schon Sex hatte. Ein Wettstreit; wie ein Meilenstein, der dein Leben verändert, eigentlich deinen Status, denn du wirst vom Knaben zum Mann. Man wollte Sex haben, um die eigene Männlichkeit zu beweisen, nicht, weil man die Person begehrte. Prostituierte habe ich immer gemieden, hatte nie den Mut, mit einer zu schlafen; sie machten mir Angst.«

»Ich bin zwischen meinem 15ten und 17ten Lebensjahr in den Puff gegangen, immer mit einer Gruppe von Freunden. Ich habe darüber eine Theorie. Ich glaube, dass in einer Beziehung zu einer Frau die Verantwortung so groß ist, dass ich schließlich schlapp mache. Zu Prostituierten gibt es dagegen keine weiteren Bindungen; da konnte ich entspannen und kommen, ohne Angst oder Unsicherheit. Es ist viel leichter. Bis heute mache ich schlapp, wenn ich eine Beziehung beginne und das erste Mal mit ihr schlafen will. Es ist schrecklich. Ich schwitze, mache mir Sorgen, bin angespannt, schaffe es nicht. Später, mit der Zeit, wenn die Frau okay ist, entspanne ich schließlich und schaffe es. Aber es dauert.«

»Ich bin hingegangen, weil ich mich gezwungen fühlte; meine Freunde hätten mich sonst für schwul gehalten. Ich fühlte mich dabei sehr schlecht; es hat mir gar nicht gefallen. Das erste Mal war grässlich, aber ich tat so, als wäre alles o.k. Ich glaube, alle heuchelten, denn es war eine sehr derbe Angelegenheit.«

»Ich war vielleicht zwei, drei Mal im Puff, immer mit Freunden. Dann habe ich das Kapitel Prostituierte abgeschlossen und angefangen, bin mit der jeweiligen Freundin zu schlafen.«

»Ein paar ältere Freunde haben mich in den Puff mitgenommen, aber ich schaffte es nicht. Ich ging mit und schaffte es nicht. Das lag daran, dass man dafür bezahlen musste. Ich fand, dass es ein Kauf war und verlor die Lust.«

Die Freunde sind auch präsent, wenn die Befragten über ihre sexuellen Leistungen sprechen, wenn sie von Erfahrungen berichten, bei denen Potenz gefordert war und Erektionsschwierigkeiten als Scheitern interpretiert wurden.

»Darüber sprechen Männer nie. Was sie gern erzählen, ist: Ich habe es mit der und der getrieben, sie ist total geil ... Als ich einmal erzählte, dass ich schlapp gemacht hatte, schauten mich meine Freunde eine ganze Weile sprachlos an. Anschließend erzählte jeder eine Geschichte, die meiner ähnlich war. Ich glaube, das passiert jedem, nur dass sich keiner traut, es zu erzählen.«

»Das ist mir schon häufig passiert, besonders, wenn ich mich unter Druck setze, dass ich es schaffen muss; dann schaffe ich es erst recht nicht. Gerade beim ersten Mal habe ich große Angst davor, was das Mädchen von mir denken wird, wenn ich es nicht schaffe.«

»Ich war total verliebt in das Mädchen, ich war verrückt nach ihr, aber als es soweit war, schaffte ich es nicht, sondern machte schlapp. So ging das einmal, zweimal, dreimal. Danach gab ich es auf, es ging nicht mehr. Ich habe nie mehr versucht, sie zu treffen.«

»Eine Freundin von mir lud mich zu sich nach Hause ein. Ich dachte, es würde nichts laufen. Aber ich spielte doch den Charmeur und versuchte, sie zu erobern. Wir gingen ins Bett und es passierte nichts. Anschließend fand ich, dass es dumm gewesen war, mit ihr ins Bett gegangen zu sein. Ich fühlte mich sehr schlecht, vor allem, weil ich auch noch schlapp gemacht hatte. Es war ein Spiel und als es ernst wurde, schaffte ich es nicht.«

»Es passiert sehr häufig, aber die Männer setzen sich unter Druck, verschweigen es, so nach dem Motto: Als ich sie im Bett hatte, war es das Höchste. Das ist das Macho-Modell, dass es klappen muss. Ich glaube sogar, dass es bei mir genau deshalb nicht immer klappt, weil ich Teil dieser Kultur bin. Ich gehe nervös hin und mache dann schlapp.«

»Die meisten Männer sind entweder verweiblicht, haben was Weibliches an sich, so was Affektiertes, oder sind sehr hart zu sich selbst. Ich bin schon sehr hart zu mir gewesen und bin es immer noch, aber ich glaube, dass ich noch dazulernen kann. Ich habe viel gelernt bei einer Frau, in die ich mich verliebt hatte. Dass ich nicht dauernd einen Steifen haben muss, dass es kein Unglück, kein großes Problem ist, wenn es nicht geht. Früher war das für mich traumatisch, aber mit ihrer Hilfe habe ich verstanden, dass es normal ist und man mit viel Liebe damit umgehen kann.«

99

Männer wollen emotionale Rückständigkeit überwinden[48]

Die sogenannte Krise der Männlichkeit, die sich zuvor auf das Intimleben des Einzelnen beschränkte, ist in den letzten zehn Jahren öffentlich geworden. Dutzende von anthropologischen, soziologischen und psychiatrischen Studien haben auf die Unterlegenheit des männlichen Geschlechts aufmerksam gemacht. Hintergrund sind feministische Eroberungen sowie der wissenschaftliche Fortschritt wie z. B. die Möglichkeit der In-Vitro-Fertilisation.

Die Forscher sind zu dem Schluss gekommen, dass der zeitgenössische Mann deprimierter ist als seine Vorfahren, da er unter Druck steht und seine gesellschaftliche Rolle in Frage gestellt ist. Die Frauen, in allen Bereichen der Arbeitswelt auf dem Vormarsch, benötigen ihn nicht mehr für Funktionen wie Fortpflanzung, Ernährung und Schutz. »Weltweit erleben wir eine Krise der Männlichkeit«, sagt der Psychologe und Professor an der Universität São Paulo (USP) Ailton Amélio da Silva. »Früher waren die Frauen benachteiligt, und jetzt haben sie den Spieß umgedreht. Die Männer sind in einer Zwickmühle. Sie werden von allen Seiten kritisiert. Wenn sie zu energisch auftreten, werden sie als Machos abgekanzelt. Wenn sie nachgeben, fühlen sie sich schwach. Es ist ein Dilemma«, äußert der Psychologe. Die Kritik kommt von den Frauen, die heute sowohl das Problem als auch die Lösung des männlichen Dramas darstellen. Sie sind das Problem, weil sie in Bereiche vorgedrungen sind, die zuvor den Männern vorbehalten waren; und sie sind die Lösung, weil sie mit Affekten und Emotionen, dem Schwachpunkt der Männer, besser umgehen können. Ohne sie verschlechtert sich die Situation der Männer. Studien haben gezeigt, dass diese auf Liebesbeziehungen nicht verzichten können. Die Einsamkeit ist ein Feind der Gesundheit. Erwachsene Männer leiden z.B. mehr unter psychosomatischen Krankheiten als Frauen. »Die meisten psychosomatisch Kranken sind ledige, verwitwete oder getrennte Männer«, sagt der Psychiater am Hospital das Clínicas in São Paulo, Luiz Cuschnir. Internationale Statistiken liefern grausame Indikatoren. Drei von vier Abhängigen chemischer Substanzen (Alkohol, Drogen oder Medikamente) sind Männer. Die Drogen betäuben das psychische Leid, aber verhindern nicht immer einen Selbstmord, einen Autounfall oder ein Verbrechen. Eine Analyse nationaler (IBGE) und internationaler (UNO) Statistiken zeigt, dass durchschnittlich 90% der Gefängnisinsassen Männer sind. »Die meisten Männer sitzen wegen Raub oder Diebstahl, die sie z.T. auch deshalb begangen haben, weil sie ihre Familie nicht anders ernähren konnten«, sagt der Psychotherapeut Sócrates Nolasco aus Rio de Janeiro. Die Männer sterben auch häufiger bei Verkehrsunfällen und an Krebs, an stressbedingten Herz-Kreislauf-Erkrankungen und durch Selbstmord. »Die meisten Selbstmörder waren einsam«, sagt Cuschnir.

Druck und Scheitern

Die betreffenden Zahlen stehen für die traurige Tatsache, dass Männer weltweit durchschnittlich sechs Jahre weniger leben als Frauen. Genau aus diesem Grund sind Beziehungen zwischen Mann und Frau, die von Intimität und Verständnis geprägt sind, wünschenswert. »Diejenigen, die in stabilen Liebesbeziehungen leben, sind stärker und können mit ihren Krisen besser umgehen«, sagte der Psychiater des Hospitals. Durch ihren beruflichen Erfolg haben sich die Frauen nicht nur Anerkennung, sondern auch die finanzielle Basis erobert, um ihre Zukunft selbst zu wählen und zu planen. Im Gegensatz zu ihnen fällt es den Männern schwer, sich Wünsche bewusst zu machen, die mit Leistungszielen nichts zu tun haben, wie z.B. nach einer Arbeitspause, um das Leben neu zu überdenken oder ein persönliches Projekt zu verwirklichen.
Die Anthropologin Mirian Goldenberg, Autorin von *Os novos desejos*, meint, dass das Drama der Männlichkeit nicht universell

ist. »Es betrifft nur die hegemoniale Männlichkeit, diejenige des Macho«, glaubt sie. »In der gehobenen Mittelschicht gibt es immer mehr Männer, die auf Dinge wertlegen, die früher undenkbar waren. Sie reduzieren z.B. ihre Arbeitsbelastung und verzichten auf Gehalt, um gesünder zu leben, öfter mit der Familie zusammen zu sein oder mehr Freizeit zu haben«, sagt sie.
In Westeuropa, den USA und Kanada befinden sich die Männer als Söhne, Partner, Geliebte und Väter auf verlorenem Posten. Ursache dafür ist laut Expertenmeinung der (wirtschaftliche, gesellschaftliche und politische) Aufstieg der Frauen. Dieser hat nicht nur symbolische Bedeutung. Die Frauen haben auch in der Praxis ihre Partner stark unter Druck gesetzt.
»Sie fordern von den Männern gute Leistungen auf allen Gebieten des Alltagslebens und wollen außerdem noch, dass sie liebevoller und sensibler sind. Da die Frauen die Konzessionen der Männer nicht wertschätzen oder nicht bemerken, landen Letztere beim Psychologen und klagen darüber, ausgelaugt zu sein«, meint Ailton Amélio da Silva. Die Experten sind sich darüber einig, dass eine neue Sicht auf die Männlichkeit nötig ist. Es geht nicht mehr um die Dosierung (Wie viel Männlichkeit?) sondern um die Qualität (Wie Mann sein?). »Die Männer sind nicht so sehr verzweifelt, sondern frustriert. Sie suchen nach Auswegen, aber bemerken häufig nicht, dass sie die falschen Türen geöffnet haben, die nur zu momentaner Befriedigung, narzistischen Stimuli, aber darüber hinaus zu nichts führen«, schreibt Luiz Cuschnir in *Masculino: Como ele se vê*[49].

Kommunikationsschwierigkeiten

Die erste Barriere, die durchbrochen werden muss, liegt in der Kommunikation. Da sie dazu erzogen worden sind, zu agieren, haben die meisten Männer Schwierigkeiten, außerhalb des Berufslebens um etwas zu bitten, sich zu beschweren, einzugreifen, zu hinterfragen und persönliche Probleme zu diskutieren. »Die häufigste Klage der Frauen ist, dass die Männer sich nicht mitteilen«, bemerkt Mirian Goldenberg.
Das männliche Gefühlsleben ist eher introvertiert, das weibliche eher extrovertiert. Dies wirkt sich unausweichlich auf die Beziehungen aus. »Lieber erhalten die Männer eine schlechte Ehe, als dass sie sie beenden oder gesünder gestalten«, sagt Cuschnir, der

am Hospital sogenannte *gender groups*, geschlechtsgetrennte Therapiegruppen, eingerichtet hat.
Das männliche Kommunikationsdefizit hat verschiedene Gründe. Historisch gesehen ist der Mann der Unterdrücker, der Verursacher von weiblichem Kummer und Groll. »Deshalb sagen die Männer den Frauen häufig nicht, was sie sagen sollten. Sie fürchten, die Partnerin zu verletzen und so den Mythos zu verstärken. Und wenn sie dann doch mal etwas sagen, beachten die Frauen sie kaum«, sagt der Psychiater.
Auch was das Zuhören anbelangt, haben Männer Defizite. Da sie ihr Gegenüber normalerweise wenig beachten, sind sie für offene und ehrliche Statements nicht sehr empfänglich. »Bei einem Geständnis jenseits der Stereotypen männlicher Kraft lenken sie ab, machen einen Witz. Die Männer sind zwar selbstironisch, sagen aber im Freundeskreis selten, dass sie Angst haben«, bemerkt Cushnir.

„95“

Nach einer Zeit der Verzweiflung, der Depression und der Niedergeschlagenheit nach dem Anruf meines Liebsten beschloss ich, mein Leben neu zu ordnen. Ich konnte nicht mehr so weiter machen und täglich mit einem anderen ins Bett gehen. Dieser Marathon war nur so lange möglich, wie ich darauf hoffte, dass mein Liebster reuig und verliebt zu mir zurückkehren würde. Ich beschloss, pragmatisch zu sein und mich für den Mann zu entscheiden, der mir am ehesten aus meiner Niedergeschlagenheit heraushelfen könnte. Meine Wahl fiel auf einen verheirateten Mann, der zwanzig Jahre älter war als ich und zwei erwachsene Söhne hatte. Er war mächtig, reich, intelligent und witzig, schien mir also perfekt, und außerdem mochte er mich sehr. Er erfand Konferenzen, Reisen, berufliche Verpflichtungen am Tag oder am Abend, um sich mit mir zu treffen. Wir haben einige Reisen miteinander unternommen, nach Europa und innerhalb Lateinamerikas, darunter eine sehr romantische zum Karneval in Venedig. Er war von meiner Art fasziniert, meiner Unabhängigkeit und wahrscheinlich auch meiner Jugend. Er wollte mich verwöhnen, mich beschützen, mir helfen, vielleicht, um die Tatsache zu kompensieren, dass er verheiratet war. Er wollte mir unbedingt ein Cabriolet schenken, aber ich blieb lieber bei meinem Käfer. Ich wollte nicht, dass er sich trennt; ich liebte ihn nicht und wollte nicht für das Ende einer über zwanzigjährigen Ehe verantwortlich sein.

Wir sprachen, lachten und schliefen viel miteinander, aber das Ganze war nicht so intensiv für mich, dass ich gemeint hätte, mit ihm leben zu können, nicht nach meiner großen Liebe. Ich litt nie darunter, dass er verheiratet war. Im Gegenteil fand ich es toll, die Geliebte eines so mächtigen Mannes zu sein. Außerdem hatte ich in diesem Moment ein großes Bedürfnis nach jemandem, der mich liebte. Die Meinung der anderen war mir egal. Der Umfang seiner Hingabe und seine Anstrengungen, mit mir zusammen zu sein, hatten mich verführt. Er war so präsent, dass sich mir kaum noch andere Typen nähern konnten. Trotzdem hatte ich einige Affären. Da er verheiratet war, fand er, dass er nicht das Recht hätte, von mir Treue oder Exklusivität zu verlangen.

Einmal dachte ich, ich wäre schwanger. Er sagte, er würde zu dem Kind stehen, auch wenn es nicht von ihm wäre. Diese Haltung verstärkte meine Bewunderung für ihn. Von allen Männern, mit denen ich zusammen gewesen bin, war er derjenige, der einem Vater am nächsten kam, in jeder Hinsicht – auch aufgrund der Tatsache, dass er verheiratet war. Mir gefiel unser Verhältnis so, wie es war. Aber er trennte sich von seiner Frau und mietete eine kleine Wohnung. Ab da verbrachten wir jede Nacht zusammen und unser Leben wurde sehr langweilig. Ich ertrug seine tägliche Anwesenheit in meiner Wohnung nicht, wollte nicht mehr mit ihm schlafen und begann, mit anderen Männern auszugehen. Ich hatte ihn sozusagen in die Ecke geworfen und er wusste nicht, was er tun sollte. Er hatte seine Frau verlassen und musste nun mit einer zusammenleben, der er gleichgültig war. Unzählige Male versuchte ich, alles zu beenden, aber ich fühlte mich schuldig: Schließlich hatte er sich wegen mir von seiner Frau und seinen Kindern getrennt. Wie konnte ich ihn da wegschicken? Die Situation wurde immer schlimmer, bis er selbst eines Tages die Initiative ergriff. Er sagte mir, dass er sich für eine andere Frau interessierte, die fünfundzwanzig Jahre jünger war als er. Ich war erleichtert, aber gleichzeitig fühlte ich mich wieder einmal zurückgestoßen und verlassen.

Als wir uns voneinander verabschiedeten, sagte er: »Mônica, sie braucht mich, aber du brauchst niemanden, du bist zu unabhängig.« Das war wie eine kalte Dusche. Ich hatte immer gedacht, dass ihn gerade meine Unabhängigkeit am meisten fasziniert hätte. Genau das war mir auch schon mit den beiden anderen Männern passiert, mit denen ich zusammengelebt hatte. Auch da war ich der Meinung gewesen, für sie sehr wichtig zu sein, und sie hatten gleich nach unserer Trennung geheiratet und Kinder bekommen. Dasselbe passierte nun mit dem Typen, der immer völlig verrückt nach mir gewirkt hatte: Er heiratete und bekam einen Sohn. Das ist die ewige Wiederkehr des Gleichen, von der Nietzsche spricht. Schon wieder war mir dasselbe passiert, schon wieder eine sofortige Heirat und Kinder. Das Merkwürdigste daran ist zu sehen, dass alle drei bis heute mit derselben Frau verheiratet sind. Das zeigt deutlich, dass sie sich genau das gewünscht haben, was sie bei mir nicht hatten, nämlich eine Frau, die von ihnen abhängig ist, Kinder, Familie, Sicherheit, Stabilität, Ruhe und vor allem Treue – Dinge, die ich einem Mann nie habe geben können. Ich gebe zu, dass ich die Heimchen am Herd ein bisschen beneide.

Nach jahrelanger Psychoanalyse habe ich in allen meinen Beziehungen dasselbe Schema entdeckt. Die drei Beziehungen, von denen ich dir erzählt habe, stehen für Dutzende anderer, die kürzer und weniger wichtig waren, aber auf dieselbe Art und Weise zu Ende gegangen sind. Ich treibe den Mann an seine Grenze, gehe dabei manchmal zu weit, er beendet die Beziehung und ich fühle mich zurückgestoßen. Mein Psychoanalytiker sagt, dass ich nach einer bedingungslosen Liebe suche, nach jemandem, der mich nie verlässt. Dieses Gefühl der Verlassenheit ist in mir so stark durch das, was zwischen meiner Mutter und meinem Vater passiert ist. Also setze ich den Mann, mit dem ich zusammen bin, den unerdenklichsten Situationen aus, nur um damit zu beweisen, dass er mich nie verlassen wird. Aber er verlässt mich logischerweise doch. Und wenn ich es auch noch so sehr selbst gewesen bin, die die Trennung provoziert oder herbeigesehnt hat, schaffe ich es doch immer, mich zurückgestoßen zu fühlen. Ich leide eine Zeitlang unter dieser Zurückweisung und beginne dann eine neue Beziehung, die auf die gleiche Weise zu Ende gehen wird.

Bei meiner ersten Beziehung habe ich alle nur möglichen Grenzen überschritten, und trotzdem ist er bei mir geblieben. Er ist erst gegangen, als ich es verlangt habe. Der Verheiratete hat sich schließlich von seiner Frau getrennt, um nur mit mir zusammen zu sein und sofort war ich ihn überdrüssig. Und als ich mit dem Mann meines Lebens zusammen war, habe ich eine Affäre mit einem anderen Typen gehabt, der mir absolut nichts bedeutete, obwohl ich wusste, dass meine große Liebe einen Seitensprung nie verzeihen würde. In allen Fällen bin ich es gewesen, die untreu war, sogar, als ich über beide Ohren verliebt war. Es hat nichts mit sexuellem Verlangen oder Unzufriedenheit zu tun, sondern es ist das Bedürfnis danach, frei zu sein, die Angst davor, beherrscht, kontrolliert zu werden und mich einem Mann unterzuordnen. Ich brauche diese Freiheit, auch wenn ich einen so hohen Preis dafür bezahlen muss. Ich muss das Gefühl haben, dass mein Leben, mein Körper, meine Sinnlichkeit mir gehören. Ich gebe meine Unabhängigkeit nicht preis. Das war mit Sicherheit der Grund für die ständigen Streitigkeiten mit meiner großen Liebe. Im Gegensatz zu den anderen beiden gab er meinen Wünschen nicht nach. Er stritt sich mit mir, weil er wollte, dass seine Grenzen respektiert werden.

Kein Mann fühlt sich an meiner Seite sicher. Sie wissen, dass ich mich in jedem Augenblick von ihnen trennen oder fremdgehen könnte. Sie fühlen sich auf allen Ebenen irrelevant: auf der sexuellen, der finanziellen, der affektiven, der intellektuellen. Ich glaube, deshalb heiraten sie nach unserer Trennung so schnell. Sie finden Frauen, von denen sie gebraucht werden, an deren Seite sie sich wichtig fühlen. Es ist, als wäre ich eine unvergessliche Lektion dessen, was sie in einer Beziehung nicht wollen. Alle haben sie mir gesagt: »Mônica, du bist zu unabhängig.« Ich, die ich mich immer für etwas Besonderes in ihrem Leben gehalten habe, habe sie dazu gebracht, sich entwertet, missachtet und überflüssig zu fühlen. Ich habe es nicht bis zu einem gemeinsamen Projekt wie Kinder, Familie, einem Heim geschafft. Ich habe es nicht zugelassen, dass sie sich um mich kümmerten. Ich habe nicht zugelassen, dass sie mir treu blieben. Daher die Leichtigkeit, mit der sie eine neue Frau fanden, die ihnen all das gibt, was ich einem Mann nie habe geben können.

96

Marina Colasanti[50] schlägt vor, die Situation der *Anderen* als Verwirklichung eines möglichen Elektra-Komplexes zu sehen. Sie fragt, was einem Vater denn näher kommen könnte als ein älterer, erfahrener und verheirateter Mann? Die meisten *Anderen*, die ich befragt habe, waren mit älteren, erfolgreichen, erfahrenen, verheirateten Männern mit Kindern zusammen. Nach einer Untersuchung zur brasilianischen Sexualität[51] hielten es 60 % der befragten Männer für absolut natürlich, dass ein Mann mehr als eine Frau hat, und die restlichen 40 % hielten es mit gewissen Einschränkungen für natürlich. Diese Naturalisierung der männlichen Untreue hat einen weit zurückliegenden Ursprung. Gilberto Freyre[52] hat in seiner Analyse der Kolonisierung Brasiliens gezeigt, wie das sexuelle Begehren, das zunächst die Indianerinnen und dann die afrikanischen Sklavinnen in den Portugiesen auslösten, zum Prozess der Bevölkerung des Territoriums führte. Die wenigen portugiesischen Ehefrauen, die ihre Männer in die neue Welt begleitet hatten, akzeptierten die Untreue ihrer Männer und stimulierten sie sogar, da sie auf diese Weise zumindest teilweise von ihren ehelichen Pflichten befreit wurden. Die Dissoziation zwischen der Frau im Haus und der Frau auf der Straße[53], der Heiligen und der Hure, der Mutter und der Prostituierten, dem Ort der Familie und dem Ort der Lust, ist die Ursache dafür, dass die *Andere* zu einer klassischen Figur in der Vorstellungswelt über die brasilianische Frau wurde.

97

Ich wünschte mir, eine abhängige, unverantwortliche, angepasste, spießige Frau sein zu können. Mit Haushalt, Familie, Kindern, einem Haus- und einem Kindermädchen. Diese Art von Frau, die schmollt und dadurch alles bekommt, was sie will, die sich vom Chauffeur durch die Gegend fahren lässt, die eine Kreditkarte ohne Zahlungslimit hat und die vor allem nicht arbeiten gehen muss. Ich bin es müde, alles regeln zu müssen, beruflich zu verreisen, die Steuererklärung zu machen, alle Rechnungen zu bezahlen, Computerprobleme zu lösen, zu versuchen, etwas Brillantes zu schreiben, von den Kollegen respektiert zu werden, Erfolg zu haben. Ich habe in einem Artikel gelesen, dass 78 % der Brasilianer mit ihrer Arbeit unzufrieden sind und nur 18 % zufrieden. Ich schwanke zwischen einer absurden Leidenschaft für meine Arbeit und einer großen Müdigkeit, täglich um einen Platz in der Welt des Journalismus, um den Respekt der Kollegen kämpfen zu müssen. Ich bin der vielen Reisen müde und des ständigen Wettbewerbs. Ich bin der kleinlichen, bornierten und neidischen Leute müde. Manchmal fantasiere ich, wie schön es sein muss, ein Heimchen am Herd zu sein, an der Seite dieser unglaublichen Männer, die einmal meine waren, und die sich um ihre Frauen kümmern, welche ihren Wert nicht die ganze Zeit beweisen müssen. Und er fühlt sich gebraucht und wichtig, weil sie und die Kinder von ihm abhängig sind.

Meine Freundinnen halten mir immer wieder die Tatsache vor, dass ich keine Kinder habe. Sie sagen, ich würde es später bereuen, ich sei egoistisch, individualistisch, nur an mir selbst interessiert; es sei die wichtigste Erfahrung im Leben einer Frau und mir stünde ein einsames Alter bevor. Erstaunlicherweise meinen alle Frauen, sowohl diejenigen, die mir am nächsten stehen als auch die unbekannten, dass sie das Recht haben, meine Entscheidung gegen eigene Kinder zu kommentieren. Wenn ich sage, dass ich wirklich keine bekommen möchte, kommt sofort die Frage: »Warum adoptierst du dann keine?« Kein Mann, auch nicht diejenigen, die mich geliebt haben, hat mich wegen eines eigenen Kindes so sehr unter Druck gesetzt wie die Frauen. Sie glauben, ein exklusives Wissen um die Erfahrung der Mutterschaft zu haben und wollen mich aufgrund dieser Überlegenheit dazu bekehren. Sie finden, dass ich nicht normal bin, weil ich es mir nie gewünscht oder versucht habe, Mutter zu werden. Eine Freundin ist soweit gegangen, mich zu fragen: »Mônica, wie kannst du sicher sein, dass du kein eigenes Kind möchtest, wenn du diese Erfahrung gar nicht kennst?« Das ist doch paradox, dass ich nur dann wissen kann, dass ich kein Kind möchte, wenn ich schon eines habe. Aber wenn ich unsicher und müde bin, denke ich schon, wie schön es sein muss, eine glückliche, heile Familie zu haben, einen treuen Ehemann, ein paar niedliche Kinder, ein Angorakätzchen und ein Hausmädchen, das putzt und kocht. Einen verliebten Ehemann, der auch nach zwanzig Jahren Ehe immer noch, mindestens zweimal die Woche, mit mir (und nur mit mir) schläft ...

48

Fernando Gabeira[54] erzählt in seinem Bericht über seine Exilerfahrung davon, wie sehr ihn das Verhalten der schwedischen Frauen überraschte, die Männer zum Tanzen auffordern und ins Bett einladen, was für ihn und seine Freunde zur Rolle des Mannes gehörte. Gabeira schreibt, dass der große Eindruck und die Verwirrung, die das aktive und freie Verhalten der Frauen auslöste, sowie die Angst, für schwul gehalten zu werden, wenn sie die passive Rolle akzeptierten, bei einigen Männern zu Impotenz führte. Alle von mir Befragten haben von irgendeiner peinlichen Situation berichtet, in welcher eine Frau die Initiative ergriffen hatte. Aber sie haben auch gesagt, dass sie es als großen Fortschritt betrachten, weibliche Angebote ablehnen zu können und nicht die ganze Zeit über die Initiative ergreifen zu müssen. Alle haben sie einer Frau bereits einen Korb gegeben, wenigstens einmal im Leben, auch, wenn sie dabei Angst hatten, für schwul gehalten zu werden.

»Ich war auf einer Party und eine Freundin, die ich sehr mag und die sehr attraktiv ist, sagte, dass sie mit mir schlafen wollte. Wenn das vor fünf Jahren passiert wäre, hätte ich mich vielleicht gezwungen gefühlt, das Angebot zu akzeptieren, aus Angst, für schwul gehalten zu werden. Ich war glücklich, ihr erklären zu können, dass wir nichts damit gewinnen würden. Ich glaube, es würde unsere Freundschaft zerstören.«

»Ich erhielt wunderschöne Gedichte von einer Schülerin, einem sehr hübschen und intelligenten Mädchen. Sie wollte unbedingt mit mir ins Bett. Ich glaube, 90% der brasilianischen Männer hätten sich das nicht entgehen lassen, wo sie doch sogar selbst darum bat. Aber ich fand es nicht richtig; sie fantasierte, und ich war glücklich, dass ich so reagieren konnte.«

»Ich habe schon sehr komplizierte Situationen mit Frauen erlebt. Die letzte ist mir auf einer Geschäftsreise passiert, bei der ich plötzlich mit einer Kollegin das Zimmer teilen musste. Sie konnte nicht verstehen, warum ich in dieser Situation nicht mit ihr geschlafen habe, und hat sogar meine Männlichkeit angezweifelt.«

»Als ich ein Jugendlicher war, hatte es ein Mädchen aus derselben Straße monatelang auf mich abgesehen und wurde irgendwann sogar grob, auch, weil ich damals mit niemandem zusammen war. Sie fing an herumzuerzählen, dass ich kein Mann, dass ich schwul wäre. Es war wirklich schwer.«

»Einige Frauen sind sehr aggressiv und überstürzt beim Flirten. Ich glaube, sie wissen gar nicht, wie das geht. Ich habe das Flirten immer genossen, manchmal sogar mehr als den Moment, als es schließlich zur Sache ging. Ich genieße jeden einzelnen Schritt, den ersten Blick, das erste Lächeln, die erste Berührung, den ersten Kuss, dann den zweiten, den dritten. Ich finde es köstlich, die langsame Verzauberung durch eine Frau wirklich zu erleben. Die meisten möchten sofort ins Bett und ausprobieren, ob es klappt. Bei mir klappt dann gar nichts.«

49

Du wirst mich widersprüchlich finden und das bin ich wohl wirklich. Ich bin enttäuscht, wenn eine lange Ehe zu Ende geht. Ich finde, wenn ein Ehepaar viele Jahre zusammen ist, durchlebt es so viele verschiedene Momente, dass es sich eine gemeinsame Vergangenheit aufbaut; die Ehe ist dann ein wertvolles Gut, das erhalten werden sollte. Es müsste so was wie Denkmalschutz für die Ehe geben. Sie ist denkmalgeschützt, darf nicht zerstört werden, am betreffenden Ort darf keine neue Ehe errichtet werden. Das Ideal wäre, wenn die betreffende Geschichte erhalten werden könnte. Vielleicht wird sie das auch, durch die Kinder, die Enkel, die Fotos, die Erinnerungen. Eine Trennung ist ja o.k., wenn es eine altmodische Ehe ist ohne Respekt, in der irgendeine Form von Gewalt herrscht. Aber wenn die Ehepartner wirklich Freunde sind, wenn sie Respekt und Bewunderung füreinander haben, und die Ehe nur zu Ende geht, weil er eine jüngere Geliebte gefunden hat oder weil sie sein Schnarchen nicht mehr erträgt, dann enttäuscht mich das wirklich. Vor allem, wenn es zwischen den beiden Intimität gibt, Freundschaft, Kameradschaft, was heutzutage so selten ist. Wenn die beiden so viel über den anderen und sich selbst gelernt haben, ihre Tugenden und Laster kennen, den Geschmack der Haut, den Geruch, das Lieblingsessen, die nervösen Ticks, die Ängste, Träume, die Lieblingsfarbe, die Falten, die Schönheitsfehler. Wie kann man das alles über den Haufen werfen?

Ich habe kürzlich gelesen, dass ein Forscher der Universität Cambridge, ein gewisser Aubrey Grey, behauptet, dass der Mensch bis zu tausend Jahre alt werden kann, wenn die Schäden an Molekülen und Zellen, die im Organismus im Verlauf der Jahre auftreten, repariert werden. Wie das wohl wäre, immer wieder den Partner zu wechseln und unzählige Male alles von neuem zu beginnen! Aufreibend, aber wahrscheinlich. Doch jetzt, wo wir gerade mal 70 werden, wenn überhaupt, heiratest du mit 25, lebst 25 Jahre mit jemandem zusammen, der dein engster Freund wird, und dann trennst du dich? Wo liegt da die Logik? Schon gut, in Liebesangelegenheiten gibt es keine Logik, aber ich versuche, zu verstehen, was diese Leute bewegt, die erst so sehr darum kämpfen, eine Ehe aufzubauen, und sie dann aufgeben, manchmal, weil sie von etwas träumen, das sie nie verwirklichen können, oder aus irgendwelchen banalen Gründen.

Mit 20 Jahren stellte ich mir unter einer perfekten Beziehung vor, dass die Partner die ganze Nacht zusammen im Bett liegen, Händchen halten und sich alles erzählen. Mit 30 glaubte ich, das perfekte Paar hätte die ganze Nacht Sex, pausenlos und ohne müde zu werden. Heute ist mir das Wichtigste die Freundschaft, der Respekt, die Intimität, die man in einer Beziehung aufbaut – eine ruhige, lustvolle, sichere, freie Beziehung, die dir den Frieden gibt, dich in die Welt hinauszutrauen mit einem wohltuenden Gefühl von Trost und Wärme. Ich halte es für unreif, eine solche Beziehung gegen eine verliebte Schwärmerei zu tauschen, die, wie jeder weiß, so schnell zuende ist wie sie beginnt. Ehrlich gesagt kann man Sex überall finden und so wichtig ist er nicht. Zusammenzupassen und jenseits von Schwärmereien viele Jahre lang mit jemandem zusammenzuleben, mit einem wirklichen, alles andere als perfekten, allzu menschlichen Menschen und seinen Schwächen und Vorzügen, ist sehr viel schwieriger.

Deshalb wollte ich nicht, dass mein Freund, der schon über zwanzig Jahre verheiratet war, sich trennte. Seine Entscheidung hat mich sehr traurig gemacht. Nicht nur wegen seiner Frau, die sehr nett wirkte, und seiner beiden Kinder, sondern wegen seiner Unreife. Vor allem, als er nach mir eine Frau heiratete, die 25 Jahre jünger ist als er. Sein jüngster Sohn ist fast so alt wie sein Enkel. Ich weiß nicht, es mag ein Vorurteil sein, aber es kommt mir lächerlich vor. Neulich habe ich ihn getroffen, nachdem wir uns lange nicht mehr gesehen hatten. Wir haben uns lange unterhalten, wie alte Freunde. Er erzählte mir, dass er Viagra nehme, weil seine derzeitige Frau mit seiner sexuellen Leistung nicht zufrieden sei. Ich fand das sehr seltsam. Als wir zusammen waren, haben wir jeden Tag miteinander geschlafen, manchmal sogar mehrmals hintereinander. Vielleicht liegt es daran, dass er jetzt viel älter oder dass seine neue Frau so viel jünger ist. Er sagte, dass sie sich auch darüber beklage, dass er zu wenig verdient und ihre Konsumwünsche nicht alle erfüllen kann. Er kam mir gequält vor, so als ob er sich sehr anstrengte, um diese Ehe zu erhalten. Er hat wohl geglaubt, dass er sich verjüngen könnte mit einer so sehr viel jüngeren Frau und einem Baby. Nur hat er mich nicht davon überzeugt, dass er jetzt glücklicher ist.

50

Die von mir befragten Männer haben sich als monogam oder als polygam beschrieben. In ihren Erzählungen finden sich Vorstellungen von Natur, Instinkt, Neigung, Essenz, Wesensart, von irgendetwas Intrinsischem und Unvermeidlichen, das nicht rational kontrolliert werden kann. Für diejenigen, die sich als monogam bezeichneten, ist Untreue das Symptom einer Ehekrise. Der Seitensprung wird als Pathologie angesehen, als Krankheit, als ernstes, unlösbares Problem. Die Krise kann in der Ehe begründet sein oder im Einzelnen. Auf jeden Fall muss sie überwunden werden, oder die Partner müssen sich trennen. Für diejenigen, die sich für polygam halten, rührt die Untreue von einem inneren Bedürfnis her, einer männlichen Natur, und hat nichts mit einem Problem in der Ehe oder mit der Ehefrau zu tun.

Erstere verteidigen die Vorstellung einer sowohl affektiv als auch sexuell erfüllten Beziehung zu einer einzigen Frau, in der Liebe, Begehren, Freundschaft, Kameradschaft und Erotik miteinander vereint sind. Die Polygamen dagegen glauben, dass es natürlich ist, trotz einer guten Beziehung zur Ehefrau Interesse an anderen Frauen zu haben, welche Abenteuer, Abwechslung und sexuelles Begehren bedeuten. Für sie ist der Seitensprung eine anregende und sogar gesunde Erfahrung, weil er dazu beiträgt, die Ehe lebendig zu halten. Sie glauben nicht an Erfüllung mit einer einzigen Frau. Sie sagen, dass sie ihre Frauen lieben und begehren, aber nicht auf das notwendige Abenteuer unverbrauchter Emotionen verzichten können. Wenn sie das täten, würden sie ihrer Meinung nach ihre männliche Natur verraten, was viel schlimmer wäre als ihre Frauen zu hintergehen. Sie sagen, dass sie, wenn sie treu wären, nicht nur sich selbst schaden, sondern die Ehe selbst zerstören würden, indem sie ihren Frauen vorwerfen würden, ihre natürlichsten Instinkte zu beschneiden.

Die Befragten unterschieden zwischen gelegentlichen Seitensprüngen ohne Bedeutung und Dauer und längeren Affären mit größerem emotionalen Engagement. Die »One-Night-Stands« werden nicht als Untreue gesehen, weil sie auf Reisen passieren oder in Momenten, die schnell vergessen werden können und die Ehe nicht bedrohen. Sie können regelmäßig oder sporadisch vorkommen und sind rein sexueller Natur, ohne affektive Bindungen. Die Affären sind gefährlicher. Auch wenn sie als kurzer Seitensprung beginnen, können sie wichtig werden und sogar die Ehe derjenigen erschüttern, die sich als von Natur aus polygam betrachten. Sie sind intensiver und können zu Verliebtheit führen und damit einen Kontrollverlust hervorrufen, der die Ehe zerstören kann. Zum einen weil die Ehefrau misstrauisch werden und durch das veränderte Verhalten des Mannes im Bett oder außerhalb von der Existenz der *Anderen* erfahren kann. Zum anderen weil in ihm selbst der Wunsch entstehen kann, sich von der Ehefrau zu trennen, um sich der neuen Liebe völlig hinzugeben. Also ziehen die Polygamen sporadische Seitensprünge längeren Affären vor. Zumindest theoretisch. In der Praxis berichten sie von Erfahrungen beiden Typs. Das Selbstbild der Befragten als monogam oder als polygam bedeutet nicht, dass die Monogamen ihren Frauen immer treu gewesen wären. Von den sieben Männern, die sich als monogam definierten, haben nur zwei nie nebeneheliche Beziehungen gehabt.

> »Nur zu gern würde ich die Reaktion der Typen sehen, die sich als so offen bezeichnen, wenn ihre Frau, in die sie total verliebt sind, eine Affäre hat. Ich finde, dass der Wunsch nach Exklusivität natürlich ist, wenn man sich liebt. Du willst gar keinen anderen mehr haben, du kannst dich nicht teilen, nur zur Hälfte mit jemandem zusammen sein. Entweder ist die Hingabe total oder es ist keine Liebe. Ich will dir sagen, warum ich monogam bin: Ich bin ein leidenschaftlicher Mensch. Wenn man leidenschaftlich verliebt ist, hat man entweder eine einzige Partnerin, oder man macht Schluss und hat eine andere. Zwei gleichzeitig zu haben geht nicht. Ich kann mich nicht in zwei Frauen gleichzeitig verlieben. Also trete ich auch nicht wie diese Machos auf, die sagen, dass es für drei, vier, fünf gleichzeitig reicht. Ich kann das nicht. Und ich wäre niemals wie

einer dieser Zuckerbarone von früher, die zwei Haushalte unterhielten.«

»Ich habe keine Ahnung, wie ein Mann es schafft, zwei Frauen gleichzeitig zu haben. Meine Freunde, die eine Geliebte haben, leiden darunter; es geht ihnen schlecht, denn sie müssen sich die ganze Zeit verstecken und lügen. Es ist so, als würden sie heimlich naschen oder einem Genuss nachgehen, von dem sie niemandem erzählen können. Sie agieren wie Kriminelle. Der Typ muss ja verrückt dabei werden, seine Zeit ständig minutiös planen zu müssen, zu lügen, zu betrügen, von einer Seite zur anderen zu rennen. Für mich ist so ein Leben absolut nichts. Fremdgehen macht viel Arbeit, viel Stress. Ich will kein Durcheinander, habe keine Lust zu lügen, mich zu verstecken, Angst davor zu haben, entdeckt zu werden, mir zu widersprechen. Es ist eine einzige Paranoia. Und auch noch das Misstrauen und die Vorwürfe beider Frauen aushalten müssen! Ich sehe darin keinen Vorteil. Was macht Spaß daran? Ich bin lieber mit einer Einzigen zusammen, als ein solches Durcheinander zu haben. Mir reichen die Vorwürfe einer Frau. Das ist schon genug!«

Zwei weitere Männer hatten bisher eine Beziehung neben ihrer Ehe und die drei restlichen hatten mehr als eine. Die untreuen Monogamen versuchen, ihre Untreue mit Gründen zu rechtfertigen, die außerhalb ihrer Kontrolle liegen. Die von ihnen genannten Motive sind: Die Studentin ist sehr hartnäckig, persönliche Krise, Probleme in der Ehe, Bedürfnis nach Selbstbestätigung, Unreife, Liebesbedürftigkeit, Schwäche.

»Bei der einzigen Affäre, die ich während meiner Ehe hatte, hat eine meine Studentinnen die Initiative ergriffen. Ich war gar nicht so scharf auf sie, aber sie war sehr hartnäckig und ich habe mich verführen lassen. Ich steckte damals in einer tiefen persönlichen Krise, es war also eine Sache der Selbstbestätigung, der Liebesbedürftigkeit. Danach habe ich bereits mehrere Frauen abgewiesen.«

»Ich habe während meiner Ehe nur eine einzige Affäre gehabt, und die habe ich gar nicht unbedingt gewollt. Ich war in gewisser Weise unreif und schwach. Heute weiß ich gar nicht mehr, wie ich diese Situation der Zweiteilung, der Lüge aushalten konnte. Es entspricht nicht meiner Natur.«

»Ich bin von Natur aus treu, habe keine Neigung zu Seitensprüngen. Es ist nur passiert, weil meine Trennung bereits vor der Tür stand. Ich bin immer völlig monogam gewesen, bis ich es aufgegeben habe, in meine Ehe zu investieren und beschlossen habe, mich zu trennen. Da habe ich mich für andere Frauen geöffnet. Ich hatte ein paar Affären, bis ich die Frau gefunden habe, mit der ich jetzt zusammen bin.«

Keiner der monogamen Männer nannte als Motiv für seine Untreue das Verlangen nach einer anderen Frau oder das Bedürfnis nach einem Abenteuer. Die untreuen Monogamen sagten, dass sie sehr gelitten und den Seitensprung bereut hätten, der sich, wie sie glauben, in ihrer Ehe oder in einer anderen Beziehung nicht wiederholen würde. Für sie impliziert eine solche Situation Zweiteilung, Trennung, das Fehlen von Erfüllung, sowohl in Bezug auf sich selbst als auch in Bezug auf die Partnerin. Die Untreue ist keine erwünschte oder erhoffte Situation, sondern ein Unfall, der korrigiert werden muss, entweder durch eine Trennung oder durch eine Erneuerung der Ehe.

Interessant sind die Vorwürfe, die sich monogame und polygame Männer gegenseitig machen. Für die Monogamen ist der untreue Mann schwach, liebesbedürftig, unreif, kindisch, feige, bürgerlich. Sie finden, dass die Männer betrügen, weil sie sich einer Kultur unterwerfen, die das Bild des untreuen Mannes aufwertet. Auch für die Monogamen gibt es eine männliche Natur, die der Untreue eher zugeneigt ist, aber diese müsse rational kontrolliert werden zugunsten von etwas viel Wichtigerem, nämlich der Bindung. Für die Befragten, die sich als monogam bezeichnen, ist Treue eine Notwendigkeit, die sich aus der Liebe ergibt, und Untreue das Symptom von Eheproblemen. Die sexuelle Exklusivität wird als notwendig für die Partnerschaft angesehen und als natürlicher Wunsch dessen, der liebt und die Beziehung erhalten will.

»Wenn es zu einem Seitensprung kommt, ist das ein Symptom. Warum ist es passiert? Was sagt dies über die Ehe? Ist sie monoton geworden? Dann müssen die Partner ausführlich darüber reden, um zu den Entscheidungen zu finden, die nötig sind. Entweder sie trennen sich oder sie versuchen, das ursprüngliche Feuer wieder zu entfachen. Wenn ich das Verlangen danach spüren würde, mit einer anderen Frau zu schlafen, würde ich erst einmal versuchen, mit meiner Frau zu sprechen und herauszufinden, was zwischen uns los ist. Extrem schädlich wäre es, die Sache zu verbergen, zu betrügen, hinauszuschieben.«

»Für mich bedeutet Lüge Betrug und Betrug Lüge. Es sind fast Synonyme. Wenn ich mal eine Affäre mit jemandem habe, ist es vielleicht gar kein Betrug, wenn ich zu ihr gehe und sage: Ich habe eine Affäre gehabt. Für mich ist das kein Betrug. Was diese Situation, eine Affäre zu haben, so abstoßend macht, ist das Verborgene, das Geheimnis, dass da jemand getäuscht, über den Tisch gezogen wird. Das finde ich verwerflich, nicht die Tatsache an sich, dass man eine *Andere* hat oder auch nicht hat. Vielleicht ist es für mich ein viel größerer Betrug, aus dem einen Grund zu spät zu kommen und einen anderen Grund zu nennen.«

»Ich habe einen Freund, der ist oberverheiratet, so ein Spießbürger, und er hat seit fünf Jahren eine Geliebte. Er macht sich in die Hose vor Angst, dass seine Frau es herausfindet und ihn verlässt. Er sagt, dann würde er sich umbringen. Es hat was Kindisches an sich; er ist wie ein Kind, das nichts mehr fürchtet als die Mutter zu verlieren. Ihm fehlt die Struktur in seinem Leben. Er hat keinen eigenen Halt, und seine Frau ist alles für ihn: Mutter, Sicherheit, Selbstbestätigung, alles. Und die *Andere* hat er genau aus dieser Zweiteilung heraus, dass nämlich seine Frau für das Mütterliche steht und die *Andere* für Erotik und Sex. Er schafft es nicht, erwachsen zu werden. Deshalb glaube ich, dass die Psychoanalyse ins Schwarze trifft. Der Typ will sein ganzes Leben lang die Mutterbrust, totalen Schutz und sucht den Sex außerhalb des Hauses.«

»Es gibt Typen, die wollen entweder alle Frauen der Welt haben oder keine. Wenn sie es nicht schaffen, alle zu haben, halten sie sich für tollpatschig und Einfaltspinsel, weil sie hinter allen her sind und nicht alle kriegen, auch

> wenn sie Hunderte von Geliebten haben. Sie sind immer die Verlierer.«

Einer der befragten Monogamen äußerte den Wunsch, seine Frau möge seine *Andere* sein. Das zeigt, dass er sich danach sehnt, die Trennung zwischen der Frau zu Hause und der Frau auf der Straße aufzuheben, zwischen der Frau der Verpflichtungen und der Frau des Genusses, der Mutter und Ehefrau und der Hure, der Routine und des Abenteuers, der Liebe und der Sexualität. Er möchte in einer einzigen Frau Eigenschaften vereinen, die als gegensätzlich empfunden werden.

> »Ich möchte, dass meine Frau meine *Andere* ist. Ich möchte keine Geliebte und ich möchte auch keine brauchen. Ich möchte meine Frau auch noch begehren, wenn sie älter und ein bisschen dicker wird und Cellulite bekommt. Sie ist meine Gefährtin, für gute Gespräche, Kino- und Restaurantbesuche, Reisen. Ich mag unsere Streitigkeiten und unsere Versöhnungen, unsere Unterschiede. Ich mag ihren Körper, ihren Geruch, ihre Lust. Ich möchte keine *Andere* haben, ich will nicht lügen und meine beste Freundin betrügen.«

Für die polygamen Männer ist Untreue kein Zeichen für eine Beziehungskrise, sondern ein natürliches Bedürfnis des männlichen Wesens. Für sie ist der treue Mann feige, ängstlich, impotent, verklemmt, konservativ, rückständig und ein Moralapostel, der sich dem gesellschaftlichen Druck beugt, ein Heuchler, schwach oder einfach nur zu hässlich. Die beiden Männer, die sich als polygam bezeichneten, haben sehr viele Affären gehabt, der eine 12, der andere 31. Für sie besteht die Erfüllung darin, Ehe und Affären ohne Probleme miteinander zu vereinbaren. Sie glauben, dass alle Männer von Natur aus untreu wären, wenn sie nicht durch die Gesellschaft oder ihre eigenen Ängste gefesselt würden. Sie dagegen seien die Gewinner, weil sie es schafften, die kulturellen Zwänge und ihre eigenen Grenzen zu überwinden, um mutig ihrer Bestimmung als Mann zu folgen.

> »Ich finde, dass das ein großer Widerspruch unserer Kultur ist. Einerseits wollen alle Exklusivität, andererseits hast du diesen Wunsch nach Polygamie. Alle wollen der Einzige sein, aber nicht nur einen einzigen Partner haben. Ich glau-

be, das ist eine strukturelle Sache, jeder in unserer Gesellschaft spürt diesen Konflikt. Ich finde, es geht gar nicht, dass einen andere Menschen nicht anziehen. Das wäre regelrecht absurd. Jeder fühlt sich von anderen angezogen, das ist etwas ganz Natürliches, Menschliches. Es gibt aber Menschen, die das nicht konkretisieren. Entweder sind es Hyperkonformisten, Spießbürger, voll von zurückgebliebenen Moralvorstellungen, oder sie sind so verklemmt, dass sie andere Frauen nicht einmal ansehen. Es kann auch sein, dass jemand eine *Andere* will, aber es nicht hinkriegt, weil er dick, klein und kahl ist, weshalb ihn keine Frau anguckt.«

»Ich finde, dass es möglich ist, zwei Menschen gleichzeitig zu mögen. Es ist die alte Diskussion über Verliebtsein oder Liebe. Es gibt dauerhafte Gefühle der Zuneigung, die tiefer werden, und es gibt das natürliche Verlangen, neue Emotionen, neue Empfindungen, das Unbekannte auszuprobieren. In unserer Gesellschaft wird das nicht akzeptiert, also muss eine der Beziehungen heimlich sein. Dieser kulturelle Umstand erzwingt dann irgendwann einen Bruch. Ich finde, dass viele Männer aus reiner Angst keine Beziehungen zu anderen Frauen haben, Angst vor dem Unbekannten, davor, die Ehe zu gefährden, dem Druck nicht standzuhalten. Manchmal ist es einfach Feigheit und nicht die Liebe zur Ehefrau.«

Die eigene Klassifizierung als monogam oder polygam bezieht sich also nicht direkt auf das effektive Verhalten, sondern auf die Art, wie die Gründe und Konsequenzen dieses Verhaltens gesehen werden. Die Polygamen kritisieren die Heuchelei der Gesellschaft, die Regeln schaffe, deren Einhaltung unmöglich sei, zumindest für die Männer. Sie sagen, dass die Ehen viel unglücklicher und wahrscheinlich viel schneller zu Ende wären, wenn alle sich an die Regeln halten würden. In der Kosten-Nutzen-Analyse der Seitensprünge sind die Monogamen diejenigen, die finden, dass das Natürliche darin besteht, eine einzige Frau zu lieben und zu begehren und demzufolge nicht zu betrügen. So bedeutet für die Monogamen die Tatsache, zwei Frauen zu haben, sich aufzuspalten. Es ist ein Verlust, kein Gewinn. Für die Polygamen gibt es diese Vorstellung der Spaltung im Fall von Untreue nicht, sondern im Gegenteil die der Aufsummierung, vielleicht sogar der Multiplikation, von Erfahrungen, Erotik und Abenteuer. Untreu zu sein ist also ein Gewinn, solange nicht die Ehe bedroht wird. Mir scheint wichtig, bei diesem Vergleich zwischen Monogamen und Polygamen hervorzuheben, dass sich ihre Argumente und gegenseitigen Vorwürfe manchmal ziemlich ähnlich sind. Die Gegensätze zwischen Natur und Kultur, Individuum und Gesellschaft, Freiheit und Unterwerfung, Mut und Feigheit, Wahrheit und Lüge dienen sowohl den Monogamen als auch den Polygamen zur Rechtfertigung ihrer Haltung.

51

Ich will nicht ausweichen, aber ich würde gern etwas in meine Geschichte einschieben. Auf dem Weg hierher habe ich mich an mehrere Fälle männlicher Untreue erinnert, über die ich Artikel geschrieben habe. Es sieht fast so aus, als sei ich eine Spezialistin auf diesem Gebiet, denn immer bekomme ich diese Themen zugeschoben. Das erste war die Affäre Clinton, durch die der Präsident der Vereinigten Staaten fast zu Fall gebracht wurde. Damals diskutierte ich in einem Artikel, ob Oralsex Sex ist oder nicht und ob Clinton seine Frau betrogen hat oder nicht, weil es ja nur Oralsex war. Alle Männer, die ich dazu befragte, fanden, dass Oralsex kein Sex sei, alle Frauen fanden das Gegenteil. Ich war auch für den Fall von Prinz Charles zuständig. Hier konnten sich Frauen wie Männer nicht damit abfinden, dass der Prinz eine hübsche, elegante Prinzessin gegen eine viel ältere, hässliche und tollpatschige Frau eingetauscht hatte. Es gab auch den Fall von Hugh Grant, der im Auto mit einer schwarzen Prostituierten Sex hatte. Der Ehemann von Uma Thurman wurde direkt nach der Geburt seines zweiten Kindes mit einer Stripperin erwischt, Jude Law mit dem Kindermädchen seines Sohnes. Die Liste der gutaussehenden, reichen und berühmten Frauen, die von ihren Männern mit anderen, viel weniger gut ausstehenden, weniger reichen oder berühmten Frauen betrogen wurden, ist endlos.

Kürzlich habe ich zwei 68-jährige Frauen interviewt. Die eine beschwerte sich, dass es schwierig geworden sei, einen Partner zu finden, aber dass sich ab und zu eine Bettgeschichte ergäbe. Die andere ist seit zweieinhalb Jahren mit einem verheirateten Typen zusammen. Sie schlafen jeden Tag miteinander, manchmal mehr als einmal. Sie treffen sich zum Mittag- und zum Abendessen, führen gute Gespräche, verreisen gemeinsam, gehen spazieren oder ins Kino. Das Besondere daran: Der Typ ist 40 Jahre alt und mit einer 32-jährigen Frau verheiratet. Diese 68-jährige Frau hat nie eine Schönheitsoperation gemacht, ist übergewichtig, Rentnerin und Witwe. Sie räumt mit allen Stereotypen der *femme fatale* auf, die Familien ins Unglück stürzt.

Einer der witzigsten Fälle, über die ich berichtet habe, war der des Liedermachers Chico Buarque, der beim Baden im Meer vor Leblon eine verheiratete Frau küsste. Es ist unglaublich, welche Wellen dieser eine Kuss geschlagen hat. Ein verheirateter Typ, den ich interviewte, sagte: »Mit Chico darf man auch knutschen, wenn man verheiratet ist. Alles andere wäre Feigheit ... Welche Frau hätte die Kraft, Chico zu widerstehen? Meine mit Sicherheit nicht. Aber ich würde es verstehen. Ich glaube, sogar ich käme ins Schleudern, wenn Chico Buarque mich küssen wollte. Und ich bin nicht etwa schwul!«

52

Unter den monogamen Männern, die ich befragt habe, findet sich die Vorstellung, dass die Lüge viel schlimmer sei als der Seitensprung an sich. Bei einigen zeigt sich die Logik des Geständnisses, das Bedürfnis, der Ehefrau alles zu sagen und das Verborgene zu enthüllen, um sich vom Geheimnis zu befreien. Michel Foucault[55] betrachtet dieses Bedürfnis nach Geständnissen als die fast unendliche Aufgabe, sich selbst und dem anderen so oft wie möglich alles zu sagen, was mit dem Spiel der unzähligen Lüste, Empfindungen und Gedanken verbunden ist, die, durch Seele und Körper irgendetwas mit Sex zu tun haben. Nach Béjin[56] besteht das heutige Partnerschaftsideal darin, nichts voreinander zu verstecken, sich alles zu sagen, alle Treulosigkeiten zu enthüllen und sogar die Masturbationen zu beichten.

Ein verheirateter 40-jähriger Mann, der sagte, dass er schon über hundert Partnerinnen gehabt hätte, kreierte nachdem er die Aussagen der von mir befragten Monogamen gelesen hatte, das Konzept des »Ehrlichkeitsmords«, das er der Logik des Geständnisses gegenüberstellte.

> »Diese Geschichte, alles zu erzählen, halte ich für einen ›Ehrlichkeitsmord‹, womit ich eine Ehrlichkeit meine, die mörderisch ist. Das ist total daneben. Ich erzähle nichts davon, außer, wenn es nötig ist. Ich finde nicht, dass man alles erzählen sollte, absolut nicht, außer, es stört die Beziehung. Was ist Betrug? Wenn man den Partner verletzt, ihm schadet. Du verletzt oder schadest deiner Frau nicht notwendigerweise, wenn du eine Affäre hast, wenn du mit einer anderen schläfst. Also musst du es ihr auch nicht erzählen. Im Gegenteil, würdest du ihr schaden, wenn du es erzählst – das wäre ein ›Ehrlichkeitsmord‹. In den allermeisten Fällen haben Seitensprünge absolut keine Bedeu-

tung. Der Typ, der sie seiner Frau erzählt, will sie oder sich selbst verletzen. Ich finde, es hat was von Sadomaso. Er will sein Gegenüber leiden sehen und sich selbst auch. Denn wenn er Gras über die Sache wachsen lassen würde, würde der Seitensprung mit der Zeit an Bedeutung verlieren und vielleicht sogar völlig in Vergessenheit geraten. Aber wenn er davon erzählt, wird es ihn immer geben. Auch wenn die Frau ihm verzeiht, bleiben das Gefühl der Verletzung, die Vorwürfe, die Unsicherheit. Sie wird ihm nie wieder vertrauen.«

53

Wenn sie es ist, die fremdgeht[57]

Selten leuchtete das blaue Meer von Leblon von so vielen Titelblättern wie im letzten Monat. Und das nicht, weil es eine Ölpest oder Ertrunkene gegeben hätte. Der Strand war auch nicht Schauplatz einer neuen Novela von Manoel Carlos. Diesmal wurde das kristallklare Wasser wegen eines komplizierten (und beneidenswerten) Fangs zur Nachricht. Unter Umarmungen, Küsschen und Liebkosungen zappelten der Neptun Chico Buarque und die Seejungfrau Celina Sjostedt am Köder der Papparazzi und wurden zum allgemeinen Gesprächsthema. Nachdem sich die Aufregung gelegt hatte, blieb ein Unwohlsein zurück. Der diskrete und attraktivste Liedermacher Brasiliens mit einer verheirateten Fotografin, Mutter zweier Kinder, die ihre Familie einer empfindlichen Situation aussetzte – und die trotzdem von einem guten Teil der weiblichen brasilianischen Bevölkerung beneidet wurde. Ob verheiratet, ledig oder verlobt – es gab genügend, die gern an Celinas Stelle gewesen wären.

Was zunächst vielleicht nur als überspannte Verehrung von Chico Buarque gedeutet werden könnte, gibt Anlass zu einer viel interessanteren Frage: Hätten wir Frauen wirklich alle gern eine Affäre mit dem begehrtesten 60-Jährigen des Landes, oder haben wir nicht eher ganz tief im Herzen – an jenem verborgensten, intimsten Ort – ein Eckchen für den Seitensprung reserviert? Um diese Frage zu beantworten, hat *Uma* sich mit Experten unterhalten und sich über Statistiken zur weiblichen Untreue gebeugt. Die Ergebnisse sind schockierend. Fast die Hälfte der Frauen betrügt ihre Partner (oder hat sie schon einmal betrogen) – und die Mehrheit nicht mit dem unwiderstehlichen Chico. Scherz beiseite – die Anzahl der Frauen, die Fehltritte zugibt, liegt fast Kopf an Kopf mit der der Männer. In einer von der Anthropologin Mirian Goldenberg aus Rio durchgeführten Studie antworteten 47 % der Frauen auf die Frage: »Bist du schon einmal untreu gewesen?« mit Ja. Bei den Männern waren es 60 %.

Der Tanz der Hormone

Die Autorin des Buches *De perto ninguém é normal* (dt. etwa: »Aus der Nähe ist niemand normal«) sowie verschiedener Studien über Sexualität und Gender in der brasilianischen Gesellschaft befragte 1.279 Männer und Frauen der sogenannten städtischen Mittelschicht Rio de Janeiros. Und sie kommt zu dem Schluss, dass es zwischen der männlichen und der weiblichen Untreue große Unterschiede gibt, beginnend mit dem, was beide Geschlechter darunter verstehen. »Für die Männer bedeutet Untreue, mit einer anderen als der offiziellen Partnerin zu schlafen, während sie für die Frauen darin besteht, das Vertrauen des Partners zu verraten«, erzählt Mirian. Die Erklärung für dieses Phänomen findet sich wahrscheinlich in der menschlichen Biologie, wie die Psychiaterin Carmita Abdo erklärt, die das *Projeto Sexualidade* des Hospital das Clínicas in São Paulo koordiniert. »Während das weibliche Hormon Östrogen für das Bedürfnis nach Gemeinschaft, Zärtlichkeit und Vertrauen verantwortlich ist, fördert das männliche Hormon Testosteron die aggressivere, externe Seite. Deshalb trennen die Männer für gewöhnlich besser zwischen körperlichem Verlangen und Liebe«, sagt die Psychiaterin.

Das erklärt auch die Tatsache, dass Männer große Schwierigkeiten damit haben, die Untreue der Partnerin zu verstehen, während Frauen kulturell bedingt die Vorstellung akzeptieren, dass Untreue zur männlichen Natur gehört. Aber auch wenn sie gelernt haben zu verzeihen, sind sie auch dazu fähig, rein aus Rache fremdzugehen, wie die Untersuchung von Mirian Goldenberg zeigt. »Mindestens 10 % der Frauen verzeihen ihren untreuen Partnern, während es unter den Männern nur einer von 204 tut. Und während 11 % der betrogenen Frauen berichten, dass sie es dem Mann mit gleicher Münze heimgezahlt haben, reagieren nur 0,9 % der Männer auf diese Weise«, rechnet sie vor.

Eine andere Studie unter Leitung der Anwältin Deise Ge aus Rio de Janeiro enthüllt ebenfalls die Schwierigkeit der Männer zu verzeihen. Zwischen 1999 und 2003 befragte Deise 1.500 brasilianische und portugiesische Internet-Nutzer und fand heraus, dass »die Zahl der Männer, die einen Seitensprung ihrer Partnerin nicht akzeptieren würden, mehr als doppelt so hoch ist wie die Zahl derer, die ihr verzeihen würden«.

Statistiken beiseite – es muss daran erinnert werden, dass die Beziehungen selten sind, die nicht nach einigen Jahren in den demotivierenden »Pyjama-Way-of-Life« verfallen. Das heißt: Wenn auch einerseits Verbundenheit und zärtliche Zuneigung mit der Zeit wachsen, so ist es andererseits normal, dass ursprünglich verführerische Situationen, wie ein Abendessen oder Sex bei Kerzenlicht, Bequemlichkeiten Platz machen wie den dick belegten und wenig sinnlichen Pizzen vor dem Fernsehschirm. »Das ist für die Erotik tödlich«, schimpft die Psychologin Márcia Bittar.

59

Ich habe bereits alle Arten von Beziehungen ausprobiert. Ich habe schon die verschiedensten Rollen gespielt, sogar für ein und denselben Typen: Ich war seine *Andere*, seine feste Freundin, seine Partnerin, seine Affäre, sein Abenteuer. Ich habe nie offiziell geheiratet, aber mit mehreren Männern zusammen gelebt. Ich bin schon mit Journalisten, Hochschullehrern, Schauspielern, Politikern, Kommunisten, Intellektuellen, Musikern, Dichtern, Ingenieuren, Physikern, Philosophen, Ärzten und Psychiatern ausgegangen. Ich war mit jemandem zusammen, der mir Geld gestohlen hat. Andere haben Kokain genommen und Marihuana geraucht oder waren Alkoholiker. Einige waren sehr reich, andere so abgebrannt, dass immer ich alles bezahlen musste. Viele waren sehr viel älter, ein paar auch jünger. Ich hatte Typen, die schlapp machten, andere, die es unaufhörlich mit mir trieben. Einige zogen eine gute Massage dem Sex vor, andere wollten nur meine Gesellschaft. Einige hatten viel Erfahrung, andere waren völlig unerfahren, einige bisexuell, andere bieder, oder treu, untreu, schweigsam, redselig, berühmt, anonym, mit Auto, ohne Auto, mit eigener Wohnung, ohne eigene Wohnung, mit Kindern, ohne Kinder, ein paar sogar mit Enkeln.

Es waren viele Männer, unzählige, bei einigen erinnere ich mich nicht einmal mehr an den Namen, bei anderen nicht an ihr Gesicht, bei vielen nicht mehr an die gemeinsam erlebten Stunden. Wenn ich höre, wie meine Freundinnen darüber klagen, dass es keine verfügbaren Männer gibt, finde ich das befremdlich. Ich habe mir darüber nie den Kopf zerbrochen und tue es auch heute nicht. Eine Sache ist die Statistik, eine andere, davon ganz verschiedene, sind jeder Mann und jede Frau in ihrem persönlichen, konkreten Leben. Mein Leben passt in keine Statistik über die brasilianische Frau. Ich habe immer mein eigenes Geld gehabt, bin nie von einem Mann abhängig gewesen, wollte keine eigenen Kinder, habe nicht offiziell geheiratet, habe von früh auf gearbeitet, verdiene gut, habe meine eigene Wohnung, habe nie eine Schönheitsoperation gemacht, färbe meine Haare nicht blond. Ich halte mich auch nicht für etwas so Besonderes, dass ich von einem Mann zuviel fordern würde. Vielleicht aufgrund meiner Erfahrungen und des Bewusststeins meiner eigenen Grenzen weiß ich, dass ich auch sehr gut ohne Mann überleben kann. Nur, dass mir das in der Praxis nie passiert ist. Ich habe immer wenigstens einen Typen, den ich als meinen bezeichnen kann. Was nicht bedeutet, dass ich mich nicht völlig allein auf dieser Welt fühle. So allein, dass mich häufig Verzweiflung überkommt in Augenblicken, in denen ich über so einfache Dinge entscheiden muss wie über die beste Geldanlage oder darüber, ob ich zum Friseur gehen soll oder nicht.

Die Schattenseite dieses selbst gewählten Lebens ist das Fehlen jeder Illusion darüber, dass sich jemand um mich kümmern, die Verantwortung mit mir teilen und mir helfen wird, Entscheidungen zu treffen. Ich träume nicht davon, dass jemand mich vor der Gewalt, der üblen Nachrede, der Aggressivität der Menschen, mit denen ich im Alltag zusammen bin, schützen wird. Ich fühle mich völlig allein und schutzlos, als dasselbe schwache, verlassene Mädchen, das einmal seine Mutter verloren hat. Ich habe große Angst davor, körperlich von denen zerstört zu werden, die mich nicht mögen, mich nicht akzeptieren oder die mich beneiden. Ich musste von früh auf lernen, allein zu überleben, aber das hat mich innerlich nicht zu einem stärkeren Menschen gemacht. Nach so vielen Jahren der Psychoanalyse weiß ich, dass diese Menge an Männern in meinem Leben bedeutet, dass ich keinen einzigen habe und nie eine erfüllte Beziehung hatte. Ich weiß, dass es eine Art ist, vor wahrer Hingabe zu flüchten. Denn ich bin mir bewusst, dass mich eine solche Hingabe das Leben kosten kann.

55

Einig scheinen sich die Monogamen und die Polygamen dann zu sein, wenn es um weibliche Untreue geht. Sie sagen, dass die Untreue ihrer Ehefrauen sehr viel schwieriger zu akzeptieren sei, denn sie glauben, dass die Frauen nur betrügen, wenn sie verliebt sind. Der weibliche Seitensprung geschehe nicht ausschließlich aus sexuellem Verlangen, wie dies für den größten Teil männlicher Seitensprünge der Fall sei, sondern es erfolge auch ein emotionales Engagement. Nach Meinung der Männer vergesse eine Frau den Mann nicht mehr, mit dem sie intim geworden ist, da sie dies nicht einfach als folgenlosen ›One-Night-Stand‹ empfinde. Die befragten Männer verweisen, wenn auch mit unterschiedlicher Vehemenz, auch auf das Stigma des betrogenen Mannes, als Gehörnter dazustehen. Sie meinen, dass die betrogene Ehefrau nicht in dieser Weise stigmatisiert werde. Die brasilianische Gesellschaft hält männliche Untreue für natürlich, da diese nicht als Konsequenz eines Eheproblems gesehen wird, sondern als Ausübung der männlichen Natur. Dagegen wird der betrogene Mann als derjenige gesehen, der seine Frau nicht zu befriedigen oder zu kontrollieren vermocht hat, was bedeutet, dass er entweder lasch ist oder impotent.

André Béjin hat gezeigt, dass sich das Konzept der Untreue in den heutigen Beziehungen verändert hat. Zuvor herrschte eine Doppelmoral: Der Forderung nach strikter Treue der Frau stand die relative Treue des Mannes gegenüber. Diese Doppelmoral hatte mit der Tatsache zu tun, dass die Mutterschaft immer sicher bestimmt werden konnte, während die Vaterschaft auf Glauben beruhte. Für den Autor gibt es heutzutage keine universell akzeptierte oder befolgte Norm mehr, was eheliche Treue angeht. Es gibt aber auch keine normative Leere. Die Partner wollen sich treu sein, sowohl um ihre Bindung zu achten als auch, weil sie davon überzeugt sind, dass das in ihrem eigenen Interesse liegt.

Die relativ symmetrische, egalitäre Situation einer Verbindung führt tendenziell zur Erhöhung des Risikos von Repressalien seitens des betrogenen Partners und somit der Zerstörung der Beziehung. Unter den von mir Befragten sagten sechs, dass ihre Ehefrauen eine oder mehrere Affären gehabt hätten. In nur zwei Fällen hatten die Ehefrauen selbst gebeichtet. Die anderen Seitensprünge kamen auf andere Weise heraus. Von den restlichen drei Befragten sagte nur einer, dass er sich sicher sei, dass seine Frau ihm immer treu gewesen ist, obwohl er die Möglichkeit nicht ausschließen wollte, dass sie ihn zukünftig betrügen könnte. Einige der Betrogenen haben sich eine Zeitlang von ihrer Frau zurückgezogen, aber es kam in keinem Fall zu einer definitiven Trennung.

»Sie hat in ihrem Leben andere Geschichten gehabt. Bei einem dachte ich am Anfang, es wäre nur Freundschaft. Ich vertraute sehr auf unsere Beziehung und war nie eifersüchtig. Bis sie eines Tages mit diesem Freund zum Mittagessen verabredet war und erst um ein Uhr morgens zurückkam. Da kam es zur Krise; es war hart. Das hat mich schwer erschüttert und sehr belastet. Wir haben heftig diskutiert und gestritten. Ich bin fast durchgedreht. Ein paar Tage lang habe ich nicht mehr mit ihr gesprochen. Ich hatte das nicht erwartet, war völlig fertig, fühlte mich betrogen. Dann haben wir uns lange unterhalten. Ich glaube, dass sie danach nichts mehr gehabt hat. Ich weiß es nicht, vielleicht ja doch.«

»Unsere erste Ehekrise hatten wir, als ich herausfand, dass meine Frau eine Affäre hatte. Ich bin für vier Monate ausgezogen, war mit einem jungen Mädchen zusammen, aber bin schließlich zurückgekehrt, weil ich sie sehr mochte.«

»In meiner zweiten Ehe fand ich heraus, dass meine Frau eine Affäre hatte. Es hat mich sehr mitgenommen, aber ich habe es schließlich überwunden. Ich konnte nicht immer wie ein hysterischer Ehemann reagieren, schon deshalb nicht, weil ich auch Affären hatte. Es war schwierig, aber nicht der Grund, aus dem die Ehe schließlich gescheitert ist.«

»Meine Frau hat ihre Affären, da bin ich mir sicher, aber sie legt die Karten nur offen, wenn sie mich spüren lassen will, dass ich sie verlieren könnte. Es gibt einen Typen, der schon lange auf sie abfährt, und immer, wenn sie mir drohen will, schläft sie mit ihm. Es ist eine Art der Kontrolle. Ich würde lieber nichts davon wissen, aber sie benutzt es als Waffe gegen mich. Ich wäre lieber der einzige Mann in ihrem Leben, logisch. Aber es ist natürlich, menschlich, sich von anderen Menschen angezogen zu fühlen. Ich finde es natürlich, dass es auf beiden Seiten zu Affären kommt. Entweder habe beide ihre Affären oder keiner. Ich habe nur keine Lust, davon zu hören.«

»Meine Frau hat mir erzählt, dass sie eine Affäre hatte. Ich hätte es tausendmal vorgezogen, nichts davon zu erfahren; ich weiß nicht, warum sie es mir erzählt hat. Eigentlich glaube ich, dass sie es getan hat, damit ich mich schuldig fühle. Vor ein paar Monaten schlief ich nicht mehr mit ihr, blieb nicht bei ihr, beachtete sie nicht sehr. Ich habe einen Haufen Probleme im Job, ich habe Gesundheitsprobleme, ich stecke mitten in einer tiefen persönlichen Krise. Sie sagt, dass sie deshalb eine Affäre hatte, weil sie sich von mir nicht mehr begehrt fühlte. Was nicht stimmt, denn ich begehre und liebe meine Frau. Ich schaffe es nur nicht, Sex zu haben; es ist weder ihre noch meine Schuld. Manchmal glaube ich, dass die Struktur der Ehe selbst diese Schwierigkeiten verursacht. Man fühlt sich sicher, glaubt, dass die Frau die Probleme ertragen und die Krisen überwinden kann. Nur hat sie sich in den Kampf gestürzt und nicht darauf gewartet, dass meine Krise vorbei geht. Sie glaubt, dass ich eine *Andere* habe. Ich habe keine *Andere*, aber sie glaubt mir nicht. Sie meint, es sei unmöglich, dass ein Mann einen oder zwei Monate lang keinen Sex hat. Und am Ende sagen die Leute, dass wir die Machos sind!«

»Auch wenn ich rational weiß, dass sie mit anderen Männern ins Bett gehen könnte, will ich darüber lieber gar nichts wissen. Ich ziehe es vor, zu glauben, dass sie immer treu war und sein wird. Ich will darüber lieber nichts wissen, ich suche nicht nach Beweisen für einen Seitensprung. Im Gegenteil ziehe ich es vor, nicht zu suchen, denn wenn ich anfange zu suchen, werde ich mit Sicherheit was finden. Und dann werde ich eine Entscheidung treffen müssen. Es ist unwichtig, ob es stimmt oder nicht, wichtig ist, dass ich glaube, dass sie treu ist. Natürlich hat sie alle Freiheit der Welt, es nicht zu sein. Ich will nur nicht, dass der Verdacht unsere Beziehung stört. In diesem Fall glaube ich fest an das Sprichwort, das es viel wichtiger ist, rechtschaffen zu wirken als es zu sein. Also beruhigt mich schon die Tatsache, dass sie treu wirkt. Was nicht bedeutet, dass sie es wirklich ist.«

In einigen der männlichen Aussagen finde ich eine Vorstellung, die ich als »paradoxe Treue« bezeichnet habe. Worin liegt das Paradox der (Un)treue, das bei den von mir Befragten erscheint? Zunächst einmal in der Wertschätzung der Treue, auch wenn der Einzelne tatsächlich untreu ist. Man könnte meinen, dass die Treue gerade deshalb einen solchen Wert hat, weil der größere Teil der Befragten untreu ist. Die Treue kann aber auch als Illusion verstanden werden. Auch wenn man weiß, dass der Partner wahrscheinlich untreu ist oder gewesen ist, will man lieber glauben, dass er treu ist. Die Befragten scheinen die Illusion der Treue viel wichtiger zu finden als die Treue selbst.

56

Sagt es mir nicht[58]

Es gab eine Zeit, da war eheliche Untreue ein Verbrechen, und wer fremdging, verlor sogar das Sorgerecht für die Kinder. In jenen fernen Zeiten hieß Untreue Ehebruch. Die Dinge haben sich geändert, aber ich finde, dass Untreue weiterhin ein Verbrechen ist – und zwar ein besonders scheußliches. Ich bin bestimmt mehrmals betrogen worden – wer ist das schließlich nicht?, habe aber das Glück gehabt, es niemals sicher zu wissen. Ich habe aber schon unter dem Verdacht so gelitten, dass ich das nicht einmal meiner schlimmsten Feindin wünsche. Oh, was für eine Lüge; na klar wünsche ich ihr das! Erst recht, wenn sie diese Busenfreundin ist, die, wie ich damals argwöhnte, eine Affäre mit meinem Mann hatte. Die Untreue des Mannes verwinden wir; wir wussten ja schon immer, dass der männliche Teil der Welt einem knackigen, braungebrannten Hintern nicht widerstehen kann. Die Männer sind kindisch und werden sich nicht ändern. Aber wir können ihnen verzeihen, weil es doch so wunderschön ist, wenn sie uns mit Küssen bedecken und sagen, dass wir uns das alles einbilden, dass wir spinnen. Auch wenn sie lügen wie gedruckt ist es so köstlich, diese Liebeserklärungen zu hören, dass wir ihnen glauben. Aber es gibt eine Art der Untreue, die schwer zu schlucken ist: der öffentliche Seitensprung, von dem alle erfahren. Dann ist es schwer zu verzeihen und erst recht zu vergessen. Dazu fällt mir die Affäre Clinton ein. Die erste Zeit muss schrecklich gewesen sein, aber da nichts abzustreiten war, beschlossen sie, zusammenzubleiben. O.K. Die Politik spielte eine Rolle, Hillary wollte als Senatorin gewählt werden und hat es geschafft. Ich stelle mir vor, dass sich die beiden in den ersten Tagen angeschwiegen haben: Worüber hätten sie auch reden sollen? Aber die Wogen glätteten sich langsam und eines Nachts wird er versucht haben, mit ihr zu schlafen. Die Männer glauben immer, dass einmal guter Sex alle (von ihnen!) begangenen Fehler wegwischt. Und das ist es, was mich neugierig macht: Ob sie, als sie ihm tief in die Augen sah, nicht automatisch an Monica Lewinsky dachte? Und ob sie da weitermachen konnte? Es gab Zeiten, da stritten die Männer alles ab. »Bei meiner Seele«, sagten sie, oder »bei der Seele meiner Mutter« – die arme Mutter! Dann wurde es modern, dass die Frauen einem Seitensprung Verständnis entgegen brachten, wenn die Männer ihn beichteten; das war die Zeit, in der Ehrlichkeit über alles ging. Ich allerdings erwarte, dass der Mann, der mich betrügt, zumindest so feinfühlig ist, alles abzustreiten. Ich bin nicht daran interessiert, dass er offen und ehrlich ist; ich möchte glauben, dass er mich nie betrogen hat, und dafür kann (und soll) er mir ins Gesicht lügen, sagen, dass ich spinne und dass ihn der Blitz treffen soll, wenn er lügt. Da kein Blitz einschlagen wird, kann er das ohne Hemmungen sagen; ich werde alles glauben und glücklich sein. Ich habe einmal in der Zeitung gelesen, dass ein sehr altes französisches Pärchen auf einer Bank im Jardin de Luxembourg in Paris saß und sich unterhielt, und sie ihn plötzlich fragte, ob er vor fünfzig Jahren eine Affäre mit einer bestimmten Frau gehabt hatte oder nicht. Es wäre ja schließlich inzwischen so viel Zeit vergangen, dass er es ruhig zugeben konnte. Der Mann beichtete und die alte Dame biss ihm so heftig ins Ohr, dass er im Krankenhaus landete. Fremdgehen mag ja noch durchgehen, aber es zugeben niemals.

57

Ich bin keine Anthropologin wie Du, aber ich finde, dass der Beruf mir liegen würde. Selbst wenn ich nicht arbeite, beobachte ich das Verhalten der Leute, insbesondere der Paare. Ich schaue ihnen gern dabei zu, wie sie schweigen und sich noch nicht einmal ansehen, wenn sie älter sind. Oder wie sie sich küssen und verliebt in die Augen schauen, wenn sie eine Beziehung beginnen. An der Freude der Frau, mit ihrem Liebsten an einem öffentlichen Ort zu sein, erkenne ich, dass er verheiratet ist. Manchmal, im Kino, fällt mir die Liebesbedürftigkeit irgend eines jungen Mädchens auf, das versucht, sich an den Freund zu schmiegen und von ihm abgewiesen wird. Oder die eines Pärchens, das unaufhörlich knutscht, sogar noch bei den aufregendsten Szenen.

Nach so vielen Jahren der teilnehmenden Beobachtung, wie ihr Anthropologen es nennt, glaube ich nicht mehr an die Liebe. Ich finde einfach, dass es nichts gibt, was als Liebe definiert werden könnte. Ich weiß, was Freundschaft, was Achtung, was Bewunderung ist. Ich weiß auch, was Verlangen, was Leidenschaft, was Lust ist. Ich weiß, was Trost, was Ruhe, was Verständnis ist. Ich weiß, was Hass, was Ablehnung, was Rivalität, was Neid ist, aber ich weiß nicht, was Liebe ist. In Wirklichkeit habe ich nur einmal im Leben geliebt. Aber vielleicht war das gar keine Liebe, vielleicht war es nur Dankbarkeit dafür, so große körperliche Lust und Befriedigung mit einem Mann entdeckt zu haben. Aber wenn es Liebe gibt, dann habe ich diesen einen Mann geliebt. Was nicht heißen soll, dass ich mich nicht verliebe, mich nicht emotional einlasse, niemanden begehre.

Ich glaube auch nicht, dass man irrational, unlogisch und verbohrt sein muss, wenn man verliebt ist. Ich finde, auch dann kann man rational sein. Man kann versuchen, logisch, objektiv und sogar pragmatisch zu sein, Kosten und Nutzen der Beziehung abzuwägen und eine Wahl zu treffen. Aber in der Praxis funktioniert meine Theorie nicht immer. Ich habe schon viel aus Liebe gelitten, weiß aber nicht, ob es Liebe war; zumindest habe ich an der Ablehnung dessen gelitten, auf den ich mich eingelassen hatte, angefangen beim Ersten, dem mit dem Schnurrbart. Es ist offensichtlich, dass der verheerende Beginn meines Liebeslebens die Weichen gestellt hat für meine Suche nach einer rationalen, geeigneten, kontrollierbaren Beziehung. Nur finde ich die nicht immer.

Du hast dir jetzt schon stundenlang meine Lebensgeschichte angehört. Ich habe Dich eigentlich nicht nur deshalb aufgesucht, um über meine Familie zu sprechen. Ich hatte nicht vor, dich als Psychoanalytikerin oder als Pastorin zu missbrauchen, oder womöglich als beste Freundin. Ich habe keinen Rat gesucht, keine Meinung darüber, was richtig oder falsch ist, keine Diagnose meines Problems oder meiner Anomalie. Aber ich habe, nachdem ich deine Bücher gelesen hatte, insbesondere *Toda mulher é meio Leila Diniz* (dt. etwa: »In jeder Frau steckt eine Leila Diniz«), angefangen, darüber nachzudenken, was es bedeutet, als Frau wirklich frei und eins in sich zu sein, ohne Widersprüche zwischen Sagen und Tun. Wie ist ein Leben jenseits der traditionellen Weiblichkeitsmodelle möglich mit dem Mut, dem eigenen Willen zu folgen und den Preis dafür zu zahlen? Wie sehr ich auch versuche, ein bisschen zu sein wie Leila Diniz, wie groß auch immer meine finanzielle Unabhängigkeit ist, ohne Kinder und ohne traditionelle Ehe, so erlebe ich doch seit einigen Monaten einen Konflikt, wie ich ihn mir nie habe vorstellen können. Und das ist der eigentliche Grund, weshalb ich dich sprechen wollte, um über diese Tortur zu erzählen, die nichts mit Leila Diniz zu tun hat.

58

In seiner Analyse zeitgenössischer Paarbeziehungen zeigt André Béjin auf, wie Anspannung und Anspruchsdenken häufig die Beziehung selbst oder ihre Dauer verhindern. Es sei ziemlich viel verlangt, für den Menschen, mit dem man sein Leben teilt, gleichzeitig Liebhaber, Ehemann, Freund, Vater oder Mutter, Bruder oder Schwester, Vertrauter und Beichtvater zu sein. So wird verständlich, dass einige unserer Mitmenschen eine Beziehung nach diesem Ideal, die auch noch stabil bleibt, als wahre Leistung ansehen. Dieses Ideal der totalen Erfüllung an der Seite des Partners tauchte in den Aussagen derjenigen auf, die sich als monogam bezeichneten, aber nicht bei den Polygamen. Für Erstere ist die Ehefrau alles oder soll alles sein: Freundin, Geliebte, Gefährtin, Mutter, Tochter. Sie soll das Äquivalent aller Frauen auf dieser Welt sein, ohne Mängel oder Leerstellen, die auch andere ausfüllen könnten. Sie ist einzigartig, etwas Besonderes, vollkommen. Nur Krisen in der Ehe oder auf persönlicher Ebene würden die Anwesenheit einer anderen Frau rechtfertigen, die entweder zum Scheitern der Ehe oder zu ihrer Erneuerung führen würde. Die *Andere* erscheint in diesem Fall aber niemals als Stütze oder notwendiges Accessoire für das Fortbestehen der Beziehung. Gewünscht ist die ausschließliche Beziehung zwischen einem Mann und einer Frau, die sich gegenseitig ergänzen.

Für die Männer, die sich als polygam bezeichneten, ist die *Andere* aber weder Komplement noch Konkurrenz zur Ehefrau, sondern eine andere Abteilung. Die Ehefrau muss nicht alle gewünschten Rollen in sich vereinen, und einige individuelle Bedürfnisse können nur durch andere Liebschaften befriedigt werden. Das Bedürfnis nach Abenteuer, neu entfachter Glut und unbekannten Empfindungen kann nicht ausschließlich in einer einzigen, stabilen und dauerhaften Beziehung ausgelebt werden. Das Problem sei nicht die Unvollständigkeit der Ehefrau oder die Unzufriedenheit mit ihr, sondern liege in der Struktur der Ehe selbst, die die individuellen Wünsche knebele. Dagegen wollen die monogamen Partner alles miteinander teilen, Arbeit, Zuhause, Freizeit, Genuss, Probleme, Kinder, Bücher, Filme, Freunde, Familie. Die Partner sollen sich in eine Einheit verwandeln, in ein einziges Wesen, und die Individuen sich zugunsten des Paares auflösen.

> »Wir unterhalten uns über alles, es gibt zwischen uns keine Verbote. Von Anfang an haben mich ihre Ehrlichkeit und Offenheit angezogen. Da wir beide damals noch keine sexuelle Erfahrung hatten, haben wir sogar über unsere Hemmungen, Unsicherheiten und Ängste gesprochen. Sie ist auf allen Ebenen meine Gefährtin; wir gehen gern miteinander aus, verreisen zusammen, machen es uns gemeinsam zu Hause gemütlich, sprechen über unsere Arbeit. Wir brauchen keinen anderen in unserer Beziehung.«

Für die Polygamen ist das Begehren außerhalb der Ehe natürlich und notwendig. Sie betonen die Forderung nach eigenem Raum, individueller Freiheit und danach, nicht überfallen oder erstickt zu werden. So bewohnen sie und ihre Ehefrauen in der gemeinsamen Wohnung auch getrennte Räumlichkeiten. Einer der Befragten erzählte mir, dass er sein eigenes Schlafzimmer, sein Arbeitszimmer, seinen Fernseher, seinen Computer, sein Telefon und vor allem sein eigenes Bad hätte. Keiner der Partner würde in die Räumlichkeiten des anderen eindringen, so dass sie ihre Individualität erhalten würden, obwohl sie unter einem Dach wohnten. Das Idealmodell einer Beziehung besteht für diesen Befragten darin, verheiratet zu sein und trotzdem seine Freiheit – innerhalb und außerhalb des Hauses – so zu erhalten, als sei er ledig. Er sagte, er könne nicht verheiratet sein, wenn nicht auf diese Weise, bei der er für Abenteuer verfügbar bleibe, ohne von seiner Frau kontrolliert oder überwacht zu werden. Ihn ekele es an, wie seine Arbeitskollegen am Tag Dutzende von Anrufen von ihren Ehefrauen bekämen. Das sei eine unerträgliche Form der Kontrolle, die nur von sehr unsicheren und besitzergreifenden Menschen akzeptiert werde. Freie Menschen dagegen gingen Risiken ein und würden sich bewusst dafür entscheiden, in einem gegebenen Moment zusammenzusein oder auch nicht, ohne dass eine permanente Überwachung nötig wäre, um die Verbindung abzusichern. Welche Art von Beziehung ist das, in der jeder der Kerkermeister des anderen ist?, fragt er.

> »Ich habe keine Lust darauf, mir von ihren Affären berichten zu lassen oder ihr von meinen zu erzählen. Ich weiß, dass sie welche hat, aber das ist die Sache jedes einzelnen. Ich habe jeden zweiten Abend frei. An den Abenden, an denen ich ausgehe, kümmert sie sich um das Kind. Wenn sie ausgeht, kümmere ich mich darum. Das sind ungefähr drei freie Abende für sie und drei für mich. An einem Abend pro Woche bleiben wir beide zu Hause.«

Das monogame Beziehungsmodell wäre, als Gleichung ausgedrückt, sozusagen »eins plus eins gleich eins« (das Paar), während beim polygamen Modell »eins plus eins« immer »eins plus eins« bleiben, da sich hier nicht die Individualität zugunsten des Paares auflöst. Während die polygamen Männer der traditionelleren männlichen Auffassung näher stehen, die Sexualität von Zuneigung trennt, stehen die Monogamen mit ihrer Verbindung von Sexualität und Liebe den Repräsentationen des Weiblichen näher.

Für André Béjin geben die heutigen Paare, wenn sie zusammenziehen, nicht die volle Verfügung über ihre Autonomie und deren vollständigen Genuss auf. Dies ähnelt dem Diskurs der von mir befragten Polygamen. Béjin benutzt den Slogan »mein Körper gehört mir«, um zu zeigen, dass die modernen Paare der Meinung sind, ein Recht auf sexuelle Erfüllung zu haben. Es geht aber nicht mehr darum, vom Partner das zu verlangen, was einem zusteht, sondern ohne Schranken zu genießen, und zwar mit oder ohne die Hilfe des Partners. Die Bindung an den anderen erfolgt auf der Grundlage der Lust und nicht einer gesellschaftlichen Verpflichtung. Und das ist in den Aussagen der von mir Befragten offensichtlich.

> »Es gibt nicht den mindesten Grund, mit jemandem zusammenzubleiben, der einem keine Lust bereitet. Wenn ich eine Verpflichtung habe, dann gegenüber der Lust, und zwar nicht nur der sexuellen Lust, sondern auch der intellektuellen. Es geht um das Spielerische, darum, die Dinge zu tun, weil ich dazu Lust habe und nicht, weil ich dazu gezwungen werde.«

»Das Wichtigste für mich ist die Lust, Lust an den Dingen, die ich tue, Lust auf die Frauen, auf allen Ebenen. Ich kann nicht aufhören, meine Leidenschaften zu leben, auch wenn ich meine Frau liebe. Ich will meine Frau nicht verlieren und auch nicht meine Familie, die ich mit so viel Liebe aufgebaut habe, aber ich kann nicht etwas in mir unterdrücken, was in meinem Leben so grundlegend ist, nämlich die Lust.«

59

Frauen fordern in der Liebe zuviel, sagt Anthropologin[59]

Die Anthropologin Mirian Goldenberg aus São Paulo, Professorin an der Universidade Federal do Rio de Janeiro, durchbricht mit der Untersuchung von Themen, die die Titelseiten der Frauenzeitschriften füllen, wie Körperkult und die Suche nach dem idealen Partner, seit langem die Mauern der akademischen Welt. Ihr neues Buch *De perto ninguém é normal* behandelt diese Themenkreise hauptsächlich ausgehend von Fragebögen, die 1.279 Bürger Rio de Janeiros im Alter von 17 bis 50 Jahren und einem Einkommen von über 2.000 R$ ausgefüllt haben.[60]

Nach Aussage der Forscherin bildet diese Bevölkerungsgruppe Modelle ab, die in der gesamten brasilianischen Gesellschaft gelten. Goldenberg hat große Unterschiede gefunden zwischen dem, was Frauen und was Männer über Schönheit und Beziehungen denken. Aus der Tatsache, dass es viel mehr Frauen als Männer auf der Welt gibt, folgt für sie, dass die Frauen nicht so sehr nach dem Märchenprinzen suchen sollten, wenn sie einen Partner finden wollen. »Es ist widersprüchlich, um nicht zu sagen, wenig intelligent, wenn die Frauen auf einem für sie so ungünstigen Beziehungsmarkt so viel fordern«, sagt Mirian Goldenberg in folgendem Interview.

Folha: Sie schreiben über Genderkrisen, über die Krise von Weiblichkeits- und Männlichkeitsmodellen. Das hat es aber schon immer gegeben. Was sind die Besonderheiten der heutigen Krisen?
Goldenberg: Im Falle der Frauen ist die Krise in Bezug auf den Körper etwas Neues. Die Unzufriedenheit beginnt in den 90er-

Jahren mit dem Vorbild der Top-Models und der Schauspielerinnen. Bis vor kurzem unterzogen sich nur wenige Frauen Schönheitsoperationen. Heutzutage ist das fast eine Pflicht. Diejenige, die es nicht tut, fühlt sich als Außenseiterin. Die Weiblichkeitskrise hat viel mit dieser unendlichen Suche nach Perfektion, Jugend, Schönheit und Schlankheit zu tun. Das ist die neue Frauenfrage. Und auch das neue Gefängnis der Frau.
Folha: Warum haben Sie viel mehr Frauen (835) als Männer (444) befragt?
Goldenberg: Die Frauen sprechen lieber über diese Themen als die Männer. Die Männer sind sehr objektiv. Auf die Frage nach den Hauptproblemen in einer Beziehung hat die Mehrheit nur den Mangel an gegenseitigem Verständnis genannt. Unter den Frauen waren einige, die so viel geschrieben haben, dass sie dem Fragebogen noch eine Anlage beilegen mussten. Sie nannten den Mangel an Liebe, an Romantik, an Begehren, an Kameradschaft, an Dialog – Mängel über Mängel. Der Mann hat einen globaleren Blick. Er betrachtet die Frau als Ganzes. Die Frau dagegen geht ins Detail. Sie sucht an sich selbst und an der Beziehung nach Schönheitsfehlern. Der Mann sucht in einer Beziehung nach Verständnis, Ruhe, Frieden. Die Frau möchte Romantik, Liebe, Begehren, Dinge, die in einer längeren Beziehung unmöglich sind.
Folha: Worin besteht die Männlichkeitskrise?
Goldenberg: Es ist keine Männlichkeitskrise, sondern die Krise eines bestimmten Männlichkeitsmodells. Bis vor zwanzig, dreißig Jahren gab es ein hegemoniales Modell: Der Mann war der Ernährer, der Beschützer, das Familienoberhaupt.

Heute gibt es konkurrierende Modelle: der Sensible, der Aufmerksame, der Romantische, der Eitle, der Jüngere, der weniger gut Verdienende. Die Frauen fordern Dinge von den Männern, die sie früher nicht gefordert haben. Er muss nicht mehr nur der erfolgreiche und mächtige Ernährer sein. Er muss auch noch athletisch sein, sich gut kleiden, romantisch und zärtlich sein. Es gibt das Modell Reynaldo Gianecchini, den Sensiblen, und das Modell José Mayer, den Macho. Und die Frauen wollen alles gleichzeitig in einer Person. Das ist unmöglich. Sie bedienen sich des Klischees, dass eine unabhängige Frau die Männer erschreckt, um zu rechtfertigen, dass sie keinen Partner haben. Die Männer dagegen sagen, dass das nicht stimmt, dass sie wollen, dass die

Frauen arbeiten und die finanziellen Belastungen teilen. Für die Männer sind die Zeiten vorteilhaft. Sie müssen nicht mehr dem hegemonischen Modell entsprechen und haben mehr Wahlmöglichkeiten. Da der Heiratsmarkt groß ist, sortieren sie schließlich die unreifen, übermäßig anspruchsvollen Frauen aus und finden eine Partnerin.

Folha: Muss die Frau ein flexibleres Bild von den Männern haben, wenn sie einen Partner finden will?

Goldenberg: Sie muss reifer und realistischer werden. Scheinbar haben die Frauen keinen besonders guten Blick für die Realität. Sie tun so, als hätten sie 50 Männer zur Auswahl, von denen einer schon der Perfekte sein wird. Es ist widersprüchlich, um nicht zu sagen wenig intelligent, wenn die Frauen auf einem für sie so ungünstigen Beziehungsmarkt so viel fordern. Interessant ist, wie wenig die Männer von den Frauen fordern, obwohl der Markt für sie so überaus günstig ist. Die Frauen beschweren sich über Männermangel, was ein Klischee ist. Sie suchen nämlich nur nach einem Mann, den es nicht gibt. Wenn sie einen verständnisvolleren Blick hätten, würden sie auch einen Mann finden.

Folha: Sie haben nur Einwohner Rio de Janeiros mit einem Einkommen von über R$ 2.000 befragt. Ist das repräsentativ?

Goldenberg: Ich schreibe über die sogenannten städtischen Mittelschichten, die in der Verhaltensforschung als Avantgarde gesehen werden. Daher beziehen sich meine Ergebnisse nicht nur auf diese Gruppe der Bevölkerung. Auch wenn der Körperkult in Rio möglicherweise besonders übertrieben wird, bedeutet das nicht, dass dieses Modell nicht in ganz Brasilien verbreitet ist. Sogar in den Favelas gibt es Fitness-Studios und manches Hausmädchen konsumiert teurere Produkte als ihre Arbeitgeberin. Ich spreche von einem Männlichkeits- und einem Weiblichkeitsmodell, das in der gesamten brasilianischen Gesellschaft sehr stark ist.

Folha: Wenn man Ihr Buch liest, könnte man meinen, dass das Tabu der Untreue nichts von seiner Kraft verloren hat. Ist das so?

Goldenberg: Neu ist, dass die Frauen heute zugeben, dass sie fremdgehen. Früher waren Seitensprünge ein männliches Privileg. Wenn heutzutage der Mann untreu ist, fühlt sich die Frau im Recht, auch untreu zu sein. Interessanterweise geben die Frauen immer den Männern die Schuld. Sie sehen sich nicht als Subjekt des Seitensprungs, sondern als Opfer fehlenden Begehrens seitens des Partners. Die Männer gehen fremd, weil sich die Gelegenheit ergibt, die Frauen, weil sie sich nicht begehrt fühlen. Sie testen aus, ob ihr Körper noch begehrt wird, weil ihr Mann sie nicht begehrt.

60

Ich lebe seit einigen Jahren mit einem Mann zusammen. Ich weiß nicht, wie ich ihn nennen soll, denn unsere Beziehung ist nicht formalisiert, weder auf rechtlicher noch auf religiöser Ebene. Ich bezeichne ihn nicht gern als meinen Mann, denn das impliziert für mich eine Art der gegenseitigen Verpflichtung, die zwischen uns nicht besteht. Noch schlimmer finde ich es, ihn als meinen Verlobten zu bezeichnen, denn es ist lächerlich, in meinem Alter einen Verlobten zu haben. Ich weiß, dass es nach *political correctness* klingt, aber ich ziehe es vor, ihn als meinen Freund zu bezeichnen, obwohl unsere Beziehung bereits sehr viel länger dauert als die drei anderen, von denen ich dir erzählt habe. Er sagt allen, dass ich seine Frau bin.

Also, ich habe seit einigen Jahren einen Freund, und nie zuvor habe ich eine so lang andauernde, ruhige und befriedigende Beziehung gehabt wie mit ihm. Er ist ein bisschen älter als ich, hat einen guten Job; wir verdienen ungefähr das Gleiche. In diesem Sinne sind wir also ziemlich gleichberechtigt. Er ist eher ruhig, liest viel, ist häuslich. Am Anfang haben wir viel miteinander geschlafen, aber mit der Zeit wurde es sehr viel weniger. Es wurde irgendwie eingefahren, aber das hat unser Glück nie gestört. Ich glaube sogar, dass das Fehlen von Konflikten zwischen uns für unser wenig aktives Sexualleben verantwortlich ist. Aber das stört uns nicht sehr, weil der Rest sehr gut ist. Wir unterhalten uns oft, tauschen Zärtlichkeiten aus, gehen ins Kino, bestellen uns Essen nach Hause, haben einen ziemlich fröhlichen und angenehmen Alltag. Zum ersten Mal in meinem Leben fühle ich mich behaglich an der Seite eines Mannes.

Wenn ich anfange, mir über unser Sexualleben Sorgen zu machen, sagt er, dass er mich begehrt, dass wir ein normales Leben führen, dass es bei allen Paaren so ist, die schon lange zusammen leben, und damit ist das Gespräch schnell zu Ende.

Ich weiß nicht, ob das Verlangen geringer ist, weil wir so enge Freunde geworden sind, oder ob es das Gegenteil ist, dass wir Freunde geworden sind, weil Sexualität für uns nie das Wichtigste war. Zwischen uns gibt es nicht diese Unsicherheit, Eifersucht und typischen Spannungen, die entstehen, wenn man seinen Partner sehr stark begehrt. Je ruhiger unser Leben wurde, desto weniger Raum gab es für Sex. Er glaubt, dass unser Leben komplizierter werden wird, wenn wir dieses Problem diskutieren. Er sagt, dass wir nicht dadurch sexuell aktiver werden, dass wir uns unterhalten, sondern dass Sex etwas Natürliches und Spontanes sein sollte und nicht eine gemeinsame Anstrengung. Manchmal sagt er scherzhaft, dass er sich auf diesem Gebiet zur Ruhe gesetzt hat, weil er vor mir ein sehr intensives und abwechslungsreiches Sexualleben hatte. Er lebt zum ersten Mal mit jemandem zusammen. Er sagt, dass er auf sexuellem Gebiet bereits alles erlebt hat, was er wollte, und dass er jetzt, im Zusammenleben mit mir, ein ruhigeres Leben möchte.

Von Anfang an hat er mir versprochen, dass er mir nie einen Grund dafür liefern würde, ihm zu misstrauen, und dass er möchte, dass ich mich völlig sicher fühle. Und das ist auch immer so gewesen. Ich habe ihn nie dabei ertappt, anderen Frauen hinterherzuschauen, und erst recht nicht, mit anderen zu flirten. Ich spüre bis heute, dass er mich sehr bewundert, dass ihn meine Unabhängigkeit fasziniert, meine Ernsthaftigkeit, meine ganze Art. Obwohl wir zusammen wohnen, achten wir den Bereich und die Freiheit des snderen sehr. Nur selten streiten oder diskutieren wir. Er ist wirklich um mich besorgt, z. B. wenn ich krank oder deprimiert bin, Arbeitsprobleme habe oder solche Dinge. Ich bin auch um ihn besorgt. Es ist eine wohltuende, zärtliche, achtsame Beziehung. Wir hatten ein ruhiges Leben, und ich hatte auch das Gefühl, mich von meinem intensiven Sexualleben zur Ruhe gesetzt zu haben, als ich eines Tages einen Mann kennenlernte, der mich im wahrsten Sinne des Wortes umgehauen und mir meinen ganzen Seelenfrieden genommen hat.

61

Die von mir Befragten nannten drei Arten von möglichen Gefühlen in einer Partnerschaft: Verliebtheit, Liebe und Freundschaft. Die Liebe erscheint als weit gefasstes und diffuses Gefühl, das immer von der Verliebtheit abgesetzt wird, welche am Anfang einer Beziehung steht und sich notwendigerweise in Liebe verwandelt oder, was meistens der Fall ist, zu Ende geht. Nach Meinung der Befragten ist es unmöglich, permanent in einem Zustand der Verliebtheit zu sein, und zwar aus zwei Gründen: Erstens hält die Verliebtheit dem Alltag nicht stand und zweitens sind die ihr innewohnende Irrationalität und ihr Rauschzustand auf die Dauer unerträglich. Ihrer Meinung nach verwandelt sie sich, wenn sie nicht wie ein Strohfeuer niederbrennt, in etwas Ruhigeres, mit dem umgegangen werden kann: in Liebe, die nur dann dauerhaft sein kann, wenn sie Reste der Verliebtheit des Anfangs in sich trägt, weil sie sonst das Risiko läuft, sich in ein anderes Gefühl zu verwandeln, nämlich in Freundschaft. Die Ehe muss also eine Kombination dieser drei Gefühle enthalten: eine große Dosis Liebe sowie ein paar Prisen Verliebtheit und Freundschaft.

Die Partner müssen das Risiko vermeiden, dass das Verhältnis zwischen diesen Zutaten ungleichgewichtig wird, da eine Überdosis Freundschaft die Beziehung zwischen den Partnern in ein von der Erotik entledigtes Geschwisterverhältnis verwandeln kann. Also steht für die Befragten die Liebe in der Hierarchie am höchsten und die Freundschaft am niedrigsten, während die Verliebtheit verhindert, dass die Liebe sich in Freundschaft verwandelt.

Interessanterweise ist die Liebe, obwohl sie als das grundlegendste Gefühl für den Erhalt der Ehe gesehen wird, am schwersten zu definieren. Sie liegt zwischen Verliebtheit und Freundschaft, ist weniger explosiv als Erstere, aber weniger lau als

Zweitere. Sie ist sicherer als die Verliebtheit, aber weniger sicher als die Freundschaft. Während die Verliebtheit wegen ihrer Unvorhersehbarkeit und ihres Rauschzustands unerträglich ist, ist die Freundschaft wegen ihrer Rationalität und Routine gefährlich. Ein kompliziertes Gleichgewicht ist nötig, damit sowohl das eine wie auch das andere vorhanden, aber nicht größer ist als die Liebe. Die Verliebtheit ist mit einer Überdosis an Sex verbunden, die Freundschaft mit der Abwesenheit von Sex. Die Liebe braucht den Sex, aber nicht die Art von Sex, der das Individuum beherrscht. Der Sex ist etwas, mit dem umgegangen werden kann und muss, er muss häufig und angenehm sein, aber trotzdem kontrollierbarer als in der Verliebtheit. Das Paar muss aufpassen, damit der Sex keine Routine und damit langweilig wird, eine Gefahr, die langanhaltende Beziehungen bedroht.

Bei den Befragten findet sich die Vorstellung, dass es möglich ist, diese drei Gefühle rational zu verwalten. Die Verliebtheit als das irrationalste Gefühl muss gebändigt und domestiziert werden, kann aber nicht aus der Ehe ausgeschlossen werden. Eine kontrollierte Dosis von Unsicherheit darüber, ob man den anderen wirklich besitzt, wird für notwendig erachtet, damit das sexuelle Begehren in der Ehe überlebt.

Diese komplizierte Mathematik macht die Paare zu Geiseln verschiedener Logiken, die sich häufig widersprechen. Die Befragten nannten als Gefahren für eine Ehe die Routine, den Alltag, eingefahrene Gewohnheiten, die fehlende Abwechslung, die Gewissheit, den anderen zu besitzen, die emotionale Sicherheit, die zum Tod des Begehrens führe. Aber sie äußern auch das Bedürfnis nach Treue, das Problem der Eifersucht und der Unsicherheit, das Bedürfnis, das geliebte Wesen zu besitzen und Gewissheit darüber zu haben, vom geliebten Partner ebenfalls geliebt zu werden. Das größte Problem der Freundschaft ist der damit verbundene Tod des sexuellen Begehrens. Nach Aussage der Befragten nährt sich das Begehren am Mangel, an der Abwesenheit, der Eroberung. Man begehrt nicht das, was man hat, sondern das, was man nicht hat. Wie können in einer Ehe Stabilität und sexuelles Begehren miteinander vereinbart werden? Das ist die Frage.

> »Ich finde es natürlich, dass der Anfangsmoment der Verliebtheit zu etwas Stabilerem reift, das eine gewisse Alltags-

routine gleicher Abläufe einschließt. Aber das kann nicht alles sein. Wir müssen immer wach bleiben, um etwas von dieser Verliebtheit des Anfangs in unserer Ehe zu erhalten, damit wir nicht zu Geschwistern werden.«

»Die Beziehung wird in vielen Aspekten so alltäglich, dass beiden Partnern Veränderungen schwerfallen. Es fehlt das Gespräch, um herauszufinden, wie es anders sein könnte. Denn es ist komisch: Es gibt einen Menschen, den du besitzt und der da ist. Und es gibt die Menschen, die du nicht besitzt und die du genau deshalb haben willst. Ich glaube, jeder steht vor der Herausforderung, das haben zu wollen, was er nicht hat. Nicht im Sinne von Besitz, sondern im Sinne des Begehrens.«

»Die Ehe, die Zweisamkeit, wird ständig von Alltag, Wiederholung, Langeweile und mechanischer Routine bedroht. Man muss aufpassen, damit die Beziehung zu einem Menschen nicht abläuft wie ein Uhrwerk: Um so und soviel Uhr essen wir zu Mittag, um so und soviel Uhr schlafen wir zusammen ... Es muss auch Raum für Spontaneität geben, für mehr Spaß und Leidenschaft, damit du dieses häusliche Beisammensein wertschätzen kannst.«

»Die Liebe unterscheidet sich von der Verliebtheit, sie ist ruhiger, beständiger, vielleicht solider. Die Verliebtheit bedeutet Rausch, Verzweiflung, völlige Blindheit, Unfähigkeit, produktiv und rational zu sein, zu denken. Niemand kann lange in diesem Zustand überleben. Es geht nicht, es ist unerträglich. Ideal ist es, etwas von diesem Rausch zu erhalten, aber besser damit umzugehen. In der Liebe etwas von dem Unbekannten, dem Abenteuer, der Eroberung zu erhalten. Eine gewisse Faszination zu erhalten, eine permanente Verliebtheit.«

»Ich habe mit meinen Freunden schon bis zur Erschöpfung über die Krise der Paarbeziehung, die Einsamkeit, die unglücklichen Ehen diskutiert. Ich finde, dass der Feminismus unser Leben stark beeinträchtigt hat. Die Frauen fingen an, zu meinen, dass sie immer Recht haben, dass sie das ewige Opfer der patriarchalischen Verhältnisse seien. Sie fingen an, ihre Männer als Feinde zu betrachten. Sie fordern alles von ihnen, sie sollen perfekt sein, und sie sind immerzu unzufrieden. Dinge, die ich für oberflächlich halte, wie, dass der Typ sich nicht geschmackvoll kleidet oder dass er eine Glatze hat, sind zu äußerst ernsten Problemen geworden. Du würdest keinen Freund so behandeln, also warum meinst Du, das Recht dazu zu haben, deinen Mann so zu behandeln? Freundschaft ist in einer Ehe fundamental. Aber das Begehren darf nicht aufhören, man muss sich gleichzeitig Freund und Geliebter sein. Lieben bedeutet, die Schwächen und kleinen Fehler zu akzeptieren und sie sogar zu mögen. Das ist es, was ich für meine Frau empfinde.«

62

Anthropologin enthüllt brasilianische Sexualität[61]

In ihrem Buch sagt Mirian Goldenberg, dass wir »ein Gleichgewicht der Widersprüche« erleben
Seit über zwanzig Jahren führt die Anthropologin Mirian Goldenberg Studien zu den kulturellen Bedingungen der brasilianischen Sexualität durch.

Sie hat bereits über die Geliebte des verheirateten Mannes geschrieben, über emanzipierte Frauen, über die Wünsche von Frauen und Männern. Ihr neuestes Vorhaben ist eine Untersuchung zum Thema Körper, Sexualität, Gender und Normabweichung in der brasilianischen Kultur. Für die Autorin ist das Verständnis der kulturellen Frage eine Form, sich von den verschiedenen, gesellschaftlich erzwungenen Modellen zu befreien, und im Namen dieser Befreiung entstand die Arbeit *De perto ninguém é normal*.
Mirian möchte das Vorurteil ausräumen, dass der Brasilianer Weltmeister ist, wenn es um Sex geht. »In all diesen Forschungsjahren ist mir keine einzige Frau über den Weg gelaufen, die rund um die Uhr sexy war, ganz im Gegenteil: Die größte Sorge von Männern und Frauen bezieht sich auf die Kameradschaft zwischen ihnen.«
Der zentrale Punkt von Mirian Goldenbergs Arbeit ist das Ausmaß, in dem sich Männer und Frauen durch die Perfektionsmodelle versklavt fühlen, die ihnen von der Gesellschaft auferlegt werden. Schlanke, wunderschöne, glückliche Frauen, mächtige, reiche, starke Männer ... Die von der Bevölkerungsmehrheit gelebte Wirklichkeit ist eine ganz andere.

Auch das Konzept männlicher Potenz ist auf dem Prüfstand. Im Gegensatz zu den Vorstellungen der Frauen leiden auch die Männer sehr unter den Stereotypen. Eine große Zahl an Sexualerfahrungen im Leben haben zu müssen, groß, gut aussehend und attraktiv sein zu sollen sind Ursachen für viele schlaflose Nächte des brasilianischen Machos.
Die Frauen dagegen bemerken bei ihrem übertriebenen Eifer, den perfekten Körper zu erreichen, nicht, dass die Männer Cellulite, Besenreißer und lokale Fettansammlungen nicht besonders stören. Ja, sie haben ein Schönheitsideal, sie begehren die sexuell attraktive, kurvenreiche Frau, und nicht das abgemagerte Model, das jede Frau eines Tages zu sein träumt. Diese Unterschiede können als Widersprüche im Gleichgewicht bezeichnet werden, ein Terminus, den Gilberto Freyre häufig benutzt, um zu bezeichnen, dass in Brasilien riesige Unterschiede (der Hautfarbe, ethnischen Herkunft, Religion usw.) aufeinanderprallen, und trotz dieser Ungleichheiten ein Leben in einer gewissen Harmonie möglich ist.
Dieses Konzept kann auf die Mann-Frau-Beziehungen übertragen werden. Einerseits wird der Wunsch der Frauen, Gisele Bündchen, Naomi Campbell, Cindy oder Barbie zu sein, immer größer, andererseits wollen die Männer eine weniger künstliche, dafür aber verständnisvollere Gefährtin – ein deutliches Beispiel für einen Widerspruch im Gleichgewicht. Das eine sind die Frauen, das andere die Frage, wie die Männer sie sich wünschen. Trotzdem können beide nicht getrennt voneinander leben. »Im Allgemeinen sind die Frauen gegenüber sich selbst und gegenüber dem anderen Geschlecht sehr anspruchsvoll. Wenn sie ihre Vorstellungen nicht ändern, werden sie nie glücklich sein. Im Übrigen: Anstatt darüber glücklich zu sein, dass wir schöner aussehen, weil wir uns mehr um unseren Körper und unser gutes Aussehen kümmern, quälen wir uns derart mit den Schönheitsfehlern, dass wir schließlich völlig verunsichert sind«, bemerkt Mirian.
De perto ninguém é normal entmystifiziert und versucht, den Menschen zu zeigen, dass sie nicht den etablierten Normen entsprechen müssen, um akzeptiert zu werden. »Wenn du zu viel Wert auf die Meinung der anderen legst, bist du nicht mehr glücklich«, schließt die Anthropologin. Diese kleinen Hinweise von Mirian Goldenberg sind Allgemeingut, aber werden oft ver-

gessen. Laut der Autorin müssen wir wissen, was uns versklavt. »Das ist die Absicht, die ich mit dem Buch verfolge. Ich möchte, dass die Leser verstehen, wie sehr die Gesellschaft uns diese Modelle aufzwingt. Nur so werden sie die Freiheit erlangen, sie zu interpretieren und zu entscheiden, ob sie sich ihnen anpassen wollen oder nicht.«

63

Ich habe mir nie vorstellen können, dass es in meiner Beziehungsoase noch Raum für einen anderen Mann geben könnte. Ich wollte nicht, dass auch nur irgendetwas unser Leben stört, aber es ist passiert. Ich habe einen Mann kennengelernt, der meiner körperlichen und geistigen Gesundheit den Rest gegeben hat. Er ist mir von einer Freundin vorgestellt worden, beim Spazierengehen auf der Strandpromenade von Ipanema. Als ich ihn zum ersten Mal sah, habe ich ihn kaum beachtet. Ich fand ihn eher langweilig, ohne Pfeffer, auch wenn er ganz gut aussah.

An einem Sonntag danach war ich allein unterwegs und habe ihn wieder getroffen. Wir gingen ein paar Meter nebeneinander her und hielten dann an, um ein Kokoswasser zu trinken. Da sagte er: »Mônica, ich bin scharf auf dich. Gehen wir in ein Motel?« Ich dachte, er macht Witze und wollte auf gleicher Ebene antworten, aber er nahm meine Hand und legte sie auf seine Shorts. Ich atmete tief durch und merkte, dass ich verloren hatte, als ich antwortete: »Gehen wir.« Auf dem Weg sprachen wir kein Wort und im Motel entdeckte ich eine neue Welt, die mich fasziniert und verängstigt zurückließ. Trotz meiner großen sexuellen Erfahrung mit so vielen verschiedenen Männern tat ich bei diesem ersten Treffen Dinge, die ich in meinem ganzen Leben noch nicht getan hatte. Ich bin noch nie so heftig penetriert worden. Ich bin noch nie wie eine Nutte behandelt worden. Nie zuvor hatte mich ein Mann geschlagen, beschimpft, gefesselt. Nie zuvor hatte mir ein Mann so viele Schweinereien gesagt. Nie zuvor hatte es mir so gefallen, unterworfen zu werden. Nie zuvor hatte ich die Lust am Schmerz verspürt. Und das alles rasend schnell, wie eine Explosion, die alles zerstörte, was ich bis dahin mit den Männern erlebt hatte, mit denen ich zusammen gewesen war. Völlig passiv, formbar und hingegeben ließ ich mir alles sagen, mit mir alles machen, besessen von Händen, Gerüchen, Stimmen, Worten, Zungen, Schweiß.

Ich werde es nicht schaffen, dir alles, was ich bei diesem ersten Treffen spürte und er mir sagte, zu erzählen. Ich kann nur sagen, dass es das Intensivste und Erschreckendste war, was ich bis dahin in meinem ganzen Sexualleben erlebt hatte. Es war etwas extrem Gewalttätiges und Aggressives, etwas, das ich mir niemals mit einem Mann vorgestellt hätte. Mit ihm ging ich sofort über all meine Grenzen und Vorurteile hinaus. Eigentlich hatte kein Mann jemals versucht, mit mir so weit zu gehen. Und dieser versuchte es nicht nur, sondern tat es auch. Ich habe Analsex nie gemocht und auch das hat sich mit ihm verändert. Er vermochte alles, und ich spürte die größte Lust meines Lebens dabei, ihm absolut alles zu erlauben. Als Nutte bezeichnet zu werden, mich als Nutte zu fühlen, mich als Nutte zu verhalten, als Nutte behandelt zu werden.

Wir vögelten im Sitzen, im Liegen, im Stehen, im Bad, im Bett, auf dem Fußboden, auf dem Stuhl. Er hörte nicht auf, auch nicht, wenn er gekommen war. Und er kam viele Male. Ich kam viele Male, was mir auch noch nie passiert war. Die Lust und der Schmerz hörten nicht auf, auch nicht nach dem Orgasmus. Er sagte mir weiterhin Dinge und tat Dinge, die mich verletzten, mich erniedrigten, mich erregten. Ich wurde nicht müde, er auch nicht. Nach Stunden von Sex und Gewalt sagte er: »Du bist besser, als ich gedacht habe, ich bin ganz wild nach dir, verrückt nach dir, du bist super geil, dich wollen bestimmt alle Männer rannehmen; ich hätte nicht gedacht, dass du es so gut finden würdest, mit mir zu ficken und dass du so geil kommen würdest. Ich hätte nicht gedacht, dass du eine so geile Nutte bist. Ich dachte, du wärst eine arrogante und zickige Intellektuelle. Ich war schon so weit, zu glauben, dass keine Frau Sex mag und dass sie es nur meinetwegen tun; dass sie alle Theater spielen. Mônica, ich habe dich im richtigen Moment gefunden.«

Die von mir in der Forschung zur *Anderen* untersuchte Familie hat eine sehr interessante Geschichte. Sie besteht aus vier Generationen von Frauen, die durch Trennungen oder durch Beziehungen geprägt sind, die von der Norm abweichen, aus Frauen, die die in ihrer Zeit gültigen moralischen Normen überschritten haben. Zu Beginn des 20. Jahrhunderts heiratete die Urgroßmutter mütterlicherseits gegen den Willen ihrer Eltern einen Playboy. Drei Jahre später trennte sie sich wieder. Sie kehrte ins Elternhaus zurück, stand jedoch unter dem Verbot, das Zimmer zu verlassen oder auch nur ans Fenster zu treten. Sie hatte weder Kontakt zu Freunden noch zu ihren Kindern, die von den Großeltern aufgezogen wurden. Sie starb in einer Irrenanstalt.

Eine ihrer Töchter, die Großmutter der Fernsehproduzentin, hat nie geheiratet, weder kirchlich noch standesamtlich. Sie war in der kommunistischen Partei Brasiliens aktiv und aus ideologischen Gründen gegen die Ehe und für die freie Liebe. Sie hatte zwei Kinder von zwei verschiedenen Vätern, ohne eine offizielle Bindung mit ihnen eingegangen zu sein.

Die Mutter der Fernsehproduzentin ist Tochter dieser kommunistischen Aktivistin. Sie trennte sich in den 50er Jahren von ihrem ersten Ehemann, als es in Brasilien noch keine Scheidung gab. Sie hat drei Töchter und einen Sohn, die alle eine oder mehrere Trennungserfahrungen haben.

Die Produzentin ist zum dritten Mal verheiratet und sagte, dass die erste Ehe eine offene Ehe war und beide Partner außereheliche Beziehungen gehabt hätten. Ihre jetzige Ehe sei nicht so. Als ich mit ihr sprach, war sie 40 Jahre alt und hatte zwei Kinder aus erster und zweiter Ehe.

Ihre Schwester, die *Andere*, war 35 Jahre alt und hatte eine siebenjährige Ehe hinter sich, aus der sie zwei Kinder hat. Die jüngste Schwester, 30 Jahre, ist verheiratet und hat zwei Kinder, wohnt aber nicht mit ihrem Mann zusammen. Der 33-jährige Bruder hat eine Tochter aus erster Ehe und hatte, als ich ihn interviewte, eine neue Partnerin. Ich befragte auch den verheirateten Geliebten der *Anderen*, der zu diesem Zeitpunkt 38 Jahre alt und seit vierzehn Jahren verheiratet war und drei Kinder hatte.

Die Geschichten von Trennung und normabweichendem Beziehungsverhalten wurden von allen Befragten als zentrales Merkmal dieser Familie benannt, insbesondere, weil sie alle in Zeiten zurückreichen, in denen ein solches Verhalten noch nicht verbreitet oder gesellschaftlich akzeptiert war. Ein anderer prägender Zug ist die numerische und symbolische Vorherrschaft der Frauen in dieser Familie, die als stark, mutig, kämpferisch und bahnbrechend bezeichnet werden im Gegensatz zu den Männern, die als schwach, bequem, feige und blass gesehen werden. Diese Tatsache ist wichtig, um das Bild der *Anderen* zu verstehen, das die Familienmitglieder in einem Universum gezeichnet haben, das durch starke, Grenzen überwindende Frauen geprägt ist.

Alle haben in ihrer Weise ihre Ablehnung dieser Beziehung ausgedrückt, weil sie der Meinung sind, dass es für die Betroffene nicht das Beste ist, die *Andere* zu sein. Die Ablehnung erfolgte auf drei Ebenen, von denen die erste die individuelle ist: Die *Andere* könnte glücklicher sein, wenn sie einen Mann hätte, der nur ihr gehörte; sie habe wenig Selbstwertgefühl, sei egoistisch und problematisch. Die zweite Ebene ist die familiäre: Die Familie werde in dieser Situation an den Rand geschoben. Auf der dritten, gesellschaftlichen Ebene wurde argumentiert, dass die Situation gesellschaftlich nicht akzeptiert sei aufgrund ihrer Heimlichkeit und der Tatsache, dass sie die Gesellschaft selbst in Frage stelle. Trotz der scheinbaren Homogenität der Meinungen gab es einen großen Unterschied in der Emphase. Während die Frauen über die Situation viel besser informiert und sehr viel unzufriedener damit waren, zeigten die Männer größere Distanz und Neutralität und erklärten sie ausgehend von einer eher gesellschaftlich geprägten Perspektive.

Die größte Ablehnung findet sich im Diskurs der Mutter, die ihrer Tochter und deren Temperament die Schuld für eine Situation gibt, die sie für jede Frau als entwürdigend auffasst. Sie macht sich auch selbst Vorwürfe, weil die Tochter als Kind intellektuell untergeschätzt und vernachlässigt worden sei, da es ernste Probleme mit der älteren Schwester gegeben habe. Auch die ältere und die jüngere Schwester finden, dass die Hauptursache dafür, dass die mittlere eine so erniedrigende Situation akzeptiert hat, in der Tatsache liege, dass sie als Kind wenig beachtet wurde. Trotz alledem sei der Schuldige aber der verheiratete Mann, der sowohl seine Frau als auch seine Geliebte manipuliere und in der besten beider Welten lebe, weil er ein Heim mit Frau und Kindern und eine Geliebte zur sexuellen Befriedigung habe. Die Schwestern sind der Meinung, dass die *Andere* versklavt und tyrannisiert werde, weil sie in Wirklichkeit einen autoritären, verlogenen, zynischen, schäbigen und gemeinen Schuft liebe. Sie sagen, dass sie diese Situation akzeptiere, weil sie ihren Wünschen und ihrem Wesen entgegen komme, da sie gern um sich selbst kreise und es ihr schwer falle, großzügig zu sein.

Mutter und Schwestern sind der Meinung, dass sich die *Andere* von ihrem Geliebten befreien müsse, um eine bessere, erfülltere Beziehung zu finden. Dagegen sagten Vater und Bruder mehrmals, dass sie die Situation nicht sehr störe und sie keine Werturteile fällen oder moralische Verurteilungen vornehmen würden, und dass beide, sowohl die *Andere* als auch der verheiratete Mann, gleichermaßen verantwortlich seien: Es sei ein Spiel, das nur zu zweit gespielt werden könne. Von allen stört sich die Mutter am meisten an der Situation, da sie es als erniedrigend empfindet, dass ihre Tochter mit einem verheirateten Mann zusammen ist. Für die Schwestern ist die Situation auch schmerzhaft: Eine so hübsche und interessante Frau verdiene mehr, als die Zweite im Leben eines verheirateten Mannes zu sein. Der Vater findet, dass sich die Tochter selbst quäle, und der Bruder hält sich heraus: »Vielleicht würde ich mir größere Sorgen machen, wenn es meine Tochter und nicht meine Schwester wäre.«

Wenn man den männlichen und den weiblichen Diskurs in dieser Familie untersucht, fällt auf, dass die Männer die patriarchalische brasilianische Kultur für die Existenz der *Anderen* verantwortlich machen, während die Frauen die Gründe für diese als unerwünscht empfundene Situation in der Persönlichkeit der Geliebten und des verheirateten Mannes suchen. Zusätzlich wird auch die Ehefrau verantwortlich gemacht, die nach Meinung der Befragten alles weiß, aber so tut, als wüsste sie nichts davon. In der Ehe würde etwas fehlen, und die Unzufriedenheit damit sei die Ursache dafür, dass der Mann eine Geliebte habe. Eine befriedigende Ehe lasse gar keinen Raum für eine *Andere*. Die befragten Familienmitglieder halten vorübergehende Affären und Abenteuer durchaus für akzeptabel, aber nicht eine so intensive und dauerhafte Beziehung. Für sie benutzt der verheiratete Mann die *Andere*, um seine Ehe zu erhalten, eine ideale Situation, weil die Ehefrau eine Angelegenheit sei, derer er sich nicht entledigen könne, da ihm dazu der Mut fehle. Sie finden, dass er sich entscheiden und zwischen Ehefrau und Geliebter eine Wahl treffen sollte. Hier erscheint die Idee des Verzichts; der verheiratete Mann wird als zerrissen und feige gesehen, da er nichts verlieren wolle. Die *Andere* sei ein zentrales Element, um die Ehe im Gleichgewicht zu halten, das einzige Rädchen, das durch ein neues ausgetauscht werden könne, wenn es rostig sei. Der Satz: »Er kann eine 40-Jährige durch zwei 20-Jährige ersetzen« tauchte unzählige Male in den Aussagen der Frauen auf.

Sie haben die große Befürchtung, dass die *Andere* im Alter einsam und ohne Unterstützung dastehen könnte, weil sie sicherlich früher oder später durch eine jüngere Geliebte ersetzt werde. Der verheiratete Mann habe die *Andere* nur deshalb, weil sie jung und schön sei, so dass diese riskiere, verlassen zu werden, sobald sie zu alt sei. Sie werde außerdem Schwierigkeiten haben, einen echten Partner zu finden, wenn sie diese Situation nicht schleunigst beende. Ihr größtes Kapital auf dem Liebesmarkt sei der schöne, junge Körper. Der Mangel in der Ehe ihres Partners wird als vorwiegend sexueller gedeutet, der von der *Anderen* ausgeglichen wird. Die sexuelle Beziehung mit viel Motel und Champagner erfülle zwar seine Bedürfnisse, aber nicht ihre, da ihr wahres Bedürfnis das nach einem wirklichen Partner sei, bei dem sie nicht auf so vieles verzichten müsse. Nach Meinung der Mutter ist die *Andere* für ihren Geliebten nur ein Zeitvertreib, da sein Leben, das wirtschaftliche, familiäre und berufliche, mit seiner Familie verbunden sei.

> »Warum akzeptiert sie so eine Situation, ohne Freiheit, als wäre sie verheiratet, aber auch ohne die Vorteile der Ehe? Er ist nicht ihr Mann; sie kriegt nur das, was ihr seine Frau übrig lässt. Sie ist nur in der Arbeitszeit und unter der Woche verheiratet. Sie ist immer allein, ohne einen Mann

> an ihrer Seite. Sie hat niemanden, der ihr im Haus hilft oder bei der Kindererziehung. Was soll eine Beziehung, in der man nur miteinander ins Bett geht und ab und zu ins Restaurant? Zu meinen, dass das ihr Leben ist, wo er verheiratet ist, Familie hat, familiäre Verpflichtungen, und keinerlei Absicht, sich für sie zu entscheiden, ist entwürdigend für sie; ihr Selbstwertgefühl wird in den Staub getreten.«

Die Verwandten der *Anderen* stellen die jeweils eigene Ehe als Beispiel einer idealen Beziehung dar, mit Kameradschaft in guten wie schlechten Zeiten, geteilter Freud und geteiltem Leid, Streit und Leidenschaft, Verantwortung und Vergnügen, als wirkliche Bindung, ohne den *Glamour* einer Affäre, aber als dafür sehr viel befriedigender. Verglichen mit diesem Ideal einer Ehe, in der die Partner sowohl in Liebes- wie in materiellen Dingen uneingeschränkt füreinander da sind, erscheint die Situation als Geliebte eines verheirateten Mannes als erniedrigend. Die Geliebte wird als eine Frau angesehen, die kein Selbstwertgefühl hat, die unsicher, egoistisch, unglücklich, bequem, unterwürfig, abhängig, feige, verantwortungslos, leidend und einsam ist.

Entweder ihr Verhalten oder ihre Persönlichkeit werden mit einer ganzen Batterie von Vorwürfen überzogen, weil sie anders ist als die übrigen Frauen der Familie. Ihre Schwestern und ihre Mutter sagen, dass sie es niemals akzeptieren würden, die *Andere* zu sein, denn eine solche Beziehung sei voller Lügen und Heimlichkeiten, unvollständig und unbefriedigend. Der verheiratete Liebhaber ihrer Schwester solle sich zwischen seiner Frau und der Geliebten entscheiden. Auch die Rolle der betrogenen Ehefrau, die so tue, als wüsste sie nichts, um den Mann nicht zu verlieren, würden sie nicht akzeptieren. Dazu kommentiert der Bruder, dass seine Schwestern und Mutter die Situation von ihrer Warte aus beurteilen und deshalb nicht verstehen könnten, dass einige Frauen eine solche Lage trotz allem als positiv und wünschenswert empfinden können.

> »Sie nimmt kein Geld von ihm, ihr Lebensstandard hat sich nicht verbessert und sie verfügt über nichts anderes als über das wenige, was sie von ihm bekommt. Ich glaube, dass sie mit ihm zusammen ist, weil sie ihn wirklich liebt.«

Die jüngste Schwester betont, dass die Beziehung eine andere sei, weil die Geliebte in diesem Fall kein finanzielles Interesse an ihrem verheirateten Liebhaber habe.

> »An ihrem letzten Geburtstag hat er ihr eine Kaffeemaschine geschenkt. Ist das ein Geschenk, das man einer Geliebten macht? Einer Geliebten schenkt man echten Schmuck und teure Kleidung. Es ist, als wären sie verheiratet. Dieses Jahr eine Kaffeemaschine, nächstes Jahr einen Mixer … sie wird noch zu seiner Frau. Da fehlt das Geheimnis, das Prickelnde an der Situation, die Geliebte zu sein.«

Auch wenn sie sich nicht so kritisch und intolerant zeigten wie die weiblichen Familienmitglieder, sagten Vater und Bruder, dass sie selbst es nicht schaffen würden, gleichzeitig zwei Dauerbeziehungen zu managen. Sie hielten es durchaus für möglich, Affären oder Abenteuer zu haben, aber nicht eine feste Geliebte. Sie würden sich trennen und sich entweder für die Frau oder die Geliebte entscheiden. Der Mann, der das nicht tut, erscheint in ihrem Diskurs als jemand, der die Ehe als Geschäft sieht, als Unternehmen, Firma, Kapital.

Es lohnt sich, auf das Gewicht zurückzukommen, das dem finanziellen Interesse in den Vorwürfen sowohl gegenüber der Ehefrau als auch der Geliebten beigemessen wird. Das finanzielle Interesse der Frau am Mann ist einer der wichtigsten Faktoren ihrer Stigmatisierung. In den früher schon erwähnten Fällen stellten sich die *Anderen* als nicht interessiert am Geld ihrer Liebhaber dar, während die Ehefrauen beschuldigt wurden, nur das Geld ihrer Männer zu wollen. Hier kehrt sich die Situation nun um, da die Ehefrau unabhängig ist, während die Geliebte wirtschaftlich von ihrem Liebhaber abhängt. Diese Abhängigkeit bleibt verborgen, oder sie wird, enthüllt, als vorübergehend und unerwünscht aufgefasst, da die Beziehung durch die Liebe gerechtfertigt scheint, welche für unvereinbar mit finanziellem Interesse gehalten wird.

Es ist wichtig, im vorliegenden Fall auf das positive Bild der Ehefrau hinzuweisen. Alle Familienmitglieder, einschließlich der *Anderen*, kennen sie bereits viele Jahre und halten sie für eine beruflich sehr erfolgreiche Frau, die hervorragend verdient, mächtig ist und wirtschaftlich und emotional unabhängig, außerdem sympathisch, angenehm, interessant, gut aussehend, fröhlich, intelligent und eine gute Hausfrau und Mutter. Die Ehefrau wird als außergewöhnliche Frau dargestellt, von der sich zu trennen wirklich eine Dummheit wäre, da sie nicht darauf bestünde, dass er sich entscheidet. Daher wird er ihrer Meinung nach wohl den Rest seines Lebens mit beiden Frauen zusammenbleiben. Die Ehefrau wird hier also nicht als Opfer gesehen, ganz im Gegensatz zur *Anderen*, die entweder als Opfer einer schweren Kindheit oder eines schwierigen Geliebten erscheint. Die Ehefrau wird dargestellt, als habe sie diese Situation aus eigenem Interesse gewählt. Besonders in diesem Beziehungsdreieck ist das Bild der Ehefrau das positivere, das Bild der Geliebten das negativere.

Der untreue Ehemann wird von den Männern relativ neutral betrachtet, von den Frauen dagegen als jemand, der die Situation beherrscht. Wenn wir das Konzept der männlichen Herrschaft zugrunde legen, ist hier das einzige Opfer dieser Herrschaft die *Andere*, die es akzeptiert, sich unterzuordnen und abhängig und schwach zu sein. Ihr Verhalten ist nicht nur deshalb normabweichend, weil sie die Geliebte eines verheirateten Mannes ist, sondern hauptsächlich, weil sie sich einer Beziehung hingibt, die Unterwerfung, Inferiorität und Entwertung impliziert. So verletzt sie in ihrer Rolle als *Andere* sowohl das Ideal der autonomen, freien, unabhängigen und starken Frau als auch das Modell der modernen, d.h. gleichberechtigten und erfüllten Ehe.

65

Von der Freiheit zur Unzufriedenheit[62]

Seit Ende der 1980er Jahre unterricht Mirian Goldenberg nicht nur Anthropologie an der UFRJ, sondern sie führt auch umfangreiche Forschungsvorhaben durch. Im soeben erschienenen *De perto ninguém é normal*, ihrem elften Buch, beschäftigt sich die Anthropologin mit dem Verhalten der Brasilianer, was Liebe, Begehren, Ehe, Familie und Treue betrifft, wobei sie sich auf eine spezifische Bevölkerungsgruppe konzentriert, nämlich auf die städtische und universitäre Mittelschicht. Im folgenden Interview spricht Mirian über ihr spannendes Forschungsthema und hilft bei der Klärung der Frage, warum die Männer einen Horror davor haben, »die Beziehung auszudiskutieren«, während die Frauen genau das so gern tun.

JORNAL DO BRASIL: Im ersten Kapitel Ihres neuen Buches kommentieren Sie die weibliche Unterwerfung unter ein unerreichbares Schönheitsideal. Sind Sie der Meinung, dass dies ein Rückschritt ist in Bezug auf die bisher eroberte Freiheit?
Mirian Goldenberg: Die Frauen sind heute unvergleichlich viel freier als vor zwanzig Jahren. Sie führen ein sehr viel befriedigenderes Leben, sowohl im Haus als auch außerhalb. Aber es drohen neue Fesseln. Vielen Frauen ist nicht klar, was sie durch den heutigen Körperkult alles verlieren. Es ist ein Widerspruch, dass sie so viele Dinge erobert haben und sich inzwischen einem unerreichbaren Körperideal unterwerfen. Sie sollten zufriedener mit dem sein, was sie erobert haben.
JORNAL DO BRASIL: Sind Frauen nie zufrieden?

Mirian Goldenberg: Sie neigen dazu, ständig nach Frustrationen, Fehlern und Mängeln zu suchen, sowohl bei sich selbst als auch in ihren Beziehungen. Es ist eine weibliche Obsession, nach dem zu suchen, was fehlt. In gewisser Weise ist das der Antrieb der Frauen und etwas Gutes, weil es zu Verbesserungen führt. Aber es hindert sie daran, zu genießen. In den 60er und 70er Jahren wollten die Frauen Freiheit, Genuss, das vollständige Ausleben der Sexualität jenseits der Norm. Und heute versuchen sie, sich wieder einer Norm zu unterwerfen.

JORNAL DO BRASIL: Aber kommt dieses Gefühl des Mangels von innen oder ist es wie früher ein gesellschaftlicher Zwang?

Mirian Goldenberg: Es ist beides. Die Frau ist zur Konsumentin geworden. Das ist etwas Neues aus den letzten dreißig Jahren. Es ist ein Markt geschaffen worden für den weiblichen Konsum. Romane, *Soaps* und Hollywood-Filme machen vor, wie eine glückliche, erfolgreiche Frau auszusehen hat. Es gibt eine Industrie, die nicht nur diese Art von Frauen produziert, sondern auch Unzufriedenheit in denen hervorruft, die nicht so sind wie das Modell. Die Industrie schafft Vorbilder, von denen die Frauen glauben, dass sie sie erreichen können. Verschiedene Techniken versprechen, uns zehn Jahre jünger aussehen zu lassen. Wer all das befolgt, was uns nahegelegt wird, damit wir jünger wirken, wird am Ende noch in den Mutterleib zurückkriechen!

JORNAL DO BRASIL: Und hat die Frau all diese Anforderungen bereits verinnerlicht?

Mirian Goldenberg: Es ist eine Überzeugung davon geschaffen worden, was eine Frau ist, die einen Wert hat. Das ist heute diejenige, die sich pflegt und alles tut, um jung, hübsch und schlank zu sein. Von der Kulturschaffenden bis zur Managerin: Wenn eine Frau das nicht tut, ist sie selbst für Ihr Scheitern als Frau verantwortlich. Es ist ein Gefängnis. Der ständige Druck dieser Industrie überzeugt sogar diejenigen, die bisher nie den Wunsch hatten, sich einer Schönheitsoperation zu unterziehen. Eine riesige Anstrengung ist nötig, um zu verstehen, dass es unmöglich ist, jünger zu werden.

JORNAL DO BRASIL: Sind dann Frauen wie Preta Gil, die sich bewusst außerhalb der Norm stellen, die neuen Feministinnen?

Mirian Goldenberg: Ich habe Preta Gil und Tati Quebra-Barraco[63] immer als Beispiele angeführt. Aber ich habe gerade gelesen, dass beide auf Diät sind. Preta hat sich Fett absaugen lassen und

Tati möchte es noch tun, um zehn Kilo abzunehmen. Auch sie mussten sich der Norm beugen. Der Druck ist sehr groß.
JORNAL DO BRASIL: In Ihrem Buch schreiben Sie, dass jetzt auch die Männer anfangen, sich über diesen Druck zu beschweren.
Mirian Goldenberg: Sie sind von der Schönheitsobsession ermüdet. Streifige Haut und Cellulite sind ihnen egal. Und die Frauen, die nur daran denken, sind für sie wenig interessant, langweilig und besessen.
JORNAL DO BRASIL: Woher kommt diese große Unzufriedenheit?
Mirian Goldenberg: Bis in die 50er Jahre gab es für die Frauen nur die Rollen als Ehefrau, Mutter und Hausfrau. Durch die Befreiung von dieser Norm begannen sie, mehr von den Situationen und Beziehungen zu fordern. Sie wollen nun nicht mehr nur einen guten Ehemann und guten Vater für ihre Kinder. Sie fordern mehr sowohl von sich als auch von ihrem Partner. Es ist merkwürdig festzustellen, dass der Preis der Freiheit die Unzufriedenheit ist. Einige Frauen wollen diesen Preis nicht zahlen, weil sie immer noch vom Ernährer träumen. Sie wollen nicht auf den Mann verzichten, der einen dicken Wagen hat und die Rechnungen bezahlt. Unsere Gesellschaft ist immer noch sehr patriarchalisch.
JORNAL DO BRASIL: Die brasilianische Frau ist besonders patriarchalisch eingestellt, oder?
Mirian Goldenberg: Ein Beispiel: Sogar wenn die Frau fremdgeht, ist der Mann schuld. Sie sagt, sie sei das Opfer seiner fehlenden Aufmerksamkeit und Begierde. Die gesellschaftliche Macht liegt beim Mann. Sogar die studierten Frauen der städtischen Mittelschicht haben noch denselben Diskurs wie vor dreißig Jahren. Worum sie den Mann am meisten beneiden ist seine Freiheit. Sie glauben immer noch, dass sie unten durch sind, wenn sie viele Partner gehabt haben. Es gibt einen Konflikt zwischen dem traditionellen Modell und dem wirklichen Leben, in dem sie genauso arbeiten gehen und unabhängig sein will wie er. Alle heutigen Anforderungen an die Frau miteinander zu vereinbaren ist zuviel verlangt.
JORNAL DO BRASIL: Und wie stehen die Männer in dieser Situation da?
Mirian Goldenberg: Sie sind sehr viel praktischer eingestellt. Schon immer haben sie ihre Interessen auf viele verschiedene

Aktivitäten verteilt. Sie wollen eine Beziehung haben, eine Bindung eingehen, aber haben auch andere Interessen, wie z. B. mit Freunden Bier trinken und Fußball spielen. Die Frauen, sogar die erfolgreichen, konzentrieren sich auf die Beziehung, die mit Anforderungen überhäuft wird. Sie erwarten immer viel mehr. Die Männer wollen einfach nur Ruhe und Frieden. Ich glaube, dass sie realistischer sind. In diesem Sinne sind *Soaps* und Hollywood-Filme sehr störend, nicht wahr?

JORNAL DO BRASIL: Zurück zur Untreue: Fast die Hälfte der Frauen gibt zu, schon einmal fremdgegangen zu sein. Glauben Sie, dass Treue immer noch ein Ideal ist?

Mirian Goldenberg: Was wir heute erleben, ist sozusagen eine sukzessive Monogamie, d. h. man ist jeweils über einen kurzen Zeitraum mit ein- und derselben Person zusammen. Aber 47 % der Frauen geben zu, schon einmal fremdgegangen zu sein. Bei den Männern sind es 60 %. Auf der anderen Seite wird die Untreue, ein Thema, das ich seit 1988 untersuche, noch immer als eines der Hauptbeziehungsprobleme benannt. Niemand kommt damit klar. Ein anderer Irrtum besteht darin, zu meinen, dass die Frauen mit der Untreue genauso umgehen wie die Männer. Früher waren Seitensprünge wegen der wirtschaftlichen Abhängigkeit der Frau ein männliches Privileg, da es bis 1977 in Brasilien keine Ehescheidung gab. Heute gehen die Frauen fast genauso viel fremd wie die Männer, aber ich glaube, dass das diesbezügliche Privileg der Männer weiter besteht. Die Männer sagen, fremdgehen entspräche ihrer Natur. Die Frauen sagen, dass sie sich von ihrem Mann nicht begehrt fühlen. Die weibliche Untreue muss mit Vorwürfen dem Mann gegenüber gerechtfertigt werden.

„66"

In den ersten Wochen dachte ich daran, meinem Partner alles zu erzählen. Ich schaffte es aber nicht, bekam Angst. Natürlich merkte er, was los war. Aber er sagte nichts, absolut nichts, bis heute. Was einerseits sehr gut für mich ist, weil ich mich nicht erklären muss. Andererseits fühle ich mich grauenhaft, weil er durch mich leidet.

Der Andere verlangt auch nichts von mir. Er hat mich nie nach meinem Leben gefragt, er interessiert sich nicht für meine Arbeit oder meine Freunde. Er will mich nur im Bett. Und da ich für ihn immer verfügbar bin, wann und wo er will, ist ihm der Rest egal.

Ich war dann damit beschäftigt, die beiden Beziehungen miteinander zu koordinieren. Es ist eine schwierige Gleichung. Ich habe meine Arbeit, meinen Partner und einen Geliebten, mit dem ich mich fast täglich treffe. Wir haben viel Sex, führen fast gar keine Gespräche, erfinden neue und immer gefährlichere Dinge, und meine Grenzen werden weiter und weiter verschoben. Wir treiben es im Auto, in Kinos, in Restauranttoiletten, in Aufzügen. Ich habe verschiedene Öle und Cremes ausprobiert, Reizwäsche gekauft, von der ich mir nie vorgestellt hätte, dass ich sie tragen würde, Sexspielzeug, Gels, Champagner, Pornoliteratur und -filme. All meine Investitionen, sowohl an Zeit als auch an Geld, fließen in unsere Schäferstündchen. In den letzten Monaten habe ich ein Vermögen in Motels[64] und Sexshops gelassen.

Ich bin nur glücklich, wenn ich mit ihm im Bett liege. Die übrige Zeit vergeht mit dem quälenden Warten auf seinen Anruf. Was mich am meisten beeindruckt, ist, mit welcher Leidenschaft er sich jedes Mal mit mir trifft. Er lebt jedes Treffen so aus, als wäre es das erste oder das letzte Mal. Ich war an meine sexuelle Routine derart gewöhnt, dass es mich sehr überrascht hat, auf einen Mann zu treffen, der das so wichtig nimmt.

Er ist kein Junge mehr, sondern im Gegenteil ein ganzes Stück älter als ich, hat zwei Kinder und ist seit ein paar Monaten getrennt. Er sagt, er wäre schon immer so gewesen, auch mit seiner Frau. Das Wichtigste in seinem Leben ist Sex. Er kann nicht einen Tag ohne Sex aushalten. Nicht ich wecke in ihm dieses Verlangen. Ich habe es nur akzeptiert, seine Phantasien zu verwirklichen.

Bei mir ist es ganz anders. Er ist es, der in mir diese Geilheit weckt und mich dazu bringt, so viel in Sex zu investieren. Ich habe den Sex nie in den Mittelpunkt meines Lebens oder meiner Beziehungen gestellt; die sexuelle Anziehung war nie wichtigstes Entscheidungskriterium für die Beziehung zu einem Mann. Heute habe ich das Gefühl, dass ich den größten Teil meines Lebens verschwendet habe mit Männern, die bürokratischen, routinemäßigen Sex ohne Intensität machten. Ich habe in mir eine Berufung zur Nutte entdeckt, die Berufung, eine Frau zu sein, für die der sexuelle Genuss wichtiger ist als alles andere im Leben. Er hat diese Frau in mir geweckt; vielleicht zu spät, um sie vollständig zu leben. Vielleicht hat sich diese Berufung schüchtern schon früher bemerkbar gemacht. Vielleicht ist sie der Grund für das ganze Durcheinander.

Aber jetzt, wo ich mit meinem ruhigen Leben gerade glücklich war und mich fast zur Ruhe gesetzt hatte, ist diese Lust danach aufgetaucht, den Wahnsinn vollständig auszuleben. Wenn ich darüber nachdenke, weiß ich, dass nichts Gutes dabei herauskommen kann. Aber wie soll ich etwas wieder hergeben, das erst so spät zum Mittelpunkt meines Lebens geworden ist?

Wenn ich sage, dass es mit ihm ausschließlich um Sex geht, mag das übertrieben klingen, aber es ist wirklich so. Wir haben abgesehen vom Bett keinerlei gemeinsames Interesse. Er ist ein wenig interessanter Mann, hat einen Bürokratenjob, ist sehr unbewandert, liest nicht, sieht nur fern und trinkt mit seinen Freunden Bier. Ein mittelmäßiger Mann, ein Mann, für den ich mich niemals interessieren würde. Wenn er nicht beim ersten Mal so direkt gewesen wäre und ich die Chance gehabt hätte, ihn vorher besser kennenzulernen, wäre ich vielleicht nie mit ihm ins Bett gegangen.

Eigentlich finde ich ihn langweilig. Er klebt die ganze Zeit am Handy, telefoniert mit seiner Tochter, der Ex und seinen Freunden. Er hat mehrere Treffen mit mir kurzfristig abgesagt, nur, um irgendwelche Dinge mit der Tochter zu regeln, wie mit ihr ein Kleid für ein Fest zu kaufen oder sie zum Zahnarzt zu fahren. Seit er sich getrennt hat, wohnt er bei seinen Eltern.

Das habe ich Stück für Stück herausgefunden. Er hatte mir erzählt, dass er sich von seiner Frau getrennt hätte, weil sie das Paniksyndrom hat. Mit der Zeit kam aber raus, dass sie ihn rausgeworfen hat, weil er eine Geliebte hatte und er außerdem sehr wenig verdient und sie ein besseres Leben haben wollte. Ich weiß jetzt auch, dass sie inzwischen einen reichen Freund hat und er verzweifelt war, als er davon erfuhr. Er will zu ihr zurück, aber sie will nicht.

Er gibt zu, dass er sehr begrenzt und kein interessanter Mensch ist. Ich glaube, dass er deshalb all seine Energie in den Sex steckt. Und zumindest mir gegenüber hat das mehr als gereicht. Ich bin in die Falle getappt, die ich vorher immer gemieden habe.

Mein ganzes Leben habe ich im Glauben aufgebaut, mein Begehren rational steuern zu können, Männern und Beziehungen aus dem Weg gehen zu können, die mir Leid bereiten würden. Ich dachte, dass ich mit zunehmendem Alter noch besser mit meinen Gefühlen würde umgehen können. Ich hätte mir nie träumen lassen, dass ich einmal die Kontrolle verlieren oder mich dem Willen eines Mannes unterordnen würde. Und jetzt beherrscht er mich völlig. Er beherrscht mich, weil ich sein Begehren begehre, er beherrscht mich, weil ich alles tue, was er will, er beherrscht mich, weil ich all meine Grenzen überschreite. Ich will hier keine Details ausbreiten, aber mit Sicherheit bin ich noch nie derart gewalttätig benutzt, erniedrigt, verletzt worden, körperlich wie seelisch. Inzwischen ist mir völlig klar, dass ich nur ein Körper für ihn bin. Es gab schon erniedrigende Situationen, in denen er vor meinen Augen mit anderen geflirtet hat. Ich habe mitgehört, wie er über Handy Rendezvous verabredet hat. Er hat mich schon allein im Motelbett zurückgelassen, um sich mit seiner Ex zu treffen. Alles, was ich nie zuvor einem Mann erlaubt habe, hat er schon getan und tut es noch, und noch viel mehr.

Aber er braucht mich nur anzurufen und ich lasse alles stehen und liegen, egal, zu welcher Tages- oder Nachtzeit, um mich mit ihm zu treffen und von ihm geschlagen, erniedrigt, gebumst zu werden. Ich glaube, ich bin durchgedreht, verrückt geworden, süchtig. Wenn ich an meine körperliche und geistige Gesundheit denken würde, hätte ich diesem Wahnsinn schon längst den Rücken gekehrt. Aber ich schaffe es nicht, will es nicht. Im Gegenteil wird mein Wunsch, mit ihm zusammenzusein, immer größer. Alles andere kommt mir fade vor, sinnlos und langweilig.

67

Nachdem ich ihre Geschwister und Eltern gehört hatte, befragte ich die *Andere*. Eine hübsche Frau, jung, mit zwei kleinen Kindern aus erster Ehe. Sie verglich die beiden Partnerschaften miteinander, einerseits ihre traditionelle Ehe, die sieben Jahre dauerte, und andererseits die Situation, Geliebte eines seit sieben Jahren verheirateten Mannes zu sein. Sie sagte, es seien zwei verschiedene Arten der Ehe, denn sie empfände sich auch als Ehefrau ihres Geliebten. Als Hauptproblem der traditionellen Ehe nannte sie den durch den Alltag hervorgerufenen Verschleiß, der die Partnerschaft lau mache, lust-, emotions- und antriebslos, mittelmäßig. Dies habe sie in der ersten Ehe erlebt und beobachte sie auch bei befreundeten Ehepaaren und in ihrer Familie. Sobald man heirate, werde man zum Beamten und vergesse die Wartungsarbeiten, die eine Ehe erfordere.

In ihrer ersten Ehe seien die individuellen Unterschiede der Partner sehr viel schwerer zu ertragen gewesen. Ihr erster Mann sei neidisch auf sie gewesen und habe mit ihr konkurriert; er habe mit ihrer Entwicklung als Frau nicht mithalten können. Die *Andere* gibt jedoch zu, dass sie das häusliche und familiäre Leben einer Ehe vermisse, die männliche Gesellschaft in kalten Nächten, die gemeinsamen Reisen und die Hilfe bei den alltäglichen Problemen.

Sie sagt, ihre jetzige Beziehung erfülle zwei grundlegende Bedürfnisse: Romantik und Kameradschaft. Ihr Geliebter sei ein wirklicher Partner, denn er vereinbare Erotik und Dialog, Luxus und Alltagsstress, ohne dass es zu den Abnutzungserscheinungen einer traditionellen Ehe komme. Für sie bewahrt diese Beziehung Leidenschaft, Emotionalität, Sinnlichkeit, Erotik und gegenseitige Bewunderung und ermöglicht gleichzeitig jedem seine Privatsphäre, in der er allein sein und tun und lassen kann, was er will. Die jetzige Beziehung sei durch große

Umsicht und Toleranz gegenüber den Eigenheiten der Partner gekennzeichnet.

»Er mischt sich nicht in meine Angelegenheiten und ich mich nicht in seine. Ich liebe Musik, er nicht. Er schnarcht furchtbar. Er hat Collor gewählt, diesen Hurensohn, ich Lula. Ich scheiße nicht vor seiner Nase, wie ich es bei meinem ersten Mann gemacht habe. Ich mache mich immer für ihn schön, was Romantik und *Glamour* zwischen uns aufrechterhält. Meine verheirateten Freundinnen, deren Leben mittelmäßig, langweilig, lustlos und unerotisch ist, beneiden mich. Bei den traditionellen Ehen beobachte ich genau das Gegenteil von dem, was ich mit ihm erlebe: Ermüdung, Mittelmäßigkeit, Lüge, Heuchelei, Oberflächlichkeit, Einmischung, Respekt- und Lieblosigkeit.«

Die *Andere* widerspricht den Vorwürfen aus der Familie und der Vorstellung, dass in ihrer Beziehung Sex das Wichtigste sei. Ihr Geliebter sei vor allem ihr Gefährte und zwar auf allen Ebenen, da er sie sowohl beruflich als auch wirtschaftlich sehr unterstütze.

»Ohne ihn wäre ich beruflich gar nichts, er hat mir alles beigebracht, was ich kann. Ich weiß auch nicht, wie ich ohne seine finanzielle Unterstützung leben würde.«

An anderer Stelle versucht sie jedoch zu zeigen, dass ihre Liebe völlig uneigennützig ist.

»Ich verhalte mich nicht einmal wie eine *Andere*, z. B. lasse ich den Stuhl hier nicht reparieren, weil ich ihn nicht um Geld bitten will; er hat schon so viele Verpflichtungen. Ich kaufe mir keine Kleidung, weil es von seinem Geld wäre. Ich bin mit ihm zusammen, weil ich ihn liebe.«

Die *Andere* versteht sich als zentrales Teilchen, das die Ehe des Geliebten aufrechterhält. Sie sieht sich nicht als Bedrohung für seine Ehe, sondern als notwendige Ergänzung, in einer Rolle, die auch von anderen Frauen gespielt werden könnte. Sie sagt, er sei so ein besonderer Mann, dass sich der Einsatz lohne. Sie zieht diese zweite Bindung ihrer ersten vor und äußert, dass sie, wenn sie beide Beziehungen miteinander vergleiche, keinerlei Zweifel daran habe, dass diese sehr viel glücklicher sei.

»Er braucht jemanden, der mit ihm spricht, der guten Sex mit ihm hat. Ich glaube, ich bin eine Ergänzung, und wenn ich mich zurückziehe, braucht er etwas anderes als Stütze. Ich bin eine Ergänzung, damit diese Familie erhalten bleibt. Ich bin es zwar, aber es könnte genauso Joaquina, Manuela, Tânia, Sebastiana, irgendeine sein, er braucht das. Mir kommt es vor, als sei ich ein zusätzliches Bein für einen wackeligen Tisch. Wenn ich mich zurückziehe, muss ein anderes her. Meine Position ist fundamental für den Erhalt dieser Ehe.«

68

Roberto DaMatta[65] macht auf die Tatsache aufmerksam, dass die brasilianische Gesellschaft auf Beziehungen beruht. Sie ist ein System, dessen grundlegendster Wert darin besteht, Unterschiedliches zu verbinden, zu vermischen, miteinander zu vereinbaren. Mit diesem Bezugshintergrund analysiert DaMatta den Roman *Dona Flor und ihre zwei Ehemänner* von Jorge Amado.

In *Dona Flor* findet sich keinerlei Ablehnung des Zweideutigen, sondern stattdessen eine völlig bewusste Suche nach und die Akzeptanz von zwei verschiedenen Männern, die mit Dona Flor ein perfektes soziales Dreieck bilden. Der zweite Mann von Dona Flor, Dr. Teodoro Madureira, ist Apotheker, ein höflicher, bedächtiger, guter Mann mit geregeltem Tagesablauf, der gebildet ist und ernsthaft in Taten und Absichten, und damit das genaue Gegenteil von Vadinho, ihrem ersten Mann.

In ihrer Ehe mit Vadinho war alles verworren und zweideutig, und ihrer beider Leben waren miteinander verflochten und ergänzten sich in vielen Punkten. Während Vadinho für Straße, Verantwortungslosigkeit, Emotionen, Spiel, Unsicherheit und Schelmentum stand, war Dona Flor für Haus, Verantwortung, materielle Ressourcen, Arbeit, Sicherheit und Treue zuständig.

Für DaMatta schafft die zweite Ehe von Dona Flor zwar eine Verbindung zwischen ihr und Teodoro, aber keine komplementäre und vollständige Beziehung. Jeder hat, individuell und gleichberechtigt, seinen eigenen Bereich, in dem er schalten und walten kann, wie es ihm gefällt. Mit Teodoro hat Dona Flor alles, was Vadinho ihr vorenthalten hatte. Trotzdem ist sie unglücklich und wünscht sich etwas, von dem sie nicht weiß, was es ist. Ist es Sehnsucht nach ihrer Beziehung zu Vadinho? Gewiss, antwortet DaMatta. Genau diese komplementäre, nicht individualisierte Beziehung wird im Roman als diejenige dargestellt, die das Gefühl, zu leben, Sinnlichkeit und Leidenschaft hervorruft.

Dona Flor beginnt, sich an Vadinho zu erinnern und ihn zu begehren, so als wäre ihr Leben unvollständig ohne diese andere Seite, für die er stand. Auf diese Weise entsteht das Dreieck des Romans. Flor fühlt sich zwischen der Liebe zu ihrem Mann und der zu Vadinho hin und her gerissen und quält sich damit, sich für einen der beiden entscheiden zu müssen, obwohl sie doch beide will. Darauf erklärt ihr Vadinho:

»Das eigene Haus, die eheliche Treue, die Achtung, die Rücksicht und die Sicherheit. All das gibt er dir, denn seine Liebe besteht aus diesen noblen (und langweiligen) Dingen, und sie alle brauchst du, um glücklich zu sein. Aber auch meine Liebe brauchst du, um glücklich zu sein, meine Liebe der Unsauberkeiten, meine krumme und verkehrte, meine liederliche und lodernde Liebe, die dich leiden lässt. Eine so große Liebe, dass sie meinem verkrachten Leben widersteht, eine so große, dass ich nach meinem Nichtsein ins Sein zurückkehrte und nun hier bin … Als ich allein da war, besaßest du meine Liebe, und alles fehlte dir, und wie du littest! Als er allein da war, hattest du alles, nichts fehlte dir, und du littest noch mehr. Jetzt erst bist du die ganze Dona Flor, so wie du sein musst.«[66]

Nach DaMatta wird die Beziehung zwischen Dona Flor und ihren beiden Liebhabern im Roman aus der weiblichen Perspektive beschrieben. Dona Flor verbindet schließlich den Geist Vadinhos (der zur Freiheit führt, zu den Freunden, zu Selbstbestimmung und Kreativität) mit Teodoros Körper, der für Ordnung, Planung, Gesetz und Vorschrift steht. Diese Liebe ist ein Symbol für Freiheit, Vorstellungskraft und Mut, die das Begehren als etwas Positives nimmt und seiner Zweideutigkeit zutraut, Neues zu schaffen. Für DaMatta liegt darin die Basis des vorgestellten Beziehungsdreiecks, welches das Zweideutige als etwas Positives präsentiert, anstatt es, wie es in der individualistischen Welt viel verbreiteter ist, als etwas Monströses, Gefährliches, Entsetzliches und Schreckliches zu verstehen, als Sünde, die durch das Gesetz ausgetrieben werden muss.

69

Ich habe zum ersten Mal in meinem Leben das Gefühl, zerrissen zu sein, nicht nur zwischen zwei Männern, sondern zwischen zwei Leben. Das eine ist ruhig, wohlig, behaglich, das andere krankhaft, erschreckend, wahnsinnig. Ich habe in meinem Leben viele Liebhaber gehabt, manchmal mehr als einen. Aber ich fühlte mich nie zerrissen, ich schaffte es immer, die Gefühle für den einen und den anderen voneinander zu trennen, ohne mich schuldig zu fühlen oder Angst zu haben. Ich schaffte es, zu arbeiten, zu lieben, zu leben, obwohl ich mit verschiedenen Männern Sex hatte.

Jetzt ist es anders. Es sind zwei Beziehungen, die so radikal verschieden sind, dass ich nicht aus der einen in die andere springen kann ohne einen tiefen emotionalen und körperlichen Schock. Der eine Mann ist romantisch, sicher, zärtlich, rücksichtsvoll, sensibel, reif. Der andere ist ein Schuft, unvorhersehbar, gewalttätig, rücksichtslos, sadistisch, unverschämt, kindisch. Der eine ist mein bester Freund, mit dem ich routinierten, angenehmen Sex habe. Der andere ist nur Sex, nicht mehr. Der eine nennt mich meine Prinzessin, mein Liebling, meine Süße. Der andere nennt mich Nutte, läufige Katze, geile Sau. Der eine umfängt mich. Der andere schlägt mich. Der eine teilt sein Leben mit mir. Der andere beherrscht mich. Es sieht fast so aus, als würde ich das alles nur erfinden. Die beiden sind so diametral entgegengesetzt, dass es schwer fällt, es zu glauben. Aber genauso ist es. Ich fühle mich nicht schuldig, habe nicht das Gefühl, jemanden zu betrügen. Es ist nicht nur die Angst, den einen oder den anderen zu verlieren. Ich bin sicher, dass ich das überleben würde. Was mich quält, ist die Tatsache, diese zwei Männer in meinem Leben zu begehren und täglich zwischen so gegensätzlichen Gefühlen hin und her zu springen.

Ich habe oft gelesen und gehört, dass jede Frau davon träumt, Nutte zu sein. Ich habe das nie geglaubt und diesen Wunsch nie gehabt. Ich wusste noch nicht einmal, was das war. Jetzt weiß ich es. Nicht nur, weil er mich wie eine Nutte behandelt, sondern weil ich es wirklich genieße, mich als Nutte zu fühlen. Ich bin von Mal zu Mal unterwürfiger und er merkt das. Er behandelt mich immer schlechter, immer respektloser und mit mehr Verachtung. Er verabredet Treffen und erscheint nicht. Er ruft an, um zu sagen, dass er nicht kommt, wenn ich schon irgendwo auf ihn warte. Häufig ruft er noch nicht einmal an. Oder er ruft im Morgengrauen an. Es ist ein sehr gefährliches Spiel. Ich bin immer schwächer und verletzlicher, sogar körperlich, oder hauptsächlich körperlich. Von Anfang an hat er mir gesagt, dass ich die richtige Dosis Weiblichkeit hätte, dass ich im richtigen Moment nachgebe, dass ich eine richtige Frau zu sein weiß. Er sagt, dass er schwache, sanfte, anschmiegsame Frauen wie mich mag. Ich habe ihm vom ersten Tag an vorgespielt, so zu sein. Und jetzt ist es kein Theater mehr, sondern ich habe mich in eine unterwürfige Frau verwandelt.

Einige Freundinnen von mir haben Affären, weil sie sich an ihren Männern rächen wollen, die ihnen keine Aufmerksamkeit schenken, nicht tun, was sie wollen oder sie betrogen haben. Das ist bei mir anders. Ich habe keinen Grund, mich an meinem Partner zu rächen. Im Gegenteil. Er ist immer ganz wunderbar, zärtlich, respektvoll zu mir gewesen. Aber ich schaffe es nicht, das aufzugeben, was ich über meinen Körper, mein Begehren, meine Sinnlichkeit herausgefunden habe. Es ist nicht so, dass ich auf rationaler Ebene zum anderen nicht Nein sagen könnte; das kann ich wohl, aber ich will es nicht. Ich will all das intensiv leben, obwohl ich weiß, was ich riskiere. Ich kann mich kontrollieren, vielleicht sollte ich es auch, aber ich will es nicht. Es scheint irrational, ist es aber nicht.

Er hat mir schon mehrere Beweise dafür geliefert, dass er zu seiner Ex zurück will. Einmal habe ich einen Streit zwischen den beiden mitgehört, bei dem er ihr vorwarf, sich nur für Geld zu interessieren und, obwohl sie das Haus, das Auto und die beiden Hausmädchen behalten hätte, sich immer noch zu beschweren. Er fühlt sich als Versager, weil er ihr nicht all das geben kann, was sie fordert.

Einmal waren wir im Auto gerade bei der größten Schweinerei, als sie anrief. Er bat mich darum weiterzumachen, bis er in meinem Mund kam. Dabei telefonierte er weiter mit ihr. Das war nur eines der Male, bei dem ich mich wie ein Stück Dreck fühlte. Ich glaube, er lässt die Erniedrigung, die er von seiner Frau erfährt, an mir aus. Nur, indem er mich beherrscht, kann er sich noch als Mann fühlen. Die Situation wird immer schlimmer; es geht so weit, dass er ihren Namen nennt, während wir miteinander schlafen, dass er andere Frauen mit im Bett haben will und mich darum bittet, sie einzuladen, dass er nicht zu unseren Verabredungen kommt, um mit anderen Frauen auszugehen. Was ein faszinierendes Abenteuer war, ist schnell zu einer unerträglichen Erniedrigung geworden. Trotzdem will ich mich nicht von ihm trennen.

Gleich am Anfang unserer Gespräche hatte ich dir gesagt, dass mein Entscheidungskriterium für oder gegen einen Mann der Respekt wäre, mit dem ich behandelt werden will. Seit meinem ersten Mal mit dem Schnauzbart hatte ich beschlossen, nur den zu mögen, der mich auch mag. Und jetzt bin ich mit einem Mann zusammen, der mich nicht respektiert, der mich verachtet, mich ignoriert. Einem Mann, der mich nur im Bett glücklich macht. Ich weiß nur nicht, welchen Preis ich für diese Augenblicke der Lust und des Schmerzes noch zahlen muss.

70

Im Unterschied zu den *Anderen*, die ich zuvor befragt hatte, sagt diese nun, sie sei finanziell von ihrem Liebhaber abhängig. Obwohl sie einen Beruf hat, gesteht sie ein, von ihm beruflich und wirtschaftlich extrem abhängig zu sein. In diesem Fall ist die Ehefrau die unabhängige Frau, im Gegensatz zu den zuvor beschriebenen Fällen, in denen das wirtschaftliche Interesse auf die Ehefrauen beschränkt schien und die Geliebten die Uneigennützigkeit für sich in Anspruch nahmen. Die zuvor befragten *Anderen* hielten die Ehefrauen für Erpresserinnen, die nur am Geld ihrer Männer interessiert wären. Im vorliegenden Fall kehrt sich diese Situation um. In diesem Sinne steht die zum Schluss befragte *Andere* dem Modell der traditionellen Ehefrau sehr viel näher als die Frau ihres Liebhabers, da sie auf allen Ebenen abhängiger ist.

Die Ehefrau des Liebhabers und auch die zuvor befragten *Anderen* sind näher am Modell einer egalitären Beziehung, bei welcher die Frau wirtschaftlich, beruflich und sogar psychologisch unabhängig ist. Natürlich handelt es sich um ein von den Befragten vorgestelltes Ideal; alle untersuchten Fälle weisen sowohl moderne als auch traditionelle Merkmale auf. Was ich hervorheben will, ist, dass die zuvor Befragten die wirtschaftliche Unabhängigkeit betont haben, während die jetzt Befragte die Abhängigkeit betonte. Diese Tatsache kann die Vorwürfe erklären, die dieser *Anderen* von ihrer Familie gemacht werden: In einer Welt von Frauen, die die weibliche Freiheit und Unabhängigkeit schätzen, wiegt vielleicht die Tatsache, die Geliebte eines verheirateten Mannes zu sein weniger schwer als die Tatsache, klar zur wirtschaftlichen Abhängigkeit vom Partner zu stehen. Das verletzt das Modell der autonomen Frau, das in dieser Familie so sehr gepflegt wird.

Für die *Andere* ist ihr Geliebter in jeder Hinsicht ein richtiger Mann, was ihr erster Mann nicht war und auch die Ehemänner ihrer Schwestern oder Freundinnen nicht sind. Sie gibt auf diese Weise die Vorwürfe, die ihr gemacht werden, wieder zurück und wirft ihren Schwestern und Freundinnen vor, Schwächlinge geheiratet zu haben.

> »Er ist mein Kerl, mein ganzer Kerl, derjenige, auf den ich zähle, sowohl für die guten wie für die schlechten Dinge; er ist der Mann meines Lebens, in der Vertikalen und in der Horizontalen. Er ist bei weitem der beste Mann im Bett, den ich je hatte, seit meinem ersten Mal. Er ist mein Alles, mein Bestes, mein Licht, meine Dunkelheit. Ich bewundere ihn sehr, weil er genau weiß, wie ein Mann zu sein hat: stark, ein Jäger, ein Krieger, ehrgeizig, charmant und einnehmend. Er ist ein richtiger Mann. Nicht so wie die schwachen Männer aus meiner Familie oder die Ehemänner meiner Schwestern. Ich könnte nicht mit einem Schwächling zusammenleben.«

Die Befragte stärkt das Modell traditioneller Männlichkeit, des Mannes als Jäger und Krieger, Ernährer und Beschützer, und sie wählt die traditionelle weibliche Rolle der Abhängigen, Unterwürfigen, Schwachen. Sie lehnt das gegenteilige Modell ab, in dem die Frauen stark und mächtig und die Männer schwach und blass sind. Er ist für sie ein richtiger Mann und konsequenterweise ist sie eine richtige Frau. Sie betont, dass ihr Geliebter Macht, Geld und Erfolg habe. Die Tatsache, dass er verheiratet und untreu ist, kann als eine weitere Komponente dieses Typs aufgewerteter Männlichkeit gedeutet werden. So rechtfertigt sie ihre Stellung als *Andere* damit, dass es schwer sei, einen solchen, richtigen Mann zu finden.

> »Inzwischen bringt er mir nur Genuss und Glück. Am Anfang litt ich sehr unter seiner Abwesenheit an den Feiertagen, unter der Unterbrechung von Gesprächen, weil er zu einer bestimmten Zeit zu Hause sein musste, unter der Tatsache, dass er nicht öffentlich zu unserer Beziehung stehen kann, unter den Augenblicken der Einsamkeit. Inzwischen akzeptiere ich die Beziehung, so als wäre ich mit einem behinderten Mann verheiratet, mit einem Mann,

der eingeschränkt ist, der Unzulänglichkeiten, Fehler hat. Trotzdem würde ich diese Beziehung noch einmal so lange leben wollen, was ich bei meiner ersten Ehe nicht geschafft hätte. Ich finde, dass die traditionelle Ehe die perfekte Form des Zusammenlebens mit demjenigen ist, den man liebt, solange man die Reife hat, die Beziehung zu pflegen. Inzwischen würde ich nicht so schnell aufgeben und wüsste die Ehe so zu pflegen, dass sie nicht der Abnutzung unterliegt, die sie bedroht. Ich möchte ihn heiraten, mit ihm ein Kind haben, aber ich glaube nicht, dass er sich von seiner Frau trennt. In 90% der Zeit fühle ich mich verheiratet, aber ich habe große Angst davor, alt zu werden und immer noch die *Andere* zu sein, ohne einen Partner an meiner Seite. Ich fühle mich verheiratet, aber in einer minderwertigen Ehe, mit weniger Mitteln als denjenigen der Ehe, die er mit seiner Frau führt, aber mit allen Verantwortlichkeiten und Verpflichtungen einer verheirateten Frau. Es ist eine zweite Ehe, eine nicht gleichberechtigte Bigamie.«

Einer der wichtigsten Unterschiede zwischen dieser *Anderen* und denjenigen, die ich zuvor befragt habe, besteht im Bild, das sie von der Ehefrau ihres Geliebten zeichnet. Es ist wichtig hervorzuheben, dass sie, wie die ganze Familie, die Ehefrau sehr gut kennt. Während die zuvor befragten *Anderen* den Ehefrauen vorwarfen, eigennützig, erpresserisch, eine Hure zu sein, erscheint die Ehefrau in diesem Fall in sehr positivem Licht.

»Seine Frau ist bewundernswert, sie ist beruflich sehr kompetent und erfolgreich, eine super Geschäftsfrau. Er hat eine gute Ehe, sagt, er sie sei eine gute Kameradin, eine gute Ehefrau, eine gute Mutter. Sie ist finanziell unabhängig, aber von ihrem Mann extrem abhängig, ohne eigenes Leben; sie hat überhaupt keine Individualität. Sie ist sehr oberflächlich, spricht nicht viel von sich, von den Krisen. Es ist alles immer wunderbar, sie hat keine Depressionen, Ängste, es ist alles immer perfekt. Sie übergeht die Probleme, will die Realität nicht sehen, den Dingen nicht ins Auge sehen. Sie mag keinen Sex, hat er mir mal gesagt. Ich glaube, sie weiß, dass es mich gibt, tut aber so, als ob sie es nicht wüsste, um den Mann nicht zu verlieren. Ich fühle

> mich nicht betrogen. Der wahre Betrug ist die Lüge, und er hat mich nie angelogen, nie. Sie ist die Betrogene, weil sie entweder von nichts weiß oder so tut, als wüsste sie nichts.«

Wenn die *Andere* auch einerseits das Modell ihrer Beziehung für besser hält als die Beziehungsmodelle in ihrer Umgebung, d.h. die Ehen der Schwestern und Freundinnen, äußert sie doch andererseits den Wunsch, den Geliebten zu heiraten. Weil sie sich sicher ist, dass sich dieser Traum nicht verwirklichen lassen wird, zieht sie diese Ehe auf niedrigerem Niveau der Option vor, ihn zu verlieren. An anderer Stelle sagt sie, dass ihre Partnerschaft den anderen überlegen ist. Ihr Geliebter ist stark, ein Jäger, ein Krieger, aber auch ein Behinderter. So ist die *Andere* modern und traditionell, frei und abhängig, Ehefrau und Geliebte, eine Bedrohung und eine Stütze für die gesetzliche Ehe ihres Liebhabers. Der Diskurs der *Anderen* ist zweideutig, er oszilliert zwischen extremen Gegensätzen. Die Vorstellung von Gilberto Freyre[67] zum Gleichgewicht der Gegensätze scheint mir perfekt zu sein, um die Widersprüchlichkeit der *Anderen* zu erklären.

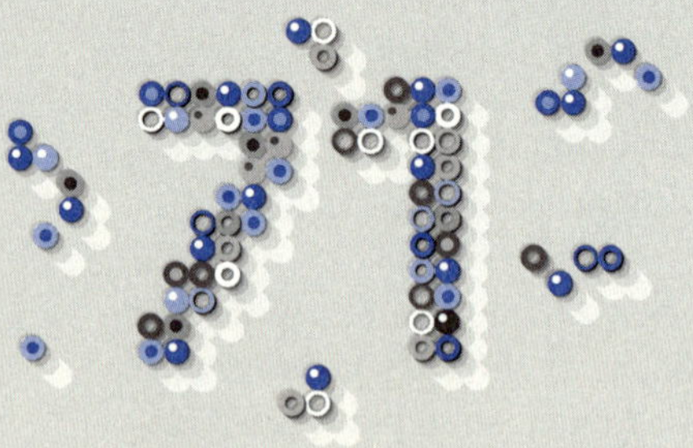

Wissenschaftler sagt, dass die Brasilianer die Jungfräulichkeit schätzen, die Jungfrauen sich aber ihrer Jungfräulichkeit schämen, und dass den Männern die Penisgröße Sorgen macht.[68]

Die Anthropologin Mirian Goldenberg hatte keine einfache Kindheit. Geboren ist sie in Santos an der Küste des Bundesstaates São Paulo als Jüdin und Kind einer polnischen Mutter und eines rumänischen Vaters. Die Eltern sprachen zu Hause jiddisch, und in der Schule fiel sie wegen ihres fremdartigen Namens auf. »Alles, was ich wollte, war, wie alle anderen zu sein«, erinnert sie sich. Vielleicht erklärt diese Herkunft ihr außergewöhnliches Interesse für normabweichendes Verhalten, ein Thema, das sie seit über zwanzig Jahren untersucht. Nachdem sie in ihrem Buch über Leila Diniz dem weiblichen Freiheitswunsch nachgegangen ist und in *A Outra* das Thema Untreue analysiert hat, hat sie kürzlich das Buch *De perto ninguém é normal* herausgebracht, eine Art Inventar der neuen Beziehungstypen zwischen Mann und Frau, der Tendenzen unter den Jüngeren und der Präferenzen im Allgemeinen.
Die Professorin am Postgraduiertenkolleg der Fakultät für Soziologie und Anthropologie der Universidade Federal do Rio de Janeiro hat eine breite Untersuchung zum Thema durchgeführt. Sie analysierte 1.279 Fragebögen, die von 835 Frauen und 444 Männern im Alter zwischen 17 und 50 Jahren und mit höherem Bildungsgang ausgefüllt worden sind. Dabei stellte sie fest, dass die heutigen Frauen häufiger fremdgehen als früher – auch wenn der Treue weiterhin ein hoher Wert beigemessen wird –, und dass die Mädchen die größten Opfer eines Paradoxons der brasilianischen Kultur sind: Während die Jungfräulichkeit gesellschaftlich immer noch einen hohen Wert genießt, fühlen sich die

Mädchen im Kreise ihrer Freundinnen als minderwertig, wenn sie mit über 16 Jahren immer noch Jungfrau sind. Goldenberg kommt außerdem zu dem Schluss, dass auch die Männer Opfer des brasilianischen Machismo sind: Junge Männer schlucken Potenzmittel, um ihre Freundinnen befriedigen zu können, reife Männer wechseln die Partnerin, nur um ihre Männlichkeit zu bestätigen, Väter sind frustriert, weil sie von der weiblichen Kontrolle abhängen, um Umgang mit ihren Kindern zu pflegen. Auf der Grundlage dieser Widersprüche entstand der Titel des neuen Buches. Schließlich kann niemand normal sein in einer Szenerie voller extremer Konzepte und Prinzipien. »Die Verhaltensmodelle in der brasilianischen Kultur sind zwiespältig, und deshalb fühlt sich niemand normal«, erklärt sie. Im vorliegenden Interview spricht Mirian über die Ergebnisse ihrer Arbeit.

IstoÉ: Welche Tendenzen gibt es im Bereich der Liebesbeziehungen?
Mirian Goldenberg: Die Partnerschaften werden immer gleichberechtigter, weil die Frauen arbeiten gehen und an den Entscheidungen stärker beteiligt sind. Zukünftig werden sich Paare gegen Heirat und Kinder oder für maximal eines entscheiden. Das wird nicht mehr als Niederlage gesehen werden, sondern als gleichwertige Option wie in der ersten Welt. In Deutschland entscheiden sich 25% der Frauen gegen eine Heirat. Sie sind der Meinung, dass ein Ehemann die berufliche Mobilität, die Möglichkeit zu reisen und auch das häusliche Leben eher behindert, weil er wenig kooperiert. Es gibt sogar viele, die ein Kind wollen, aber keinen Mann. Die individuellen Freiräume werden mehr geachtet werden und immer deutlicher hervortreten, einschließlich der physischen, was bedeutet, dass die Partner in der gemeinsamen Wohnung jeweils ihren eigenen Bereich haben werden. Es wird in Sachen Partnerschaft größere Flexibilität geben, und nicht Normierung, sondern Kreativität wird gefragt sein.
IstoÉ: Was hat sich innerhalb der Paarbeziehung geändert?
Mirian Goldenberg: Die lebenslang bestehende Kernfamilie aus Vater, Mutter und Kindern gibt es in der Praxis nicht mehr, auch wenn viele noch von diesem Modell träumen. Ich finde viele Fälle von Menschen, die heiraten, sich trennen und wieder heiraten. Viele wollen getrennt leben und schaffen es aus finanziellen Gründen nicht oder aus Angst oder, weil sie Vorurteile

haben. Die brasilianische Gesellschaft akzeptiert aber das Paar, das zusammenwohnt, jedoch getrennte Bäder, Schlafzimmer und Telefone hat. Auch gibt es viele Mütter, die ihre Kinder allein aufziehen und Väter, die sich genau diese Rolle wünschen, was eine große Neuigkeit ist. Die Männer beschränken sich nicht mehr auf ihre Arbeit, die Politik und den Fußball. Das kann zu Konflikten führen, weil die Frauen sich daran gewöhnt haben, im häuslichen Bereich zu bestimmen.

IstoÉ: Es wird oft behauptet, dass die Brasilianer Weltmeister sind, was den Sex betrifft. Haben Sie das in Ihren Untersuchungen bestätigt gefunden?

Mirian Goldenberg: Was mir besonders aufgefallen ist, ist die Tatsache, dass die Befragten, die in einer Partnerschaft leben, die Sexualität eigentlich kaum thematisieren, weder als Problem noch als Begründung für die Qualität einer Beziehung. Sowohl Männer als auch Frauen scheinen Freundschaft, Kameradschaft, gegenseitiges Verständnis für sehr viel wichtiger zu halten als das Bett. Von außen wird an sie herangetragen, dass man in einer guten Ehe drei bis viermal pro Woche Sex haben muss. Das führt dazu, dass viele Paare oder sogar die Mehrheit meint, nicht der Norm zu entsprechen und beginnt, etwas als Problem zu sehen, was eigentlich kein Problem für sie ist.

IstoÉ: Was ist die romantische Liebe? Ist sie immer noch aktuell?

Mirian Goldenberg: Sie ist eine Idealisierung, eine Suche nach affektiver Erfüllung im Anderen, die Vorstellung, nur mit der seelenverwandten anderen Hälfte glücklich sein zu können. Als ob die Beziehungen dem entsprächen, was in Filmen und Novelas gezeigt wird! Ein solches Bild habe ich häufig bei Frauen aller Altersstufen gefunden, nicht so sehr bei Männern. Vor allem junge Mädchen idealisieren. Es stimmt nicht, dass sie mit jedem knutschen oder ins Bett gehen. Wenn sie es tun, dann als Antwort auf das, was die Jungen von ihnen erwarten und als ein Mittel, um sie zu erobern. Die Jungen verlieben sich zwar, sind dabei aber cooler.

IstoÉ: Ist Treue für die Partner immer noch wichtig?

Mirian Goldenberg: Heute wird sie verhandelt. Wenn der Mann fremdgeht, darf die Frau es auch, und wenn die Frau nicht fremdgeht, darf der Mann es auch nicht. Die große Neuigkeit besteht darin, dass die Frauen häufiger fremdgehen als früher, oder zumindest behaupten sie es. In meiner Untersuchung haben 60%

der Männer und 47 % der Frauen gesagt, sie wären ihrem Partner schon einmal untreu gewesen. Am Interessantesten sind die Motive. Die Männer gebrauchen Formulierungen wie »Es hat sich so ergeben«, »Das ist der männliche Instinkt« oder »die männliche Natur«, als handele es sich um eine genetische Veranlagung. Die Frauen betrügen aus Rache, weil sie sich nicht mehr begehrt fühlen. Sie geben den Männern die Schuld und stehen nicht dazu, Subjekt des Seitensprungs zu sein, sondern lassen sich weiter männlich dominieren.
IstoÉ: Welches sind die größten, von Männern und Frauen genannten, Beziehungsprobleme?
Mirian Goldenberg: Die Frauen stellen lange Listen auf, die vom Ausdruck »Mangel« angeführt werden: Mangel an Romantik, an Zärtlichkeit, Gespräch, Aufmerksamkeit, Kameradschaft, Zeit usw. Die Männer antworten kurz und knapp mit fehlendem Verständnis. Es ist interessant, wie auf einem Liebesmarkt, der gesellschaftlich und demografisch für die Frauen ungünstig ist, die Frauen dennoch mehr von einer Beziehung fordern, während die Männer sich vor allem Ruhe und Frieden wünschen.
IstoÉ: Wird Jungfräulichkeit immer noch für wichtig gehalten?
Mirian Goldenberg: Ja, aber sie ist auch zum Stigma geworden. Für konservative Familien hat Jungfräulichkeit immer noch einen hohen Wert, aber von der Mehrheit der Jugendlichen wird sie stigmatisiert. Die Mädchen schämen sich, zu sagen, dass sie noch Jungfrau sind. Sowohl Jungen als auch Mädchen haben ihre ersten Erfahrungen mit ca. 16 Jahren, früher als meine Generation (um das 18. Lebensjahr). Andererseits können die Mädchen nicht viele Partner haben, weil sie fürchten, deswegen schief angesehen zu werden. Die von mir Befragte, die die größte Zahl an Sexualpartnern gehabt hat, nämlich 27, war bereits 40. Die Jungen haben sehr viel mehr Partnerinnen. Aber 30 % von ihnen machen nur vage Angaben, wie z. B. »über 100« oder »weniger, als ich gern gehabt hätte«. Sie haben Angst, weniger Partnerinnen zu haben als ihre Freunde und stehen ständig miteinander in Konkurrenz.
IstoÉ: Aber es gibt das Phänomen der Metrosexuellen, der Männer, die keine Angst mehr davor haben, ihre Eitelkeit und Empfindsamkeit zu zeigen. Was sagen Sie dazu?
Mirian Goldenberg: Ich habe diesen »neuen Mann« untersucht, der schon viele Namen gehabt hat: der schwule Mann, der sen-

sible, der weibliche. Jedesmal wird ein neuer Name erfunden, der aber nur ein elaborierter Ausdruck für etwas ist, was es längst gibt. Männer sind schon immer eitel gewesen, durften dieses Gefühl aber in Bezug auf Kleidung und Körper nicht zeigen. Die männliche Eitelkeit hat sich nur auf Bereiche ausgedehnt, die zuvor verboten waren. Gleichzeitig ist sie eine Modeerscheinung. Extrem gut aussehende, reiche, berühmte und erfolgreiche Männer werden ausgewählt, damit die anderen glauben, dass dies das Männlichkeitsmodell sei, dem sie folgen sollen. Meiner Meinung nach steckt das Männlichkeitsmodell in der Krise. Früher musste der Mann stark und mächtig sein, jetzt wird sogar ein Fußballspieler wie der Engländer David Beckham zum Vorbild.

IstoÉ: Halten beide Geschlechter die Penisgröße für relevant?

Mirian Goldenberg: Nur die Männer. Es ist interessant, wie sie sich im Hinblick auf eine mögliche Partnerin selbst beschreiben. Sie sagen zunächst, sie seien groß und gut gebaut, und gleich darauf kommt, sie seien gut ausgestattet. Sie glauben an dieses Männlichkeitsmodell, das immer noch gültig ist und auf Muskeln und Körperstärke beruht. Aber das hat bereits zu Toten geführt, wie im Falle der Jungen, die gestorben sind, weil sie, um muskulöser zu werden, Anabolika genommen haben, die in der Viehzucht verwendet werden. Die Penisgröße ist eine Obsession, sowohl für die Jungen als auch für die älteren Männer.

IstoÉ: Worunter leidet der Mann noch?

Mirian Goldenberg: Das herauszufinden ist sehr schwierig, weil in einer patriarchalischen Gesellschaft wie der unseren ein Mann nicht über seine Schwächen reden und manchmal noch nicht einmal über sie nachdenken kann. Aber die Antworten in meinen Fragebögen zeigen, welches Leid von der Pflicht verursacht wird, männlich, potent und stark zu sein und mehrere Partnerinnen zu haben. Ich treffe auf Jugendliche, die Mittel gegen Impotenz nehmen, weil sie Angst haben, bei ihren Freundinnen zu versagen, auf Männer, die die Partnerin wechseln, einfach, weil sie ihre Potenz noch einmal bestätigen wollen, und auf Väter, die sich ihren Kindern mehr widmen möchten und es nicht können, weil die Mütter die Zeiträume kontrollieren, in denen sie mit ihren Kindern zusammen sein dürfen.

IstoÉ: Was halten Sie vom Bild, das in der Novela *Senhora do destino* (dt. etwa »Herrin des Schicksals«) vom Lesbianismus gezeichnet wird? Ist das ein Zeichen für größere Toleranz?

Mirian Goldenberg: Die Novelas sind hervorragende Instrumente, um über die brasilianische Wirklichkeit nachzudenken. Sie helfen, verborgene Verhaltensweisen sichtbar zu machen und zeigen, dass diese in jeder Familie vorkommen können. In den letzten zehn Jahren ist dies das dritte lesbische Paar in einer Novela. Das Erste ist gestorben. Das Zweite durfte weiter bestehen, aber mit vielen Konflikten. Dem Jetzigen wird zumindest von einer der beiden Familien mit viel größerer Toleranz begegnet. Aber die brasilianische Gesellschaft ist im Allgemeinen immer noch sehr intolerant gegenüber der Homosexualität.
IstoÉ: In Ihrem Buch schreiben Sie, dass die früheren kommunistischen Aktivistinnen »unsichtbare Frauen« gewesen wären. Was meinen Sie damit?
Mirian Goldenberg: Ich habe festgestellt und meine, dass sich das nicht geändert hat, dass die Frauen in den linken Parteien und Organisationen niedrigere, unterstützende Positionen inne hatten und haben. Sie sind diejenigen, die den Kaffee servieren, den Versammlungstisch vorbereiten, dem linken Aktivisten den Haushalt führen. Sie waren für die damaligen Kämpfer eigentlich nur Fassade, während die Männer berühmt, wichtig und mutig waren. Nur sehr wenige Frauen konnten sich aus dieser Rolle befreien, wie z.B. Olga Benario, die Gefährtin von Luiz Carlos Prestes, und Iara Iavelberg, die Gefährtin von Carlos Lamarca. Sie haben diese unsichtbare und geschlechtslose Rolle nicht akzeptiert. Dafür wurde Iara innerhalb und außerhalb der Partei vorgeworfen, promisk zu sein, der Frau Lamarcas den Mann zu stehlen und aufreizende Kleidung zu tragen.

72

Ich habe mir nie vorstellen können, verheiratet zu sein, eine Beziehung oder Bindung einzugehen wie die einer verheirateten Frau. Ich habe mich nie abhängig und verpflichtet gefühlt, treu zu sein, Rechenschaft abzulegen, meine Freiheit zu beschränken. Nein, ich bin nicht verheiratet. Ich habe meinem Liebhaber nicht erzählt, dass ich mit einem Mann zusammenlebe, einen Partner habe. Da er im Haus seiner Eltern wohnt, müssen wir in Motels gehen, um miteinander zu schlafen. Von Anfang an habe ich darauf bestanden, die Motels zu bezahlen, weil er sehr viel weniger verdient als ich. Er hat sich nie darüber beschwert. Im Gegenteil, er findet es super. Wenn er bezahlen müsste oder wir es uns teilen würden, könnten wir uns nicht so oft treffen. Ich zahle, um mit ihm länger, häufiger zusammen zu sein.

Am Anfang habe ich mich gefragt, wie es wohl sein würde, wenn ich nur mit ihm zusammen wäre, wie unser Leben wäre, wenn wir zusammen wohnen würden. Ich glaube, es wäre unmöglich: Er liest nicht, mag keine Gespräche, hat keinerlei intellektuelles Interesse. Ihn interessiert nur der Sex. Er hat seine Familie, seine Exfrau und seine Tochter. Vom Sohn weiß ich nichts, ich glaube, er lebt im Ausland. Er ist ein Mann ohne Leidenschaften, Wünsche, Pläne. Es ist, als wäre er tot, aber er ist sehr lebendig, wenn es um Sex geht. Im Bett ist er aggressiv, kreativ, potent, außerhalb kühl, grob und langweilig.

Mein Lebenspartner ist ein intelligenter, interessierter, gebildeter Mann, der mit Leidenschaft lebt. Seine Beziehung zum Sex ist, wenn man es so sagen kann, normal. Sex gehört zum Leben und ist mit Sicherheit nicht das Wichtigste. Zumindest ist das jetzt so. Er hat vor mir schon mit Hunderten von Frauen geschlafen. Im ersten Jahr haben wir oft miteinander Sex gehabt. Ich weiß nicht recht, was mit uns passiert ist, aber irgendwann blieb die Sache stehen und wurde eingefahren. Ich glaube, wir waren uns irgendwann unserer gegenseitigen Zuneigung zu sicher, wir waren zu sicher, dass unsere Beziehung funktionieren würde, vielleicht für immer. Wir hatten ein Gleichgewicht gefunden. Er hat mit mir eine Frau, die ihn akzeptiert, ohne Forderungen zu stellen, ich habe mit ihm einen sehr toleranten Partner. Wir passen zusammen, und das ist genau das, was mir bei meiner großen Liebe gefehlt hat. Wir nehmen uns gegenseitig an, ohne viel zu fordern und daher auch ohne Streit. Wir konkurrieren nicht miteinander, wir zwingen dem anderen nicht unsere Wünsche auf, wir machen uns nichts streitig. Er ist mit seinem Leben zufrieden und ich mit meinem. Es wäre alles perfekt, wenn nicht das Fehlen einer größeren Erotik mich stören würde, besonders in letzter Zeit, und wenn ich nicht einen Mann kennengelernt hätte, der die Nutte geweckt hat, die tief in mir verborgen war.

73

Nachdem ich ihre Mutter, ihren Vater, ihren Bruder und die *Andere* selbst befragt hatte, befragte ich ihren Liebhaber, den verheirateten Mann. Weder lehnte er das Interview ab noch machte er andere Schwierigkeiten. Das Gespräch fand in seinem Büro statt, ohne dass wir unterbrochen wurden oder irgendein anderes Problem auftauchte. Er war überraschend offen in seinen Antworten und wich keinem Thema aus. Wie es die *Andere* schon gesagt hatte, ist er ein erfolgreicher Unternehmer, attraktiv, charmant, ein Verführer. Um die Situation zu erklären, in der er lebt, gebrauchte er biologische Argumente über die Unterschiede zwischen der weiblichen und der männlichen Natur.

»Die Frau braucht einen Mann, um ihren Körper vollständig zu entwickeln. Der Uterus entwickelt sich zum Beispiel nur mit einem männlichen Partner. Der Mann dagegen ist unabhängiger. Deshalb gibt es Männer vom Typ verrückter Wissenschaftler, die Tag und Nacht in ihrem Labor das Verhalten von Kakerlaken studieren, während es schon schwieriger ist, eine Frau zu finden, die so drauf ist. Ein Mann findet manchmal zu einem gewissen Gleichgewicht, wenn er etwas tut, eine Frau dagegen nicht. Der Mann ist weniger abhängig. Die Frau findet Antworten nur bei Dritten, sie ist nicht an Taten gewöhnt. Die Natur des Mannes ist das Tun und die der Frau das Fühlen. Aus diesem Grund lebe ich heute in zwei wichtigen Beziehungen. Sie sind zwei Taten in meinem Leben, und ich entledige mich meiner Taten nicht. Sie sind zwei Projekte, zwei erfolgreiche Geschäfte, denn ich manage beide und investiere in beide. Was ich lebe, ist etwas völlig anderes als eine Affäre oder ein Abenteuer, so wie ich sie ab dem vierten Jahr meiner Ehe hatte. Ich investiere in meine Ehe und die Kosten sind hoch. Die Ehe ist eine Tat, etwas, das ich aufgebaut habe wie andere Dinge, und ist in diesem Maße wichtig. Und in gewissem Sinne ist meine Beziehung zu meiner Geliebten auch eine Tat, ich bin ja sogar dabei, für sie eine Firma aufzubauen.«

Als er die Ehefrau mit der Geliebten vergleicht, sagt er, dass es sich um zwei verschiedene Arten der Ehe handele, zwei Arten von Gesellschaften mit verschiedenen Frauen. Die Erste Gesellschaft mit der Ehefrau sei älter, traditioneller und beruhe auf formalen und wirtschaftlichen Bindungen. Die Zweite sei moderner, ohne irgendeine Art von verpflichtender Bindung.

»In diesem Sinne ist meine Beziehung zu meiner Geliebten sehr viel moderner als die zu meiner Frau. Sie beruht mehr als alles andere darauf, dass wir uns geistig gut verstehen. Ich bin mit ihr zusammen, einfach weil ich mit ihr zusammen bin, weil ich gern mit ihr zusammen bin, und nicht, weil ich mit ihr zusammenlebe und Kinder mit ihr habe. Sie hat keine formale Bindung zu mir und kein anderes Interesse an mir als das, mit mir zusammen zu sein. Das Wichtigste in dieser Beziehung ist, dass wir uns geistig gut verstehen, dass wir uns von innen und außen kennen, dass wir uns viel miteinander unterhalten, uns miteinander identifizieren, dass es einen Austausch gibt. Der Dialog zwischen uns ist viel prägender als der Sex. Nicht, dass Sex nicht wichtig wäre, aber er ist zweitrangig.«

Dieser verheiratete Liebhaber glaubt, dass es möglich ist, zwei Menschen gleichzeitig zu lieben und zu begehren und dass es nicht nötig ist, es damit zu rechtfertigen, dass einem etwas fehlt. Als er von seiner Ehe spricht, sagt er im Gegensatz zu dem, was seine Geliebte denkt, dass es keinerlei Probleme gebe. Die Andere sei keine Kompensation oder Ergänzung. Er sagt, er führe mit seiner Ehefrau ein normales Familienleben, mit Sex und Zuneigung, Gesprächen, Freud, Leid und Verantwortung. Er sagt auch, dass sie sich nicht streiten und sich sehr gut verstehen, auch im Bett.

»Diese romantische Auffassung, dass die Liebe etwas Einzigartiges ist, das man nur zu einem Menschen spürt, ist ein riesiger Quatsch. Meine Ehe läuft sehr gut, vielen Dank.

Die nebeneheliche Beziehung bedeutet absolut nicht, dass mir in der Ehe etwas fehlt. Auch wenn sie meine Geliebte noch so oft danach fragen und von ihr das Gegenteil hören, werde ich jedes Mal sagen, dass das nicht stimmt. Mir fehlt in der Ehe nichts. Es ist eine riesige Anmaßung, zu meinen, dass einem in der Ehe etwas fehlen muss, um eine Geliebte zu haben. Du schläfst nur ruhiger, wenn du das glaubst. Eigentlich finde ich, dass die Tatsache, dass mir in der Ehe nichts fehlt, die Beziehung zu meiner Geliebten sogar aufwertet, denn es gibt sie in meinem Leben eben nicht deshalb, weil sie etwas befriedigt, was mir in der Ehe fehlt.«

»Aber wenn ich nicht mit ihr zusammen wäre, würde ich meine Frau mit einer anderen betrügen, denn das Angebot ist zum Verrücktwerden. Ich würde mir nur keine Frau suchen, die zwanzig Jahre jünger ist als ich. Das halte ich für krankhaft. So eine Frau hat keine Lebenserfahrung; es fehlt jede Grundlage für Austausch und Gespräch. Ich finde diese Greise mit jungen Mädchen lächerlich. Die wollen nur ihre Eitelkeit befriedigen und mit ihren Trophäen im Freundeskreis angeben. Je älter der Typ wird, desto größer ist sein Bedürfnis nach einer Trophäe, einer Frau mit großem Busen, knackigem Hintern, einer Superfigur. Je älter er ist, desto perfekter muss die Frau sein. Da ist es offensichtlich, dass die Typen Beziehungen aus Berechnung eingehen, dass sie Kaufgeschäfte tätigen. Sie wollen einen neuen Wagen und bezahlen ihn teuer, dann eine neue, junge Frau und bezahlen sie noch teurer. Sie brauchen das, um zu beweisen, dass sie richtige Männer sind. Ich brauche das nicht. Ich bin mit beiden Frauen zusammen, weil sie intelligent, interessant und hübsch sind, wirklich. Aber sie sind keine Trophäen, und beide sind mehr oder weniger in meinem Alter. Es gibt zwar viele Leute, die meinen, dass ich ein Macho bin, weil ich beide Partnerschaften aufrechterhalten will, aber niemand sagt, dass ich diese beiden Frauen nur deshalb habe, weil ich damit angeben, mit zwei hübschen Frauen ausgehen will, denn das ist nicht mein Fall. Ich bin mit beiden zusammen, um mein Leben, meine Projekte für mein Arbeits- und mein Familienleben zu teilen. Ich bin mit ihnen zusammen, weil sie Frauen sind, mit denen ich über alles reden kann, ohne es übersetzen oder erklären zu müssen. Ich verstehe nicht, dass einige Männer mit einer Frau, die sie nicht bewundern, eine Beziehung eingehen können, nur, weil sie hübsch ist. Ich könnte das nicht. Ich muss die Frau, mit der ich zusammen bin, bewundern, achten, von ihr lernen, ihr etwas beibringen, mich mit ihr austauschen können. Wenn das nicht geht, welchen Sinn hat dann eine Partnerschaft?«

Durch Rückgriff auf Biologie und Psychologie erklärt der befragte Liebhaber, dass er Seitensprünge weder bei seiner Frau noch bei seiner Geliebten dulden würde.

»Die männliche Sexualität ist von der weiblichen völlig verschieden. Männer können eine rein körperliche Beziehung haben, aber Frauen brauchen Romantik. Deshalb würde ich Seitensprünge bei keiner meiner beiden Frauen akzeptieren. Das ist eine *conditio sine qua non* für beide Beziehungen: Wenn meine Partnerin untreu ist, ist es vorbei.«

Beim Vergleich der beiden Partnerschaften nennt er als Hauptproblem Stress, da beide Frauen viel von ihm forderten, insbesondere die Geliebte.

»Gegenüber meiner Frau könnte ich wohl besser sein, aber das hat nichts damit zu tun, dass ich noch eine andere Beziehung habe. Ich gebe ihr das Maximum von dem, was ich geben kann. Gegenüber meiner Geliebten bin ich nicht besser, weil ich verheiratet bin. Ich finde, dass ich ihr etwas schuldig bleibe; ich meine aber nicht, dass ich meiner Frau etwas schuldig bleibe wegen ihr. Eine alltägliche, ruhige Beziehung ist viel weniger aufreibend und stressig als die Beziehung zu einer Geliebten. Die ist viel anstrengender: Du stehst unter ständiger Beobachtung, weil die Beziehung nicht anerkannt ist. Für sie ist es viel schwieriger, mit mir zusammen zu sein. Ohne Zweifel bietet die Ehe ein paar Kompensationen, die diese Beziehung nicht bietet. Ich widerspreche der Auffassung ausdrücklich, dass diese Beziehung glamouröser ist als die Ehe. Am Anfang vielleicht, aber dann ist sie überhaupt nicht mehr glamourös – nur in den Augen der anderen, für mich nicht. Wir unterliegen stattdessen riesigen Beschränkungen! Sie ist wirklich alles andere als glamourös. Die Beziehung dauert nun schon sieben Jahre. Da kann ich nicht mehr glamourös sein; sie weiß, wie ich bin, ich weiß, wie sie ist. Wie in jeder Ehe verliert sich die Romantik. Für einen Außenstehenden sieht es vielleicht so aus: »Oh, sie hat heimliche Rendezvous!« Was heißt hier Rendezvous? Super nervige Mittagessen, bei denen ich den Kopf mit Arbeit voll habe und sie genervt ist. Am Anfang ja, aber dann ist es wirklich eine alltägliche Beziehung. Und noch mehr: Ich kämpfe darum, dass sie das ist. So ist das Leben, die Realität, und es hilft nicht, sich irgendetwas zu erträumen. Für mich ist sie absolut nicht glamourös. Wer danach sucht, wer darauf besteht, der findet natürlich *Glamour*. Wer das aber nicht will, wird auch keinen finden.«

Der Befragte grenzt seine eigene Sicht der Beziehung von der seiner Geliebten deutlich ab. Wo er nervigen Alltag sieht, sieht sie *Glamour*, Romantik und Verzauberung. Während er den rationalen Blick auf eine stressige Beziehung verteidigt, sieht sie eine Beziehung ohne eingefahrene Abläufe mit viel Sex und Annehmlichkeiten. Er betont, wie wichtig es ist, realistisch zu sein; sie scheint in einer Phantasiewelt zu leben. Sie schafft Rechtfertigungen, um sich für wichtig in seinem Leben zu halten, wie das Fehlen von Sex und Gesprächen in seiner Ehe. Er zeigt, dass das frei erfunden ist, dass ihm in seiner Ehe nichts fehlt, dass es Entschuldigungen sind, die sie gefunden hat, um ihre Rolle als Geliebte zu rechtfertigen. Er zeigt auch, dass es in seiner Beziehung zu seiner Geliebten viel mehr Probleme gibt als in seiner Ehe.

»Ich finde es natürlich, dass ihre Familie unter dieser Beziehung leidet, es sind Menschen, die sie mögen und für sie das Bestmögliche wollen, was diese Beziehung sicherlich nicht ist. Sie ist unvollständig und sehr lückenhaft, auch wenn sie diese Beziehung sogar für besser hält als die anderen, die sie kennt. Diejenigen, die so urteilen, verfügen nicht über dieselben Elemente wie sie. Ich finde nicht, dass ihre Persönlichkeit zur Rolle der Geliebten passt. Was zwischen uns passiert ist, ist, dass unsere Persönlichkeiten zueinander gefunden haben. Ich kenne Frauen, deren Pathologie es ist, Geliebte sein zu wollen, und ich weiß, dass sie nicht so ist. Es war für sie sehr schwierig, diese Beziehung zu akzeptieren. Ich bin immer sehr ehrlich gewesen. Ich habe ihr nie versprochen, mich zu trennen. Sie wusste sehr gut, worauf sie sich einließ. Hier ist keiner das Opfer. Beide Frauen können sich, wann immer sie wollen, aus der Beziehung verabschieden und andere Partner finden. Allerdings werde ich die Situation nicht ändern. Wenn es nach mir geht, bleibt alles genau, wie es ist, denn ich möchte beide Beziehungen. Ich glaube, sie wollen es auch, denn sonst hätten sie sich verabschiedet und sich einen anderen gesucht.«

Gegensätzliche Ansichten, sich widersprechende Diskurse, die dieselbe Beziehung stützen und verschiedene Rollen und Angriffsziele rechtfertigen: die des untreuen Ehemanns und die der *Anderen*. Die Ansichten der Befragten über die Ehefrau sind sich dagegen sehr ähnlich.

»Ich bin sicher, dass sie von meiner Geliebten weiß, auch wenn wir nie darüber geredet haben. Und ich streite es auch vehement ab, wenn ich damit konfrontiert werde, schon allein aus Respekt ihr gegenüber. Aber ich weiß, dass sie es weiß, weil sie schon mit Freunden darüber gesprochen hat. Sie stellt mich nicht zur Rede, weil sie keinen Konflikt heraufbeschwören will. Ich weiß, dass sie das extrem stört, aber sie muss es ertragen, weil sie ein großes Interesse daran hat, mir zu gefallen. Meine Frau ist mit einem altmodischen Familienbild groß worden, bei dem der Mann das wichtigste Familienmitglied ist. Sie ist eine sehr intelligente Frau, sehr aktiv, unabhängig, mit einer sehr angenehmen Art und angenehmen Umgangsformen, sie ist hübsch und sehr lebendig, intellektuell lebendig und voller Lebensfreude.«

Er ist sehr großzügig, was das Lob seiner Ehefrau angeht. In Bezug auf die Geliebte ist er da viel sparsamer.

»Sie hat Feuer, ist aufmerksam, kämpferisch, hübsch. Das ist es im Großen und Ganzen, ich werde sie nicht mit Konfetti bewerfen.«

Im Vergleich beider Beziehungen gewinnt die zur Ehefrau, denn hier fehlt ihm nichts; die Ehe ist von Ruhe, Reife und wirtschaftlicher Unabhängigkeit geprägt. Die Geliebte dagegen ist beruflich und wirtschaftlich von ihm abhängig, abgesehen davon, dass sie viel mehr fordert.

> »Ich bin ein konservativer Mann; wenn ich ein moderner Mann wäre, würde ich eine solche Beziehung nicht unterhalten. Wahrscheinlich würde ich mich von einer der beiden oder von beiden trennen. Man kann mich gern für einen Macho halten, aber die Meinung der anderen interessiert mich nicht. Am Anfang dachte ich sogar daran, mich von meiner Frau zu trennen, aber ich habe den Gedanken aufgegeben, weil ich merkte, dass sie zu sehr darunter leiden würde. Ich möchte mich von keiner von beiden trennen. Wenn sie unzufrieden sind, müssen sie sich von mir trennen, eine Entscheidung treffen. Wenn es nach mir geht, führe ich beide Beziehungen weiter, denn ich würde sehr darunter leiden, die eine oder die andere zu verlieren. Sie müssen eine andere Lösung finden, wenn sie ihr Leben ändern wollen. Eigentlich finde ich, dass diese Art der Beziehung, in der ein Mann eine Geliebte und eine Ehefrau hat, sich zwar ziemlich verändert, weil die Beteiligten sich ändern, aber sie stirbt nicht aus. Die Leute schaffen es nicht, eine so moderne Haltung aufrechtzuerhalten. Ich kenne mehrere Fälle, aber eher aus den ärmeren Schichten. Reiche Männer sind sehr geizig, denken nur ans Geld, daran, wieviel sie dieses Spielchen kosten wird. Es hat seinen Preis und ist nicht billig. Ich unterstütze meine Geliebte finanziell, weil sie es braucht, aber das wird nicht für immer so bleiben. Ich will es nicht, es ist nicht gut für mich, nicht gut für sie und auch nicht für die Beziehung. Trotzdem hat so was für den Mann seinen Preis, denn er muss Kavalier sein. Das stirbt nicht aus, und die Frauen werden es in den nächsten Jahren noch viel stärker fordern. Das merke ich in meinem Freundeskreis. Mein Erfolg bei Frauen hat seinen Grund. Sie wollen einen Mann, der die Rechnungen bezahlt, der sie teuer ausführt, der ihr die Wagentür aufhält. Die Frau, die sagt, dass sie das nicht will, lügt oder ist lesbisch. Eine Frau mag einen Mann, der stark

ist, männlich, imponierend und maskulin, einen Beschützer. Die Welt ist voll von schwachen Männern und wenn die Frauen einen finden wie mich, wollen sie von einem Schwächling nichts wissen. Zum Glück für mich ist das die Realität auf dem Markt.«

79

Ich arbeite nicht, ich esse nicht, ich schlafe nicht, ich bin ganz krank. Ich habe Gefühle und Symptome, wie ich sie nie zuvor hatte. Furchtbaren Durchfall, Migräne, Schmerzen in der Brust. Ich schwanke zwischen Depression und Euphorie, Schmerz und Lust. Mein Handy ist immer an und ich bin jederzeit für ein Treffen bereit: morgens, nachmittags, abends, mitten in der Nacht. Ich kann mich nicht mehr konzentrieren, kein Buch mehr lesen, keinen Artikel mehr schreiben. Ich habe schon Interviews abgebrochen, um mich mit ihm zu treffen. Ich habe eine Dienstreise abgesagt, um auf seinen Anruf zu warten. Ich habe meine Freunde aufgegeben, meine Hobbys, alles. Ich bin ständig nervös. Ich habe keinerlei Geduld und an nichts mehr Interesse. Logisch, dass ich wahrscheinlich unerträglich geworden bin, vor allem für meinen Lebensgefährten. Aber er schweigt weiterhin. Ich weiß nicht recht, wie ich mit ihm umgehen soll und weniger noch, wie ich mit dem anderen umgehen soll. Ich rufe ihn nie an. Ich warte immer auf seinen Anruf. Ich habe Angst, anzurufen und er ist gerade mit seiner Ex zusammen oder seiner Tochter oder sogar einer anderen Frau. Ich habe Angst, dass er grob wird, dass er mich klebrig findet. Angst, dass er nicht abnimmt, dass er mir den Laufpass gibt. Ich bin total verunsichert, mutlos, geschwächt. Ich erkenne mich gar nicht wieder und mag mich so auch nicht.

Über die Freundin, die uns miteinander bekannt gemacht hat, habe ich erfahren, dass er zur Feier seines Geburtstags ein Abendessen im Haus seiner Eltern veranstaltet hat. Mir hat er nichts gesagt. Ich fühle mich immer zurückgestoßen, ausgeschlossen, missachtet. Aber wenn ich mit ihm im Bett bin, vergesse ich alles. Wenn ich heute über mein Sexualleben nachdenke, merke ich, dass es lange gedauert hat, bis ich Freude am Sex hatte. Und das hat nichts mit der bisherigen Anzahl meiner

Partner zu tun, sondern mit ihrer Qualität. Mit fast allen hatte ich schnelle, ziemlich ungeschickte sexuelle Begegnungen ohne große Kreativität. Ich war dabei ziemlich aktiv und auch sehr schnell und objektiv. Mein Ziel war es, zum Orgasmus zu kommen, und je schneller, desto besser. Mit ihm bin ich das Gegenteil von dem, was ich immer war. Ich verlange nie etwas, beschwere mich nie und bitte um nichts. Ich bin immer still und bereit für das, was er von mir will. In letzter Zeit hat er mich am Bett festgebunden und ich kann mich noch nicht einmal bewegen. Es ist die vollständigste Passivität und eine vollständig unbekannte Lust. Ich habe nie gefragt, ob er tagsüber an mich denkt. Ich denke den ganzen Tag an ihn: es ist eine wahre Obsession. Ich bin ausgelaugt, völlig ausgelaugt, körperlich krank. Aber ich will mich nicht von ihm trennen. Und ich sterbe vor Angst davor, dass er mich nicht mehr anruft. Ich bemühe mich verzweifelt darum, ihm zu zeigen, dass keine andere Frau sich ihm jemals so unterwerfen wird wie ich.

75

Im Jahr 1998 führte ich eine quantitative Studie durch mit dem Ziel, über die Genderrepräsentationen in der brasilianischen Kultur nachzudenken. Ich entwickelte einen Fragebogen mit 37 Fragen zu Beziehungsproblemen, männlichen und weiblichen Erwartungen an die Paarbeziehung und ehelicher Untreue. Die Umfrage wurde von meinen Studenten durchgeführt, die 1.279 Männer und Frauen der städtischen Mittelschicht Rio de Janeiros zwischen 17 und 50 Jahren, mit Hochschulabschluss und einem Familieneinkommen von über R$ 2.000 befragten.

Seit 1991, als ich das Buch *Ser homen, ser mulher: dentro e fora do casamento* veröffentlichte, habe ich mich darum bemüht, auch zu thematisieren, worunter Männer leiden. Glaubt man den Ergebnissen des größten Teils meiner Untersuchungen, scheint es so, als würden nur die Frauen leiden. Sie leiden darunter, die *Andere* zu sein, betrogen zu werden, keinen Mann zu finden, der frei ist; sie leiden, weil den Männern Romantik und Sensibilität fehlt, weil sie mit ihnen keine Beziehungsgespräche führen können, weil sie selbst zuviel in die Beziehung investieren, weil sie doppelt belastet sind, weil sie schlank, hübsch und jung sein müssen. In fast allen meinen Untersuchungen erscheint die Frau als einziges Opfer des Patriarchats und der Mann als Hauptschuldiger an ihrem Leid. Trotzdem habe ich mir immer die Frage gestellt, worunter die Männer leiden.

In einer kürzlich durchgeführten Studie[69] habe ich gezeigt, dass die extreme Sorge der Männer, insbesondere der jungen Männer, um ihre Körpergröße und -kraft, ihre Männlichkeit und Penisgröße großes körperliches und seelisches Leid verursacht und sogar zu Todesfällen führt wie im Falle der Jugendlichen, die Anabolika genommen haben, welche in der Tierzucht eingesetzt werden. Ich habe drei junge Männer zwischen 18 und 23 Jahren befragt, die sagten, dass sie Viagra nähmen, weil sie Angst hätten, sexuell zu versagen. Obwohl sie gleichzeitig energisch bestritten, es nötig zu haben, war doch ihre Angst vor einem Versagen, ihre Unsicherheit bezüglich ihrer sexuellen Leistung der Grund für die Einnahme des Medikaments: »Es ist nur eine Absicherung«, sagten sie. Die Tablette gab ihnen größere Sicherheit in Bezug auf ihre sexuelle Leistung. Sie sagten, dass sie nie beim Arzt gewesen wären, oder behaupteten, dass sie ihrer Freundin zuliebe Viagra nähmen. Einer von ihnen meinte, er hätte Viagra aus Neugier genommen und sich mächtig gefühlt; er wäre noch nie so oft hintereinander gekommen. Ein anderer sagte, dass er Viagra genommen hätte, weil er es nicht mehr ausgehalten hätte, von seinen Freunden zu hören, dass sie es in einer Nacht über fünfmal hintereinander getrieben hätten.

Elisabeth Badinter[70] glaubt, dass die Flucht in Alkohol und Drogen und auch die Impotenz Reaktionen auf neue gesellschaftliche Anforderungen und Zwänge im sexuellen Bereich sind. Die Autorin schreibt, dass das Männlichkeitsideal die Männer teuer zu stehen komme, welche riesige Anstrengungen unternähmen, um sich einem Idealbild anzunähern, das die Penisgröße überbewertet und Obsessionen bezüglich der sexuellen Leistungsfähigkeit sowie Ängste, Depressionen, Nervosität, Stress, affektive Probleme, Versagensängste und potenziell gefährliches und zerstörerisches kompensatorisches Verhalten hervorrufe. Abgesehen davon erinnert sie daran, dass Männer viel seltener als Frauen Ärzte und Psychologen aufsuchen und ihre Krankheiten und Sorgen wie ein zu verbergendes Stigma geheim halten. Es sei daher nicht verwunderlich, dass Männer sehr viel früher sterben als Frauen.

Eine interessante Arbeit über die männliche Obsession, einem Männlichkeitsideal zu entsprechen, das auf einem muskulösen Körper, sexueller Leistungsfähigkeit und Penisgröße basiert, ist *Der Adoniskomplex*[71]. Ihre Autoren schreiben, dass Millionen Männer in den Vereinigten Staaten wichtige Dinge in ihrem Leben dafür opfern, exzessiv in Fitnessstudios zu trainieren. Millionen Dollar werden für Nahrungsmittelergänzungen und Anabolika ausgegeben, die Krebs, Hepatitis und andere schwere Erkrankungen auslösen. Abgesehen von diesen gefährlichen Krankheiten wächst die Zahl an Essstörungen. Die Autoren schreiben, dass über eine Million Nordamerikaner, vor allem junge Männer und Jungen, eine dysmorphische Körperstörung entwickelt haben, die sich durch eine übertriebene Sorge wegen angeblicher körperlicher Mängel wie ein schmaler Oberkörper oder ein kleiner Penis auszeichnet. Im Internet stößt man schnell auf die übertriebene Zahl an Techniken zur Penisvergrößerung, die heute im Angebot sind. Das Geschäft mit der Penisvergrößerung ist ein bedeutender Teil der wachsenden Industrie um das männliche Körperbild, welche in den Männern Unsicherheit bezüglich ihres Körpers hervorruft und vergrößert. Die Studie betont, dass Männer, Knaben und Jugendliche schweigend und versteckt leiden und nicht über ihre Probleme sprechen, da in unserer Gesellschaft »richtige Männer« keine Sorge um ihr Aussehen zeigen dürfen, wenn sie nicht als schwul gelten wollen.

Ein grundlegendes Buch zu dieser Frage ist *Die männliche Herrschaft*[72]. In dieser klassischen Genderstudie schreibt Bourdieu, dass die Männer von ihrer eigenen Herrschaft beherrscht werden und verzweifelte, ziemlich pathetische Anstrengungen unternehmen müssen, um der eigenen infantilen Männlichkeitsvorstellung zu entsprechen. Im untersuchten Fall können das männliche Schweigen über das eigene Leid, die exzessive Sorge um die eigene Männlichkeit und insbesondere um die Zahl an Sexualpartnerinnen, die immer unter dem liegt, was der Betreffende für normal hält, als Beispiel für die Herrschaft angesehen werden, unter welcher der Herrscher selbst leidet. Bourdieu hilft uns zu verstehen, dass die schrecklichen Anforderungen, einem bestimmten Gendermodell zu entsprechen, nicht nur die Frauen versklaven, sondern auch die Männer.

Als ich die Forschungsergebnisse analysierte, fiel mir am meisten auf, dass sich die jungen Männer und Frauen in Bezug auf das Alter, in denen sie ihre ersten sexuellen Erfahrungen gemacht haben, und auf die Anzahl ihrer Sexualpartner kaum noch voneinander unterscheiden. Auch die Prozentsätze der Männer und Frauen, die sagen, sie seien schon einmal fremdgegangen, liegen nicht mehr sehr weit auseinander. Ihre Begründungen unterscheiden sich allerdings signifikant.

Während z. B. in Bezug auf die ersten sexuellen Erfahrungen der Altersunterschied zwischen Männern und Frauen in der Altersgruppe der 31- bis 50-Jährigen recht groß war, ist dies bei den heutigen Jugendlichen nicht mehr der Fall (was auch andere Untersuchungen bestätigen). Unter den Älteren hatten die meisten Männer ihre ersten Erfahrungen mit ca. 14 Jahren und die

Frauen mit 20 Jahren oder später. Heute haben die befragten Männer und Frauen ihre ersten Erfahrungen mit ca. 16 Jahren. Das zweite am häufigsten genannte Alter für die erste Sexualerfahrung ist 15 Jahre für die Jungen und 17 oder 18 Jahre für die Mädchen. Nur bei den Jungen finden sich auch ungenaue Antworten (»ich erinnere mich nicht«, «15 oder 16 Jahre«, »vor ungefähr zehn Jahren«).

Besonders die Antworten auf die Frage »Mit wie vielen Partnern hattest du bisher Sex?« verdeutlichen die Distanz zwischen Sexualverhalten und diesbezüglichem Diskurs. Mehr noch als die Zahl der von Männern und Frauen genannten Partner war auffällig, dass von den männlichen Antworten immerhin 30% ungenau blieben. Die jungen Befragten scheinen Wert darauf zu legen zu zeigen, dass sie sich an die Anzahl der Partnerinnen in ihrem Leben nicht mehr erinnern können. Das ist bemerkenswert, wenn man bedenkt, dass sie in ihrem Alter (zwischen 17 und 24 Jahren) noch nicht so viele Sexualerfahrungen gemacht haben können. Dagegen waren die weiblichen Antworten sehr präzise und unterschieden sich damit stark von denen der Männer. Nur vier Frauen antworteten vage, gaben dabei aber trotzdem eine Zahl an (»ich glaube, sieben«, »höchstens neun«). Alle anderen Befragten wussten genau, wie viele Partner sie bisher gehabt hatten, wobei die Zahl 27 die höchste war, die genannt wurde.

Die Ungenauigkeit der männlichen Antworten erscheint auf drei Arten: entweder bei der Angabe einer nur ungefähren Zahl (über 20 Sexualpartnerinnen, ungefähr 35, zwischen 50 und 70, ungefähr 53, weniger als 100, mehr oder weniger 104, mehr oder weniger 200), oder durch die Andeutung, dass die Zahl hoch war (mehrere, viele, einige, dutzende, ziemlich viele, eine ganze Menge, unzählige, einen Haufen, schwer zu zählen, viele, ich habe das Zählen aufgegeben, tausende, eine Masse) oder, dass sie niedrig war (wenige, hätte gern mehr gehabt).

Sowohl von den befragten Männern als auch den Frauen nannten die meisten zwei bis fünf Partner.

Als Grund für die Ungenauigkeit der Männer könnte vermutet werden, dass diese der Meinung sind, die Zahl ihrer Partnerinnen sei so klein, dass sie lieber ungenau bleiben. Wie ich bereits geschrieben habe, glaubten alle befragten Männer von sich, nicht der von ihnen für normal gehaltenen Männlichkeitsnorm oder dem hegemonialen Männlichkeitsmodell zu entsprechen. Für sie haben alle ihre Freunde oder die anderen Männer viel mehr Sexualpartnerinnen gehabt als sie selbst. Sogar drei der Befragten, die gesagt hatten, sie hätten über hundert Partnerinnen im Leben gehabt, fanden, dass das wenige wären, da »der größte Teil meiner Freunde viel mehr gehabt hat«. Ausnahmslos alle meinten, nicht dem Durchschnitt zu entsprechen.

In den Aussagen der von mir Befragten erscheint ein und dasselbe Männlichkeitsideal: das des Mannes, der im Leben Hunderte von Partnerinnen hat und fremdgeht. Dieses Bild einer männlichen Natur, die weniger treu ist als die weibliche ist Teil einer kollektiven Vorstellungswelt, die auch in unzähligen Studien auftaucht, wie z.B. in denen aus dem Buch *Spermakrieg*[73], welche zu beweisen versuchen, dass die männliche Untreue angeblich in der biologischen Natur des Mannes wurzelt, welche dazu führe, dass die Männer versuchten, ihr Sperma so breit wie möglich zu streuen, um die größte Zahl an Nachkommen zu garantieren und damit die Reproduktion ihrer Gene.

Es ist interessant, dass die Befragten, die von sich sagten, dass sie ihren Frauen treu wären, glaubten, von der Norm abzuweichen, weil der größte Teil ihrer Freunde fremdginge. Sie meinten, weniger männlich zu sein oder außerhalb einer hypothetischen Männlichkeitsnorm zu liegen, weil ihr Sexualverhalten nicht dem Durchschnitt entspräche, sowohl, was die geringe Zahl ihrer Partnerinnen anginge als auch aufgrund ihrer Treue. In ihrem Diskurs tauchte ebenfalls die Vorstellung einer männlichen Natur auf, die zu unzähligen Partnerinnen neigen würde und daher von Natur aus nicht so treu wäre wie die weibliche. Auch fällt die Rolle der Freunde im Diskurs der Befragten auf. Einer der jungen Männer, die Viagra genommen haben, bezog sich ebenfalls auf seine Freunde. An beiden Fällen fällt der Vergleich – oder die Konkurrenz – zwischen dem eigenen Sexualverhalten und dem der Freunde auf. Die Tatsache, dass hier das Männlichkeitsmodell so nah liegt – es sind die eigenen Freunde, denen eine größere Zahl an Sexualpartnerinnen oder Untreue zugeschrieben werden, und nicht der Mann im abstrakten Sinne – erhöht den Druck, ein Verhalten zu zeigen, das dem angenommenen Durchschnitt entspricht.

Ein weiterer Grund für die Ungenauigkeit männlicher Antworten könnte sein, dass die Befragten sich wirklich nicht an alle ihre Partnerinnen erinnern, was die verbreitete Ansicht bestätigen würde, dass die Männer im Gegensatz zu den Frauen dazu tendieren, Sex von Zuneigung zu trennen, während die Frauen aufgrund ihrer entsprechenden Sozialisation Sex immer mit Liebe verbinden. Der Diskurs der Frauen wäre dann deshalb so viel genauer, weil sie sich wirklich an alle ihre Partner erinnern, da sie sich affektiv auf sie eingelassen haben. Die Partner wären nicht nur für den Augenblick wichtig gewesen, sondern wären es bis heute. Davon abgesehen könnten sich die Frauen deshalb besser erinnern, weil sie vermutlich weniger Sexualpartner im Leben gehabt haben (oder hätten haben sollen). Sie müssen die Tatsache, wenige Partner gehabt zu haben, nicht verstecken oder durch ungenaue Antworten verschleiern. Dem Stigma der jungen Männer, nicht männlich genug oder kein richtiger Mann zu sein, wenn sie nicht unzählige Partnerinnen gehabt haben, steht das der Frauen gegenüber, die im Gegenteil Angst davor haben, als Nutten oder leichte Mädchen bezeichnet zu werden, wenn sie mehr Partner gehabt haben als der Durchschnitt. Es hat etwas zu sagen, wenn die amerikanische Zeitschrift *Cosmopolitan*, wie kürzlich geschehen, ihren Leserinnen rät, auf die Frage nach der Zahl ihrer bisherigen Sexualpartner eine Ziffer zwischen drei und elf anzugeben.

Die Befragten halten es offensichtlich für sehr viel besser, ein Mann zu sein als eine Frau. Auf die Frage: »Worum beneidest du die Männer am meisten?« antwortete ein Großteil der Frauen mit »Freiheit« sowie unzähligen anderen, männlichen Eigenschaften, die mit einem freieren Verhalten als dem weiblichen verbunden werden. Dabei fällt der Neid darauf auf, dass »Männer im Stehen pinkeln können«. Dagegen sagten ca. 40% der befragten Männer, dass sie die Frauen um nichts beneiden. Die befragten Frauen waren der Meinung, dass »jeder Mann« grundsätzlich ein Macho sei, der in der Gegend herumflirtet, untreu, kopflastig und egoistisch ist. Die befragten Männer hielten »alle Frauen« für sensibel, mütterlich, neidisch, lügnerisch, romantisch und eigennützig.

Um ihr Sexualverhalten oder das anderer Männer zu erklären, weisen viele Männer auf eine angenommene männliche Natur hin. Dagegen übernehmen viele Frauen, auch diejenigen, die ein freieres Verhalten zeigen, den Diskurs, Opfer der männlichen Vorherrschaft zu sein. Der Mann ist für sie immer der Schuldige und somit der Verantwortliche für ihre eigenen sexuellen Wünsche und Verhaltensweisen. Zwar kann dieser Diskurs nicht verallgemeinert werden, aber die Tatsache, dass er häufig auftaucht (nicht nur bei den von mir Befragten) führt wieder einmal dazu, über diesen offensichtlichen Widerspruch oder die Spannung zwischen Sexualverhalten und Diskurs nachzudenken.

Auch die Antworten auf die Frage »Welches sind die Hauptprobleme, die du in deinen Beziehungen erlebst oder erlebt hast?«, brachten interessante Ähnlichkeiten und Unterschiede zwischen weiblichem und männlichem Diskurs zutage. Die sowohl von Männern als auch von Frauen genannten Hauptprobleme sind Eifersucht und Untreue. Während allerdings die Männer als Hauptprobleme Eifersucht, fehlendes Verständnis und Untreue nannten, zählten die Frauen, auch die jüngeren, eine lange Liste auf: Eifersucht, Untreue, Egoismus, Unvereinbarkeit der Charaktere, Unsicherheit, mangelndes Vertrauen, Unehrlichkeit, mangelnde Gesprächsbereitschaft, mangelnde Freiheit, Geduld, Aufmerksamkeit, Kameradschaft, Reife, Liebe, Zärtlichkeit, Zeit, Mangel an sexuellem Begehren, an Respekt, an Individualität, an Geld, an Interesse, an Gegenseitigkeit, an Sensibilität, an Romantik, an Intensität, an Verantwortung, an Pünktlichkeit, an Vertrautheit, an Gleichheit, an Organisation, an Freundschaft, an Freude, an Leidenschaft, an Kommunikation, an Austausch usw. Es gab sogar Frauen, die sagten, dass es ihnen an allem fehle. Die Männer waren dagegen auffällig objektiv und sparsam in ihren Antworten, während einige Frauen dem Fragebogen sogar noch Blätter hinzufügten, um weitere Mängel aufzählen zu können.

Eine ideale Paarbeziehung beschrieben viel mehr Männer als Frauen als »verständnisvoll«. Eine nennenswerte Zahl an Männern antwortete auch »friedlich«, während keine einzige Frau diese Antwort gab. Kurioserweise antworteten mehrere Männer auch: »ohne Streit«, während viele Frauen betonten, eine ideale Beziehung wäre »nicht eingefahren« und bedeute auch »ab und zu mal Streit zu haben«.

Ein weiteres interessantes Ergebnis ist der Unterschied zwischen Männern und Frauen in Bezug auf Seitensprünge. Die Männern rechtfertigen sich mit ihrer zur Untreue neigenden Natur, während die Frauen ihren Ehemännern bzw. Partnern die Verantwortung für ihre Untreue geben. Männer nennen als Grund für Untreue körperliche Anziehung, Lust, Begehren, Gelegenheit, Spaß am Flirt, die Tatsache, »schwanzgesteuert« sein, männliche Natur, Instinkt. Die Frauen dagegen nennen Unzufriedenheit mit dem Partner, mangelnde Liebe, den Wunsch, das eigene Selbstvertrauen aufzubauen und Rache. Hinzu kommt eine bedeutende Anzahl an Frauen, die fremdgehen, weil sie sich von ihrem Partner nicht mehr begehrt fühlen.

Auch wenn viele männliche und weibliche Verhaltensweisen nicht mehr so weit auseinanderliegen, wozu auch die zählen, die sich auf Untreue beziehen – wie die Daten meiner Untersuchung zeigen, in deren Rahmen 60 % der Männer und 47 % der Frauen sagten, sie wären schon einmal fremdgegangen – sind die Diskurse der Frauen und der Männer extrem unterschiedlich.

Bei der Analyse der Daten fällt auf, dass die Männer ihre Seitensprünge mit der Annahme eines entsprechenden männlichen Instinkts rechtfertigen, während die untreuen Frauen sagen, ihre Partner trügen die wahre Verantwortung für ihre Seitensprünge, weil sie versagt und/oder mit anderen Frauen geflirtet hätten. Im Diskurs der weiblichen Befragten liegt die Schuld am Seitensprung immer beim Mann: sei es aufgrund seiner unkontrollierbaren Natur, sei es aufgrund seines Versagens in der Beziehung. Auch wenn in den letzten Jahrzehnten fraglos eine Revolution in der Paarbeziehung stattgefunden hat, kann zur Frage der Untreue festgestellt werden, dass es hier immer noch ein männliches Privileg zu geben scheint, da nur der Mann sich als Subjekt des Ehebruchs begreift, während die Frau, auch wenn sie fremdgeht, sich weiterhin als Opfer sieht, das höchstens auf die männliche Dominanz reagiert.

Die Metapher des »Opferfiebers« eignet sich vielleicht, um über diesen weiblichen Diskurs nachzudenken, der den Mann beschuldigt. Die Opferkultur konstruiert den Mann als lüstern, zynisch und gewalttätig, und die Frau als ein unschuldiges, gutes Wesen ohne Aggressivität. »Alles Böse wurzelt im Macho.« Es geht also um eine imaginäre Viktimisierung des Weiblichen und Satanisierung des Männlichen. Die Opferkultur, sagt Gilles Lipovetsky, verbreitet das Bild der kindlichen, machtlosen Frau. Das weibliche Selbstbild wäre das von Wesen, die unfähig sind, sich zu verteidigen und für ihre Wünsche Verantwortung zu übernehmen, und die sich vor allem wünschen, beschützt zu werden, anstatt ihr Schicksal selbst zu bestimmen.

Das Sexualverhalten mag sich geändert haben und zu mehr Gleichheit tendieren, aber der Diskurs über Sex widersteht den

Veränderungen noch. Er etabliert und bestätigt Geschlechterunterschiede, sogar, wenn diese im Verhalten offensichtlich abgelehnt werden. Ich sage nicht, dass es keine Unterschiede im weiblichen und männlichen Sexualverhalten gibt, aber die Daten meiner Untersuchung legen nahe, dass diese gar nicht so groß sind. Meine These ist, dass die Sprache nicht nur die vorhandenen Unterschiede verstärkt, sondern sie bedeutender macht, obwohl sie gar nicht so groß sind, wie sie scheinen.

76

Sie liefen mir letzten Sonntag über den Weg, als ich gerade die Strandpromenade von Ipanema entlangging. Derselbe Typ, mit dem ich in der Nacht zuvor geschlafen hatte, an der Seite einer attraktiven Blondine. Er sah mich beiläufig an und sagte, ohne anzuhalten: »Hallo Mônica, wie geht's? Alles klar?« Ohne eine Antwort abzuwarten ging er weiter, so als gäbe es mich gar nicht. Ich blieb wie gelähmt zurück, konnte nicht glauben, was passiert war. Derselbe Typ, derselbe Mann, mein Liebhaber war an mir vorbei gegangen, als würde er mich kaum kennen, ohne anzuhalten, ohne mich anzusehen: »Hallo Mônica, wie geht's? Alles klar?« Und hatte sich weiter angeregt mit der attraktiven Blondine unterhalten. Auch wenn ich bereits unzählige erniedrigende Situationen mit ihm erlebt hatte, war diese doch die Schlimmste von allen. Ich kam verzweifelt zu Hause an. Mein Lebensgefährte war nicht da. Ich musste etwas tun, um mich zu beruhigen und tat es. In einer E-Mail schrieb ich alles auf, was ich gerade erleide, und schickte sie an beide. Dann nahm ich ein Beruhigungsmittel und schlief bis zum nächsten Tag durch.

77

Während ich die Seiten las, die Mônica mir gegeben hatte, weinte sie. Die starke, unabhängige und selbstsichere Frau, als die sie mir bei unseren ersten Treffen erschienen war, hatte sich in ein schwaches und schutzloses kleines Mädchen verwandelt, das völlig verzweifelt und unfähig war, eine Wahl zu treffen. Ich hatte den Wunsch, sie zu umarmen, aber ich tat nichts. Plötzlich stand sie auf, sagte, dass sie gehen müsste und ging. Ich wollte ihr hinterherlaufen, tat es aber nicht. Sie erschien nie wieder zu unseren Treffen. Sie rief mich auch nicht mehr an und auch geschrieben hat sie nicht. Ich habe sie nicht mehr wiedergesehen.

78

Mônica, meine Liebste,

ich fand es merkwürdig, von dir eine E-Mail zu erhalten, wo du mich doch hättest persönlich ansprechen können. Ich habe lange auf dieses Gespräch gewartet. Ich habe gewartet, dass du mir erzählst, was in deinem Leben los ist. Um ehrlich zu sein hatte ich Angst, dich danach zu fragen. Ich wollte und will dich nicht verlieren. Ich habe auf rationale Weise versucht, mit dieser Situation zu leben. Ich habe es wirklich versucht. Aber mein Herz erträgt den Gedanken nicht, dich mit einem anderen Mann zu teilen. So modern ich auch sein möchte – die Dinge funktionieren nicht so, wie wir sie uns wünschen.

Ich habe dein Leiden der letzten Monate bemerkt; du bist sehr dünn geworden, bist nervös, traurig. Logisch, ich wusste, dass da jemand war, aber ich konnte mir die Bedeutung dieses Mannes in deinem Leben nicht vorstellen. Ich dachte, es sei eine vorübergehende Affäre und du würdest bald wieder zu mir zurückkehren. Darauf wartete ich, geduldig und voll Schmerz. Ich war bereit, so lange zu warten wie nötig. Jetzt ist das nicht mehr möglich. Nach allem, was du geschrieben hast, wird es unerträglich für mich sein, nach Hause zu kommen und zu wissen, wie sehr du von diesem Mann beherrscht wirst. Ich habe beschlossen, für einige Zeit zu verreisen, Rio zu verlassen.

Ich weiß, dass deine E-Mail ein Hilferuf war, so als ob ich das Dilemma für dich lösen könnte. Ich kann und will es aber nicht. Ich will nicht die Schuld und die Verantwortung für deine Entscheidungen tragen. Das ist ein sehr hoher

Preis, den ich nicht bereit bin zu zahlen. Dieses Mal wirst du allein entscheiden müssen.

Ich liebe dich und in all diesen Jahren habe ich nie aufgehört, dich zu lieben. Ich liebe dich, respektiere dich, bewundere dich, als meine Frau, meine Geliebte, meine Freundin. Du bist die einzige Frau, mit der ich je zusammen leben wollte, in meinem ganzen Leben. Und ich will das immer noch. Daran hatte ich nie Zweifel, seit unserem ersten Zusammentreffen. Ich habe nie jemanden wie dich gehabt. Ich liebe dich sehr. Du bist die Frau, die ich in meinem ganzen Leben am meisten geliebt habe. Du bist die Person, die ich auf der Welt am meisten bewundere.

Seitdem wir zusammen sind, habe ich mit keiner anderen Frau mehr geschlafen. Als ich beschloss, dich zu heiraten – und seit dem ersten Tag unseres Zusammenlebens verstehe ich uns als verheiratet – beschloss ich, dass ich ein Leben vollständig mit dir zusammen haben möchte, dass ich wollte, dass du dich mit mir sicher fühlst, ohne Eifersucht. Ich habe mir immer gedacht, wie schwierig es für dich sein muss, dich einem Mann hinzugeben; nach allem, was du erlebt hast. Ich bin meiner Entscheidung treu geblieben. Ich habe dich gewählt und wollte, dass du dich von mir geliebt fühlst, geschützt, begehrt. Das Gegenteil ist nie der Fall gewesen: Ich habe mich immer unsicher gefühlt in Bezug auf deine Liebe und dein Begehren, immer, nicht nur in den letzten Monaten.

Du sagst, dass unser Sexualleben zur Routine geworden sei, aber ich gebe mir dafür keine Schuld. Ich weiß, dass das passiert ist, weil ich gemerkt habe, dass du nie ganz bei mir gewesen bist, dass du nie eine wirkliche Verpflichtung eingehen, nie treu sein wolltest. In all diesen Jahren habe ich mich immer unfähig gefühlt, dich zu erfüllen, zu befriedigen, deinen Wünschen, Erwartungen, Bedürfnissen zu genügen. Ich war mir sicher, dass du jeden Moment andere Männer suchen oder mich verlassen würdest. Ich verstehe jetzt, dass ich mich dir gegenüber immer als Versager gefühlt habe.

Ich möchte nicht, dass du aufhörst, die freie und unabhängige Frau zu sein, die du immer gewesen bist. Ich finde es grundlegend, dass wir zusammen sind, uns aber frei fühlen. Ich glaube nicht an Ehen, die auf Kontrolle basieren. Deshalb wollte ich nie heiraten, bevor wir uns kennenlernten. Auch habe ich deshalb nie Wert auf eine förmliche Ehe gelegt. Aber ich finde, dass wir es geschafft haben, eine Ehe mit Freiheit zu leben, für beide. Ich habe mich in meinem Wunsch, in all diesen Jahren nur mit dir zusammen zu sein, immer frei gefühlt. Aber es ist wohl offensichtlich, dass es alles andere als leicht ist, mit der Unsicherheit zu leben, die dein Verhalten in mir auslöst. Ich versuche, ein reifer und verständnisvoller Mann zu sein, aber ich bin nicht aus Stahl. Ich habe in all diesen Jahren darauf gewartet, dass du aufhörst, vor mir zu fliehen und dich ohne Angst mir hingibst. Mein Wunsch ist, dass du das willst. Mit mir zusammenzusein, ganz, nicht nur als Freund, sondern als Ehemann, als Geliebter, als Partner.

Ich bin sicher, dass du die Frau bist, mir der ich für immer leben will. Ich bin nicht verrückt und gebe dich auf, außer, du gibst mich, uns auf. Wenn du dich für uns entschließt, bin ich in wenigen Tagen zurück. Wenn nicht, werde ich versuchen, weiterhin dein bester Freund zu sein.

Ich liebe dich, Mônica, da kannst du sicher sein. Du brauchst keine Angst zu haben, ich werde dich nie verlassen.

79

Mônica,

Du kennst die Schwierigkeiten, die ich habe, um mich auszudrücken, zu sprechen und besonders, zu schreiben. Ich habe mehrmals versucht, dich über Handy zu erreichen, da du aber nicht abnimmst, gehe ich davon aus, dass du nicht mehr mit mir sprechen willst. So werde ich, auch wenn es mir so schwer fällt, versuchen, deiner Mail zu antworten. Ich habe die ganze Nacht damit verbracht, immer und immer wieder deinen Ausbruch zu lesen. Ich suche seit Stunden nach den richtigen Worten, die ich dir sagen kann. Ich möchte es nicht noch einmal falsch machen, so wie ich es in den letzten Monaten falsch gemacht habe. Du magst fast in allem Recht haben, sogar in Bezug auf meine Distanz, Grobheit, mein Schweigen. Das Einzige, womit du nicht Recht hast, ist, wenn du sagst, dass ich dich nie gemocht habe. Ich mochte und mag dich sehr gern, so sehr, wie ich einen Menschen nur gern haben kann. Ich bin glücklich, wenn ich mit dir zusammen bin, ich beneide deine Intelligenz und Unabhängigkeit. Im Bett bist du viel mehr als eine Nutte für mich. Ich habe nie mit einer Frau so viel Lust erlebt, ich habe es nie erlebt, einer Frau so viel Lust zu bereiten. Ich habe immer gedacht, dass du die Dinge auf diese Weise haben wolltest. Im Übrigen hast du mir unzählige Male gesagt, dass du keine Verpflichtungen eingehen oder dein Leben ändern wolltest. Du schienst immer stolz darauf zu sein, eine freie Frau zu sein, anders als die Frauchen, wie du selbst es sagst, stolz darauf, die Motelrechungen selbst zahlen zu können. Für mich war diese Situation widersprüchlich. Natürlich gefällt es mir, wenn du die Rechungen bezahlst. Aber ich fühle mich auch erniedrigt von diesem deinem Bedürfnis, dich so mächtig zu zeigen im Wissen darum, dass meine derzeitige finanzielle Lage nach meiner Trennung schlecht ist.

Trotz allem, obwohl du manchmal ein bisschen eingebildet und arrogant bist, liebe ich es, mit dir zusammen zu sein. Du bist viel mehr als die beste Nummer, die ich in meinem Leben hatte. Du bist die interessanteste, intelligenteste, kreativste, appetitlichste, geilste, anregendste Frau, mit der ich je zusammen war. Auch eine Nutte, aber eine sanfte, zärtliche Nutte. Ich habe nie einer anderen erlaubt, so in mich einzudringen wie dir, in jedem Sinn, auch im körperlichen. Du bist die beste Frau, mit der ich in meinem ganzen Leben jemals geschlafen habe. Ich habe viele Frauen gehabt, aber keine, der es so viel Spaß gemacht hat, mit mir zu schlafen, die alles mitmachte, die mich nicht zensierte. Keine andere hat jemals so wie du in unsere Treffen investiert. Ich bin verrückt nach deinem Geruch, deinem Geschmack, deinem Körper, deinen Brüsten, deinem Hintern, deinen Füßen, deinem Mund, deinem Lächeln. Ich hatte vorher nie eine Frau getroffen, mit der ich alles tun konnte.

Es stimmt, dass ich oft vor dir geflüchtet bin, dass ich dich ignoriert habe, wenn ich mit anderen Frauen zusammen war, dass ich zu einigen Verabredungen nicht gekommen bin. Ich war nicht vollständig mit dir zusammen, so wie du es in der E-Mail gesagt hast. Ich muss erst die Situation mit meiner Exfrau lösen. Du hast Recht. Ja, es kann sogar eine Neurose sein, nur weil sie nichts mehr von mir wissen will, weil sie einen reichen Typen gefunden hat und ich mich gescheitert fühle, das kann alles sein. Aber es ist die Wahrheit, dass ich an sie denke, wenn ich mit dir im Bett bin, dass ich es mag, dass du mich zum Höhepunkt bringst, während ich mit ihr telefoniere. Das ist alles wahr, ich streite nichts ab. Ich habe es dir nicht erzählt, aber ich mache mit ihr zusammen eine Paartherapie, um einige Probleme unserer Tochter zu lösen; sie hat große Probleme in der Schule. Ich überlege auch ernsthaft, eine Psychoanalyse zu machen, etwas, woran ich im Leben noch nie gedacht hatte.

Im Gegensatz zu dem, was du glaubst, suche ich nach Heilung von dieser Krankheit. Ich habe dich nie gefragt, aber ich weiß, dass du einen anderen hast, das wusste ich immer, seit unserem ersten Treffen. Vielleicht hat das unser Verhältnis auch gestört. Ich war oft auf ihn eifersüchtig, wütend und neidisch. Ich glaube, ich war ein paar Mal aggressiv, weil ich so einen Hass darauf hatte, dass du nicht nur mir gehörst. Aber wie hätte ich dir das vorwerfen können, wenn ich doch selbst von meiner Exfrau derart besessen bin?

Ich werde dir etwas sagen, was ich dir noch nie zuvor gesagt habe: Du gibst mir das Gefühl, dir sehr unterlegen zu sein, sehr dumm zu sein, sehr ungebildet. Ich liebe es, dir zuzuhören, ich lerne viel von dir. Aber manchmal fühle ich mich sehr schlecht, weil ich kein Intellektueller bin, nicht so viel lese wie du, nicht so viel von den Dingen verstehe wie du. Es ist sogar kompliziert, mit dir ins Kino zu gehen, weil du alles analysieren und diskutieren willst. Deshalb ziehe ich es vor, mit dir ins Motel zu gehen und zu vögeln. Dabei fühle ich mich sicher und kann dir überlegen sein. Das ist der einzige Ort, an dem ich mich dir nicht so unterlegen fühle. Das wird es sein, was Minderwertigkeitskomplex genannt wird, was weiß ich. Ich weiß nur, dass ich mich bei dir nur als wahrer Mann fühlen kann, wenn wir im Bett liegen. Bei allem anderen scheint es, als wärst du der Mann, obwohl du so weiblich bist. Du hast dein Leben viel mehr in der Hand als ich meines.

Trotz dieses ganzen Komplexes hatte ich immer und habe auch jetzt riesige Lust, dich zu sehen, zu küssen, zu vögeln. Es stimmt auch nicht, dass ich auf jede Frau scharf bin. Ich war auf niemanden so scharf wie auf dich, nicht mal auf meine Frau. Aber ich weiß, dass du mir nicht glauben wirst, nach allem, was ich in den letzten Monaten gesagt und getan habe. Ich weiß nicht, ob ich der Mann bin, der dich glücklich machen kann. Ich wäre es gern. Wenn du mich nie mehr sehen willst, werde ich das verstehen, aber ich weiß, dass es schwer sein wird, eine andere Frau zu finden, die so ist wie du. Wenn du mich nicht mehr willst, sollst du wissen, dass ich dich nicht vergessen werde, dass du für mich etwas ganz Besonderes warst und bist.

Bitte verzeih, dass ich dir so viel Leid bereitet habe. Ich hatte keine Ahnung von deinen Gefühlen, ich fand nicht, dass ich dich nicht respektierte, erniedrigte, beherrschte. Ich dachte immer, dass du das auch wolltest. Danke dafür, dass du mich glücklich gemacht hast, im Bett und außerhalb. Danke, dass du mir die Sicherheit gegeben hast, dass ich als Mann kein völliger Versager bin und dass ich einer Frau immer noch Lust bereiten kann. Danke, dass du mir so viel gegeben hast, ohne im Gegenzug etwas dafür zu verlangen. Danke, dass du mir in den letzten Monaten das Gefühl gegeben hast, so lebendig zu sein. Danke, dass du ein Teil meines Lebens gewesen bist.

Wenn du mich wieder willst, verspreche ich, dass ich versuchen werde, mich zu ändern. Ich verspreche, dass ich versuchen werde, dich nie wieder zu verletzen. Ich werde es versuchen, das ist das Äußerste, was ich versprechen kann.

Ich höre hier auf, weil ich meine Tochter zum Zahnarzt fahren muss und mich schon verspätet habe.

Auf der Suche nach einem Ende

Eine gebrochene Frau[74] von Simone de Beauvoir ist eine der schönsten Erzählungen über den Schmerz einer Frau, die herausfindet, dass sie betrogen wird. Monique ist 44 Jahre alt, als ihr Mann Maurice, mit dem sie seit zweiundzwanzig Jahren verheiratet ist, ihr gesteht, dass er ihr nicht treu ist.

Also doch. Es ist geschehen. Mir geschehen. ... Wie dumm, wie hochmütig ich war! Alle Frauen halten sich für eine Ausnahme; alle sind sicher, daß ihnen gewisse Dinge nicht passieren können, und sie täuschen sich alle. (S. 95/98)

Sie, die sich vollständig ihrem Mann und ihren beiden Töchtern gewidmet hat, sieht sich unerwartet um ihre Richtung gebracht. Verzweifelt bittet sie Freundinnen um Rat, spioniert ihrem Mann und seiner Geliebten hinterher, wird krank, sucht einen Graphologen und einen Psychiater auf, trinkt, nimmt zu viele Aufputsch-, Beruhigungs- und Schlafmittel. Am Anfang glaubt sie, dass der Mann seinen Irrtum bemerken und seiner Geliebten überdrüssig werden wird. Dann sucht sie nach den Gründen für ihr Versagen als Frau.

Heute Vormittag ist mir ein Licht aufgegangen: Alles ist einzig und allein meine Schuld. Ich habe den schweren Fehler gemacht, nicht zu begreifen, dass die Zeit vergeht. Sie verging, aber ich war in meiner Pose erstarrt: die ideale Gattin des idealen Gatten. Statt unsere sexuellen Beziehungen neu zu beleben, schwelgte ich in Erinnerungen an längst vergangene Nächte. Ich bildete mir ein, noch immer das Gesicht und den Körper einer Dreißigjährigen zu haben, und kam gar nicht auf den Gedanken, mich zu pflegen, Gymnastik zu treiben und regelmäßig zur Kosmetikerin zu gehen. Statt meine Intelligenz zu schulen, mich weiterzubilden, sagte ich mir: Damit warte ich lieber, bis die Kinder flügge sind … Es war auch falsch, dass ich so sehr auf unser Treuegelöbnis pochte. Hätte ich Maurice – und vielleicht auch mir – volle Freiheit zugestanden, so wären die Heimlichkeiten weggefallen, und ich hätte verhindern können, daß die Sache mit Noëllie solche Ausmaße annahm. Ist es jetzt schon zu spät? … Schon jetzt habe ich wieder angefangen, ein bißchen zu lesen und Schallplatten zu spielen, mit einem Wort, mich zusammenzureißen. Ich will auch ein paar Kilo abnehmen, mich besser anziehen, ungezwungener mit Maurice plaudern, kein quälendes Schweigen aufkommen lassen. (S. 154/55)

Nachdem sie sich mit ihren Freundinnen beraten hat – die meinen, sie solle Geduld haben, die Situation akzeptieren, darauf warten, dass er der Neuigkeit überdrüssig wird, arbeiten gehen, einen Psychiater aufsuchen – beschließt Monique, ihre Tochter zu fragen, welche Fehler sie gemacht hat.

– *Aber Mama, nach fünfzehn Ehejahren ist es durchaus normal, daß die Liebe aufhört. Verwunderlich wäre, wenn sie nicht aufhörte!*
– *Es gibt Menschen, deren Liebe ein Leben überdauert.*
– *Ach, die tun doch nur so.*
– *Hör zu, mein Kind, mit allgemeinen Redensarten ist mir nicht geholfen, denn die bekomme ich auch von den anderen zu hören. <Das ist normal, das ist natürlich> – damit kann ich nichts anfangen. Ich habe doch sicherlich Fehler gemacht. Welche?*
– *Du hast den Fehler gemacht, an die ewige Liebe zu glauben. Mir kann das nicht passieren. Sobald ich merke, daß ich mich allzu sehr für einen Mann interessiere, mache ich Schluß mit ihm.*
– *Damit wirst du niemals die Liebe kennenlernen.*
– *Allerdings nicht, und das ist ein Glück. Du siehst ja, wohin das führt.*
– *Aber was hat denn das Leben für einen Sinn, wenn man niemanden liebt? Ich bringe es nicht fertig, mir zu wünschen, daß ich Maurice nie geliebt hätte oder daß ich jetzt keine Liebe für ihn mehr empfände. Ich wünsche mir nur eines: von ihm geliebt zu werden … Was meinst du, warum mich dein Vater verlassen will?*
– *Viele Männer in seinen Jahren bekommen plötzlich Lust, ein neues Leben zu beginnen. Sie bilden sich ein, daß es für immer neu bleiben wird …*

- *Findest du nicht, daß er sich wie ein Schuft benommen hat?*
- *Offen gestanden, nein. Was diese Frau betrifft, so gibt er sich bestimmt Illusionen hin. Er ist naiv. Aber kein Schuft.*
- *Deiner Meinung nach hat er also das Recht, mich zu opfern?*
- *Ich weiß, daß es für dich sehr schwer ist. Aber weshalb sollte denn er sich opfern? Ich jedenfalls würde mich keinem Menschen zuliebe opfern, das kannst du mir glauben. (S. 180–182)*

Monique will verstehen, was los ist. Sie sucht nach dem Schuldigen für das Ende einer Ehe, die sie für perfekt gehalten hat. Die Antwort der Tochter ist objektiv und erläutert, was in den meisten Ehen passiert. Sie zeigt, dass es nicht rational ist, eine glückliche Ehe mit gegenseitiger Treue zu erwarten, denn Untreue zwischen Ehepartnern sei »normal« oder »natürlich«, nämlich »eine Frage der Statistik«.

- *Das ist eine Frage der Statistik. Wer auf die eheliche Liebe setzt, der läuft Gefahr, als Vierzigjähriger mit leeren Händen dazustehen. Du, Mama, hast eine schlechte Nummer gezogen, und du bist nicht die einzige, der das passiert ist …*
- *Die Statistik erklärt nicht, warum das ausgerechnet mir passieren mußte. (S. 180/1)*

Die Logik der Tochter hilft Monique nicht, ihr persönliches Drama zu verstehen. Sie glaubt, dass ihre Ehe anders war als die der anderen, immun gegenüber Seitensprüngen, weil sie auf einem Treuepakt beruhte, und sie akzeptiert nicht, dass ihr Schmerz auf eine Frage der Statistik reduziert wird. Der Traum davon, einzigartig, besonders, unersetzlich und jeder Geliebten überlegen zu sein fällt auf der verzweifelten Suche nach der Wahrheit in sich zusammen. Die Illusion, eine perfekte Ehe zu führen, wird zerstört.

So wie die Geschichte von Monique, von Mônica und von vielen Frauen und Männern hat dieses Buch kein Ende, an dem alle Fragen beantwortet wären. Unzählige weitere Materialien, die ich in zwanzig Jahren Forschung zusammengetragen habe, sind außen vor geblieben, denn ich hatte gar nicht vor, eine erschöpfende Abhandlung über das Thema schreiben.

Der Fall von Mônica erschien mir beispielhaft, um über die Widersprüchlichkeit der weiblichen Wünsche nachzudenken:

über den Konflikt zwischen dem Kampf um Unabhängigkeit und der Unterordnung unter die männliche Dominanz, über die Ambivalenz zwischen der Suche nach einer stabilen Beziehung, die sich auf Freundschaft gründet, und der obsessiven Suche nach sexueller Leidenschaft. Mônica hat mich aufgesucht und ist ein paar Monate später wieder verschwunden. Sie hat auf diese Weise den Anfang und das Ende ihrer Geschichte selbst bestimmt. Ich weiß nicht, was aus ihrem Leben geworden ist, aber ich könnte ein paar Vermutungen riskieren. Ihr Verschwinden ohne jede Erklärung könnte als symbolischer Selbstmord verstanden werden: als das Ende ihres Reflexionsprozesses an meiner Seite. Sie hat beiden Männern dieselbe E-Mail geschickt. Ich kann diese Geste als verzweifelten Versuch interpretieren, ihren Lebensgefährten und ihren Geliebten in einem einzigen Mann zu verschmelzen. Vielleicht hat sie sich für einen der beiden entschieden. Vielleicht hat sie auch beide verlassen und sich ein neues, weniger konfliktreiches Leben gesucht. Vielleicht ist sie jetzt allein. Sie schien sich der Wiederholung derselben Verhaltensweisen in ihrem Gefühls- und Sexualleben bewusst zu sein. Auch sah es so aus, als wäre sie dieses Musters überdrüssig gewesen.

Ein anderer Zufall wollte es, dass ich, während ich meine Notizen machte, die Bücher von Simone de Beauvoir noch einmal las. Ihr Schmerz darüber, dass sie es nicht schaffte, ihre notwendige Liebe mit ihrer kontingenten Liebe zu vereinbaren, zeigt, dass die Theorie sehr viel leichter in Büchern darzulegen als in der Praxis zu leben ist. Sie, die es zweimal abgelehnt hat, zu heiraten, das erste Mal Sartre, das zweite Mal Algren, musste entdecken, welchen Preis es für eine Frau hat, die Freiheit nicht hergeben zu wollen.

Wenn sogar Simone de Beauvoir, die über Ehe und Treue keinerlei Illusionen hegte[75] und den gesellschaftlich dominierenden Modellen ihrer Zeit nicht gefolgt ist, es nicht geschafft hat, ihren eigenen Schmerz und den ihres Geliebten zu lindern, werde ich es erst recht nicht schaffen, mit diesem Buch den Schmerz von Mônica und von anderen Männern und Frauen zu lindern, die ihre affektiven und sexuellen Dilemmata als einzigartige und unvergleichliche Dramen erleben. Aber ich habe versucht zu zeigen, dass die Untreue weit davon entfernt ist, ein individuelles Versagen zu sein. Auch habe ich versucht zu zeigen, dass die seltene Perle der Treue in der brasilianischen Kultur, sowohl für die modernen als auch für die traditionellen Partnerschaften, weiterhin ein grundlegender Wert ist.

Ich schließe also mit Simone de Beauvoir, die in ihren Memoiren[76] Folgendes schreibt:

Diesmal füge ich meinem Buch keine Schlussfolgerung hinzu. Ich überlasse dem Leser die Sorge, die Schlüsse daraus zu ziehen, die er für die richtigen hält.

Demographische Angaben zu Männern und Frauen in Brasilien

Gesamtbevölkerung Brasiliens in absoluten Zahlen 2011

Gesamtbevölkerung	195.243.000
Männer	94.739.000
Frauen	100.504.000
Überhang Frauen	5.765.000

Quelle: Instituto Brasileiro de Geografia e Estatística (IBGE) 2012 »Sintese de indicadores sociais«: 44

Bevölkerung Brasiliens nach Geschlechtern geordnet 1872–2010

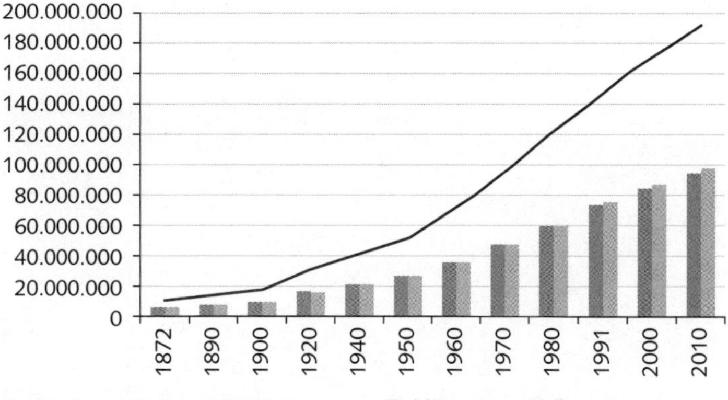

Quelle: Alvenas/Kavenaghi 2012: 3

Formen des Zusammenlebens von Personen über 10 Jahren in Brasilien 1960–2010 (Angaben in Prozent)

Form des Zusammenlebens	**1960**	**1970**	**1980**	**1991**	**2000**	**2010**
Zivile und kirchliche Ehe	60,5	64,6	63,8	57,8	50,1	42,9
Nur zivil verheiratet	12,8	14,1	16,3	18,3	17,3	17,3
Nur kirchlich verheiratet	20,2	14,4	8,1	5,2	4,3	3,4
Ohne Trauschein	6,5	6,9	11,8	18,3	28,3	36,4

Quelle: Eigene Darstellung nach Alvenas Kavenaghi 2012: 11

Alves, José Eustáquio Diniz/ Cavenaghi, Suzana (2012): Tendências demográficas, dos domicílios e das familias no Brasil

Verhältnis von Männern und Frauen sortiert nach Alter;
Daten 1980–2010 und Prognosen 2020–2030

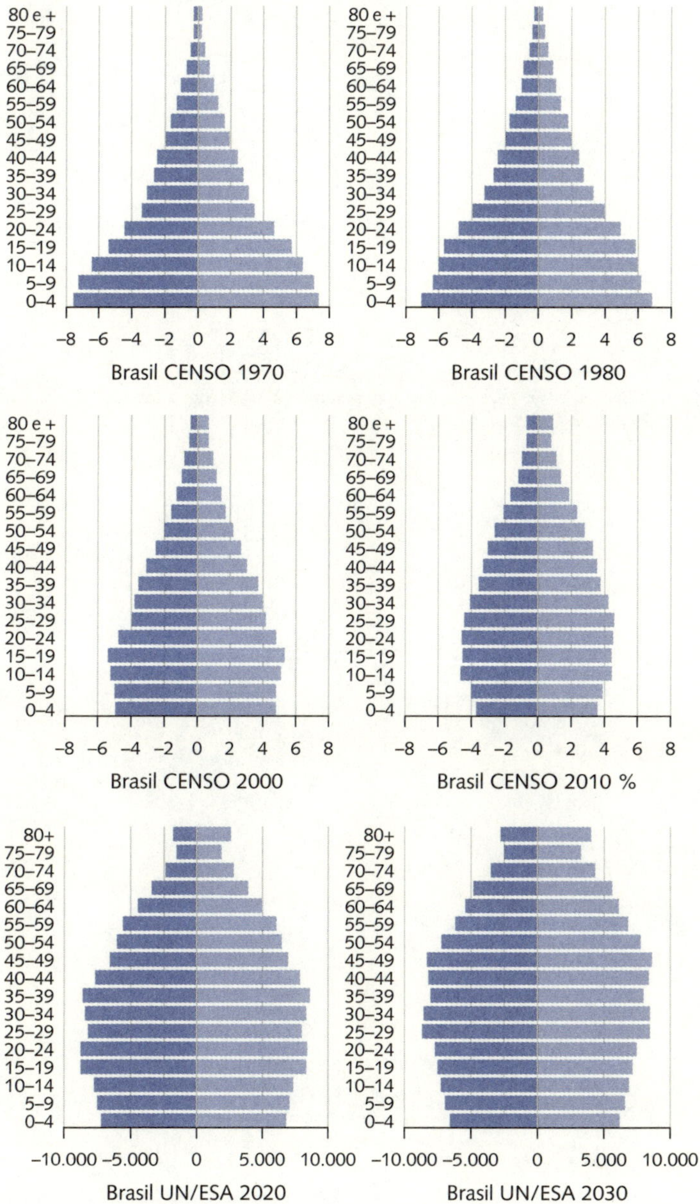

Quelle: Alvenas/Kavenaghi 2012: 3

Lebenserwartung Männer und Frauen; Daten 1980–2000
und Prognosen 2010–2100

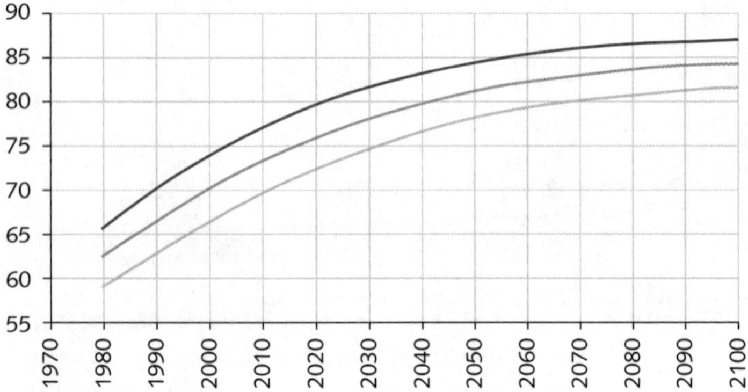

Quelle: IBGE 2004 »Projeção do Brasil por sexo e identidade para o período
1980-2050 Revisão 2004«: 37

Anmerkungen

1 »Moros« (gr.): in der griechischen Mythologie der Gott des Verhängnisses und des Untergangs
2 Beauvoir, Simone. *Alles in allem*. Reinbek: Rowohlt 1996, S. 128/9 (*Tout compte fait*, Paris 1972)
3 Beauvoir, Simone. *Das andere Geschlecht*. Reinbek: Rowohlt 1951 (*Le deuxième sexe*, 1949).
4 Beauvoir, Simone. *In den besten Jahren*. Reinbek: Rowohlt 1969, S. 23 (*La Force de l'âge*, 1960).
5 Beauvoir, Simone. *Eine transatlantische Liebe: Briefe an Nelson Algren 1947–1964*. Reinbek: Rowohlt 2002.
6 In einem Interview, das Simone de Beauvoir 1974 mit Sartre führte, fragt sie: »Da Sie mir, als wir uns kennengelernt haben, sofort gesagt haben, dass Sie polygam wären, dass Sie nicht die Vorstellung hätten, sich auf eine einzige Frau, auf eine einzige Geschichte zu beschränken, das ist so vereinbart gewesen, Sie haben tatsächlich Geschichten gehabt – was ich wissen möchte, ist: was hat Sie bei diesen Geschichten besonders an den Frauen angezogen?« Er antwortet: »Irgend etwas! ... Sexuelle Beziehungen zu Frauen, das war unumgänglich, weil die klassische Beziehung solche Beziehungen ab einem bestimmten Moment einschloss. Aber mir war das nicht so wichtig. Und eigentlich interessierte mich das nicht so sehr wie Zärtlichkeiten. Anders gesagt, ich war eher ein Frauenmasturbierer als ein Beischläfer ... für mich bestand die wesentliche affektive Beziehung darin, dass ich küsste, streichelte, dass ich meinen Mund über ihren Körper wandern ließ. Aber der Sexualakt, er existiert auch, und ich vollzog ihn, vollzog ihn sogar oft, aber mit einer gewissen Gleichgültigkeit.« (BEAUVOIR, Simone. *Die Zeremonie des Abschieds*. Reinbek: Rowohlt 1996, S. 383/4; 390/1 [*La Cérémonie des adieux*, Paris 1981])
7 Beauvoir, Simone. *Der Lauf der Dinge*. Reinbek: Rowohlt 1970 (*La Force des choses*, 1963).
8 In der portugiesischen Übersetzung, deren Terminologie Goldenberg diesbzgl. übernimmt, ist von »kontingenten Liebesbeziehungen« die Rede. (Anm. d. Übers.)
9 Becker, Howard. *Outsiders: studies in the sociology of deviance*. New York: The Free Press, 1966.
10 Moacyr Scliar, geb. 1937, ist einer der bekanntesten zeitgenössischen Schriftsteller Brasiliens. Er hat u. a. das Leben der brasilianischen Mittelschicht thema-

tisiert. Wichtige Werke: *A estranha nação de Rafael Mendes* (dt. *Das seltsame Volk des Rafael Mendes*, Stuttgart: Weitbrecht/Thienemanns 1989), *O exército de um homem só* (dt.: *Die Ein-Mann-Armee*, Frankfurt/M.: Suhrkamp 2000), *O centauro no jardim* (dt. *Der Zentaur im Garten*, Frankfurt/M.: Suhrkamp 1989). (Anm. d. Übers.)

11 Goldenberg, Mirian. *Nicarágua, Nicaragüita: um povo em armas constrói a democracia.* Rio de Janeiro: Revan, 1987.

12 Goldenberg, Mirian. *A Outra: um estudo antropológico sobre a identidade da amante do homem casado.* Rio de Janeiro: Revan, 1990. (dt. etwa: »Die Andere: Eine anthropologische Studie über die Identität der Geliebten des verheirateten Mannes«).

13 Berquó, Elza. »A família no século XXI«. *Ciência Hoje*, vol. 10, n.58, out. 1989: 58–65 (dt. etwa: »Die Familie im 21. Jahrhundert«).

14 Berquó, Elza. »Arranjos familiares no Brasil: uma visão demográfica«. In *História da vida privada no Brasil: contrastes da intimidade contemporânea.* São Paulo: Companhia das Letras, 1998 (dt. etwa: »Familienstrukturen in Brasilien: ein demografischer Blick«).

15 Beltrão, Kaizôiwakami & Camarano, Ana Amélia. »Características sociodemográficas da população idosa brasileira«. *Revista Estudos Feministas*, vol. 5, n.1, IFCS-UFRJ, 1997: 106–19 (dt. etwa: »Soziodemografische Charakteristika der Seniorenbevölkerung Brasiliens«).

16 Einwohnerin São Paulos (Anm. d. Ü.)

17 Einwohner Rio de Janeiros (Anm. d. Ü.)

18 Clastres, Pierre. *La Société contre l'État, 1974*

19 *O Globo* (7.10.2004), Ancelmo Gois.

20 *Serviço Nacional de Aprendizagem Comercial* (Brasilianische Aus- u. Fortbildungsorganisation für Berufe in Handel und Dienstleistung – Anm. d. Ü.)

21 Die Schauspielerin Leila Diniz (1945–1972) war durch ihre Tabubrüche (u.a. Verteidigung der freien Liebe und der sexuellen Befriedigung der Frau) in den 60er-Jahren in Brasilien das Symbol weiblicher Freiheit (Anm. d. Ü.).

22 dt. etwa: Aus der Nähe ist niemand normal

23 Sahlins, Marshall. *Culture and practical reason*, 1976.

24 *Jornal do Brasil* (23.7.1990). Luciana Villas-Boas.

25 synkretistische Religion Brasiliens (Anm. d. Ü.)

26 Bundesuniversität (im Gegensatz zu den Landesuniversitäten, katholischen und weiteren Privatuniversitäten in Brasilien) (Anm. d. Übers.)

27 *IstoÉ* (17.09.1997). Celina Côrtes.

28 Brasilianischer Komponist und Sänger (1909–1969)

29 Goffman, Erving: *Stigma. Notes on the management of spoiled identity*, 1963.

30 *Tribuna de Santos* (25.08.1990). Ivani Maria Cardoso.

31 *Jornal do Brasil*, Revista Domingo (16.08.1998). Patricia Paladino.

32 Im betreffenden Song geht es um einen einsamen, unscheinbaren Mann, dessen Glück bei Frauen sich schlagartig wendet, nachdem er den Rat einer Frau befolgt, blau zu tragen, weil dies zu seinen Augen passe. (Anm. d. Übers.)

33 GOLDENBERG, Mirian. »Ciúme e traição: reflexões antropológicas«. *Leituras compartilhadas: Ciúme, a leitura de um grande tema*, ano 4, fascículo 12, 1/5/2004: 6–7.

34 Dt. etwa: »Mann sein, Frau sein: innerhalb und außerhalb der Ehe« (Anm. d. Übers.)

35 SIMMEL, Georg. »Philosophie der Geschlechter.« Fragmente 74–81, in *Gesamtausgabe 08. Aufsätze und Abhandlungen 1901–1908, Bd. II*. Frankfurt/M.: Suhrkamp 1993

36 IBGE (*Instituto Brasileiro de Geografia e Estadística*) = brasilianisches Institut für Geographie und Statistik (Anm. d. Übers.)

37 BOURDIEU, Pierre. *Die männliche Herrschaft*. Suhrkamp, Frankfurt a.M. 2005

38 *Veja* (16.01.2002). Daniela Pinheiro.

39 *IstoÉ* (01.03.2000). Celina Côrtes.

40 *Época* (09.10.2000), Cristiane Segatto.

41 dt. etwa: *Die neuen Wünsche*

42 Goldenberg, Mirian. *Ser homem, ser mulher: dentro e fora do casamento*, Rio de Janeiro: Revan, 1991.

43 Die Zona Sul umfasst gutbürgerliche Stadtteile zwischen dem Tijuca-Massiv, dem Atlantik und der Guanabara-Bucht, in denen sich die wichtigsten Strände, Touristenattraktionen und Hotels der Stadt befinden (Anm. d. Übers.).

44 Zwei der Befragten waren 30 Jahre alt. Der erste war seit fünf Jahren verheiratet und seine Frau war bis dahin seine erste und einzige Sexualpartnerin gewesen. Der zweite lebte in zweiter Ehe und hatte im Verlauf seines Lebens 24 Sexualpartnerinnen gehabt, von denen 12 Seitensprünge gewesen waren, während er verheiratet war. Einer der Befragten, der 32 Jahre alt und seit neun Jahren verheiratet war, hatte im Verlaufe seines Lebens drei Partnerinnen, eine davon als Affäre neben der Ehe. Ein 38-Jähriger, seit sieben Jahren verheiratet, hatte 10 Partnerinnen. Ein 39-Jähriger in zweiter Ehe hatte 20 Partnerinnen, davon sieben als Affären während seiner ersten Ehe. Ein 54-Jähriger, seit 30 Jahren verheiratet, hatte bisher 33 Partnerinnen, 31 davon als Seitensprünge. Ein 56-Jähriger, dreimal verheiratet, hatte 10 Partnerinnen, davon vier während der Ehe. Schließlich hatte ein 57-Jähriger, der in dritter Ehe lebt, in seinem Leben 20 Partnerinnen, davon sechs als Affären neben der Ehe.

45 Mauss, Marcel. *Soziologie und Anthropologie*. Frankfurt/M.: Suhrkamp ^{2}1999

46 Der *Global Sex Survey 2004*, in dessen Rahmen 350.000 Personen aus 41 Ländern befragt worden sind, hat gezeigt, dass die Menschen rund um den Globus durchschnittlich 10,5 Sexualpartner in ihrem Leben haben. Über ein Viertel (27%) hatte in ihrem Leben nur einen einzigen Sexualpartner, während 21% mit mehr als 10 Personen Sex hatten. Männer haben in ihrem Leben mehr Sexualpartnerinnen (12,4%) als Frauen (7,2%). Die Chinesen haben mehr Sexualpartner (19,3) als die Brasilianer (15,2%), die bei diesem »Wettbewerb« an zweiter Stelle stehen. (www.durex.com)

47 Zwei erzählten, dass sie in ein Bordell gegangen seien, es aber nicht geschafft hätten. Die fünf Befragten, die mit Prostituierten geschlafen hatten, wurden früher initiiert als die anderen, nämlich zwischen 13 und 15 Jahren. Alle waren sie von älteren Freunden in den Puff mitgenommen worden. Die beiden, die es

im Bordell nicht geschafft hatten, schliefen dann zum ersten Mal mit 18 Jahren mit ihren Freundinnen. Einer, der nie in den Puff gegangen war, hatte sein erstes Mal mit 14 Jahren mit dem Hausmädchen eines Freundes. Der Letzte hatte seine erste Sexualerfahrung nachdem er geheiratet hatte, im Alter von 25 Jahren.

48 *Folha de São Paulo*, 17.01.2002. Sergio Vilas Boas.

49 dt. etwa: *Männlichkeit: Wie der Mann sich sieht* (Anm. d. Übers.)

50 Colasanti, Marina. *A nova mulher*. Rio de Janeiro: Nórdica, 1980.

51 Muraro, Rose Marie. *Sexualidade da mulher brasileira: corpo e classe social no Brasil.* Rio de Janeiro: Vozes, 1983.

52 Freyre, Gilberto. *Casa grande e senzala*. Rio de Janeiro: Record, 2002.

53 Da Matta, Roberto. *Carnavais, malandros e heróis: para uma sociologia do dilema brasileiro*. Rio de Janeiro: Zahar, 1983.

54 Gabeira, Fernando. »Machismo«. In *Macho, masculino, homem*. Porto Alegre: L&PM, 1986.

55 Foucault, Michel (1976). *Geschichte der Sexualität I: der Wille zum Wissen.* Frankfurt/Main: Suhrkamp 1983

56 Béjin, André. »O casamento extraconjugal dos dias de hoje« (dt. etwa: »Die außereheliche Beziehung in der heutigen Zeit«). In *Sexualidades ocidentais*. São Paulo: Brasiliense, 1987.

57 *Uma* (01.04.2005). Marina Caruso.

58 *Claudia* (01.07.2005). Gespräch mit Danuza. Danuza Leão.

59 *Folha de São Paulo* (28.01.2004). Luiz Fernando Vianna.

60 Diese Gruppe stellt die Mittelschicht Rio de Janeiros dar: Obwohl 2.000 R$ 2004 nur gut 550 Euro waren, ist diese Summe etwa das Sechsfache des damals gültigen Mindestlohns von 335 R$ für Arbeiter im Bundesstaat Rio de Janeiro.

61 *Estado de São Paulo* (17.01.2005). Claudia Pereira.

62 *Jornal do Brasil. Caderno Vida* (17.01.2005). Clarisse Meireles.

63 Preta Gil, brasilianische Sängerin und Schauspielerin und Tochter des berühmten Liedermachers und brasilianischen Kulturministers Gilberto Gil, hat 2003 in einem Interview öffentlich bekannt, an Orgien teilgenommen und mit Frauen Sex gehabt zu haben. Die Rapperin Tati Quebra-Barraco ist in der Favela da Rocinha aufgewachsen und hat u.a. mit dem Titel »Sou feia mas tô na moda« (dt. etwa »Ich bin hässlich, aber in Mode«) großen Erfolg gehabt. Sie hat inzwischen ca. acht Schönheitsoperationen hinter sich. (Anm. d. Übers.)

64 In Brasilien sind für einige Stunden oder für eine Nacht mietbare Motels nicht nur Orte für Prostitution, sondern auch Treffpunkte für Paare. junge und noch unverheiratete Paare. Auch im Alter von 25 Jahren und darüber dürfen Frauen sehr häufig ihre Partner nicht bei sich übernachten lassen, wenn sie noch bei den Eltern wohnen.

65 DaMatta, Roberto. *A casa & A rua* (dt. etwa: »Das Haus und die Straße«). Rio de Janeiro: Rocco, 1997.

66 Amado, Jorge (1976): *Dona Flor und ihre zwei Ehemänner*. Reinbek: Rowohlt, S. 333

67 Freyre, Gilberto (1933): *Herrenhaus und Sklavenhütte*. München: dtv 1990

68 *IstoÉ* (4.2.2005). Celina Côrtes.

69 Goldenberg, Mirian. *De perto ninguém é normal* (dt. etwa: Aus der Nähe ist niemand normal). Rio de Janeiro: Record, 2004.

70 Badinter, Elisabeth. *XY. Die Identität des Mannes*. München: Piper 1993.

71 Pope, Harrison; Phillips, Katherine; Olivardia, Roberto. *Der Adonis-Komplex – Schönheitswahn und Körperkult bei Männern*. München: dtv 2001.

72 Bourdieu, Pierre. *Die männliche Herrschaft*. Frankfurt/M.: Suhrkamp 2005 (*La domination masculine*, 1998).

73 Baker, Robin. *Krieg der Spermien*. Bergisch-Gladbach: Bastei-Lübbe 1999. Baker berichtet, dass aufgrund der Blutgruppen-Zugehörigkeit angenommen wird, dass weltweit ca. 10% der Kinder nicht durch die Männer gezeugt wurden, die sich für ihre Väter halten, außerdem, dass die Männer im Laufe ihres Lebens mit ca. zwölf Frauen, die Frauen mit ca. acht Männern Sex haben.

74 Beauvoir, Simone. *Eine gebrochene Frau*. Reinbek: Rowohlt 1972 (*La femme rompue*. Paris 1967)

75 In einem ihrer Briefe an Nelson Algren schreibt Simone de Beauvoir, dass sie die Ehe für eine dekadente Institution hält und dass man, wenn man einen Mann liebt, nicht alles zerstören muss, indem man ihn heiratet.

76 Beauvoir, Simone. *Alles in allem*, a. a. O., S. 470

Wir möchten uns ganz herzlich bei
Herrn Prof. Dr. Thomas Leithäuser (Universität Bremen)
und Dr. Florian Stoll (Universität Bayreuth) bedanken,
die uns das Werk von Frau Goldenberg mit großem
Engagement nahegebracht haben. Ohne sie und die hervorragende Übersetzung von Frau Mechthild Blumberg hätten wir
nicht einen einzigartigen wissenschaftlichen Zugang kennengelernt, der es in jedem Fall wert ist, die Grenzen Brasiliens
zu überschreiten: Frau Goldenberg verbindet mit einer
lebendigen Leichtigkeit unterschiedlichste Perspektiven zu
einem Bild, das uns gesellschaftliche Veränderungen und
persönliche Schicksale so nahe bringt, wie es wohl keine
empirische Studie vermag. Dabei bleibt sie zu jedem Zeitpunkt
dem Menschen und dem Menschlichen offen zugewandt,
ohne jemals zu verurteilen.
Herr Prof. Dr. Leithäuser und Herr Dr. Stoll haben uns
den direkten Kontakt zu einer beeindruckenden Frau
und Wissenschaftlerin ermöglicht, deren unkompliziert
erfrischende Art jedes Interview zu einem Vergnügen macht.
Vielen Dank.

UVK Verlagsgesellschaft, Mai 2014